Siegfried Essen

Selbstliebe als Lebenskunst

Ein systemisch-spiritueller Übungsweg

Dritte Auflage, 2016

Umschlaggestaltung: Uwe Göbel
Umschlagmotiv: Siegfried Essen
Bearbeitung: Fabienne Seithel
Satz u. Grafik: Drißner-Design u. DTP, Meßstetten
Printed in Germany
Druck und Bindung: CPI books GmbH, Leck

Dritte Auflage, 2016
ISBN 978-3-89670-887-8
© 2011, 2016 Carl-Auer-Systeme Verlag
und Verlagsbuchhandlung GmbH, Heidelberg
Alle Rechte vorbehalten

Bibliografische Information der Deutschen Nationalbibliothek:
Die Deutsche Nationalbibliothek verzeichnet diese Publikation
in der Deutschen Nationalbibliografie; detaillierte bibliografische
Daten sind im Internet über http://dnb.d-nb.de abrufbar.

Informationen zu unserem gesamten Programm, unseren Autoren
und zum Verlag finden Sie unter: **www.carl-auer.de**.

Wenn Sie Interesse an unseren monatlichen Nachrichten aus der Vangerowstraße haben,
können Sie unter http://www.carl-auer.de/newsletter den Newsletter abonnieren.

Carl-Auer Verlag GmbH
Vangerowstraße 14
69115 Heidelberg
Tel. +49 6221 6438-0
Fax +49 6221 6438-22
info@carl-auer.de

Inhalt

Vorwort von Matthias Varga von Kibéd 8
Eine kurze Gebrauchsanleitung 13
Einleitung 14
Verkörperung als spiritueller Weg 14
Spiritualität ist Bewusstwerdung 19

1. Systemische Weltsicht und Spiritualität 24
Verbundenheit 24
Selbst-Bewusstsein 27
Wir können das Land betreten 29

**2. »Ich« und »Selbst« – eine Unterscheidung,
die Verbundenheit schafft** 33
Selbstliebe: Du kannst andere nicht mehr lieben
als dich selbst 33
Die Ich-Selbst-Verkörperung (eine grundlegende Übung) 38
»Metanoia« – die Änderung der Sichtweise 42
Eine Herzöffnungs-Übung 43
Ein Mann im Stress wendet sich an sein Selbst 45
Das Prinzip der Resonanz 49
Vom Selbstmitleid (Sabine und die Kirchenglocken) 52
Die Ich-Selbst-Unterscheidung ist paradigmatisch
und universell 54
Die sinnlose Angst der Männer vor dem Ertrinken 59
Das Selbst: Verbundenheit und Liebe 60
Das Ich: Unterscheidung und Entscheidung 63
Das Zusammenspiel von Ich und Selbst 64
Ich und Selbst in verschiedenen Formulierungen
und Traditionen 67
Die Einheit von begrifflichem und nicht begrifflichem Geist ... 76
Die Unterscheidung von Selbst und Über-Ich 80
Die Unterscheidung von Ich und Ego 83

3. Eine Ich-Selbst-Aufstellung 88
Ich halte dich nicht aus ... aber ich muss hin 89
Der Furcht ins Auge blicken, aber der Sehnsucht folgen 91

Inhalt

Freisein ist Geführtsein, Geführtsein ist Freisein 93
Eine Erfahrung ins Licht halten, bis sie leuchtet 94
Transpersonale Fähigkeiten lassen sich üben 96
Das Selbst ohne Absicht 100
Wir brauchen nichts von außen, um glücklich zu sein 103
Die Ausdehnung der Seele ist ohne Ende 109

4. Die Deprogrammierung des Ich **114**
Das Ich annehmen heißt, die Sterblichkeit annehmen 115
Gib dem, was dich stört, seinen Platz,
  aber nicht mehr deine Energie 116
Prinzipien des Übungsweges 119
Wie unser Charakter entsteht 121
Und wie wir uns wieder lösen werden 124
Eine Panikattacke zum Beispiel 126
Der Prozess der Erleuchtung: Kreativität 131
Es fehlt nichts: Die Erneuerung einer Ehe
  durch Selbstliebe 133

5. Vergebung – das Aufgeben des Opferdaseins **138**
Exkurs über den Nicht-Opfer-Tod Jesu Christi 141
Ein einfaches Modell psychischer Verletzung 142
Ein Vergebens-Ritual 143
Selbstbestrafung und Selbstvergebung 149
Selbstvergebungs-Übung 150
Dein verletztes Kind zu deinem Verbündeten machen 151
Mit Selbstkraft auf eine traumatische Erfahrung schauen 152
Von der Seele und wie sie mit Schuld umgeht 154
Selbstbestrafung bewirkt keinen Frieden 157
Wenn unsere Vorfahren ein schlimmes Schicksal
  erlitten haben 159
Persönliche und politische Verantwortung 160

6. Alle Heilung ist Selbstheilung **163**
Raum-Meditation des unendlichen Selbst 164
Das Zusammenspiel von Gut und Böse 169
Vom Wünschen, Wollen, Bitten, Beten 175
Die triadische oder Herzenswunsch-Aufstellung 178
Deine persönliche Herzenswunschaufstellung 180

7. Anfängergeist und Spiel 181
Die göttliche Erfindung des Rollenspiels 181
Gib einfach die Idee auf, dass sich irgendetwas wiederholt 182
Selbstmächtigkeit und Hingabe 184
Kultivieren Sie Ihre Selbstgespräche! 191
Das Ganze dankt dem Einzelnen (ein Ritual) 199

8. Segnen und Segen empfangen 201
Segensorientiert statt lösungsorientiert
(Beispiel Sieglinde) 205
Du musst deine Verletzungen nicht noch einmal erleben 206
Eine Mutter in Sorge um ihre Tochter 208

9. Chakren-Spiegel und Medizinrad 211
Der Chakren-Spiegel 212
Das doppelte Medizinrad 216
So innen wie außen 218
Wie eine Ich-Selbst-Beziehung wieder ins Fließen kommt
(eine doppelte Medizinradaufstellung) 220

Abschluss 224
Literatur 226
Dank 231
Über den Autor 232

Vorwort von Matthias Varga von Kibéd

Lieber Siegfried!
Es ist mir eine große Freude, ein paar einleitende Worte zu deinem Buch zu schreiben, da es eine natürliche innere Verbindung von zwei scheinbar getrennten Gebieten herstellt, die auch mir sehr am Herzen liegen, nämlich die Verbindung von systemischer Arbeit und Spiritualität.

Die Art und Weise, wie wir – du, lieber Siegfried, und ich – den Begriff des Systemischen auffassen, ist zunächst negativ gekennzeichnet durch einen fortlaufenden Verzicht. Dieser beinhaltet Urteilsenthaltung, hat ethische Konsequenzen und erfordert langjähriges Bemühen um Haltungsänderung. Zu Letzterem gehört der Verzicht auf Deutungen, der nicht einfach durch einen Beschluss geschieht, sondern eher wie das allmähliche Abschleifen von etwas Überflüssigem. Ich nenne die Fähigkeit, auf Deutungen zu verzichten, »Syntaktisierung«. Sie ist etwas, das bei aufrichtigem Bemühen darum im Laufe eines Lebens allmählich stärker werden kann und dadurch immer mehr eine Grundlage der eigenen Arbeit bildet.

Indem wir also insbesondere darauf verzichten, einer Person Eigenschaften zuzuschreiben und sie positiv oder negativ zu beurteilen, gehen wir über zu einer Betrachtung von Beziehungssituationen. Dies wiederum kann zu der nächsten Form der Beurteilung führen, indem Beziehungen als Beziehungen einer bestimmten Art beurteilt werden, sodass wir weitergehen können zur Betrachtung der Kontexte von Beziehungen. Und später betrachten wir dann Veränderungen von Kontexten und schließlich Choreografien der Veränderungen von Kontexten. Das Gemeinsame aller dieser Schritte des Darüberhinausgehens in der Wahrnehmung, im Lernen und in der Erfahrung menschlicher Zusammenhänge ist ein fortlaufender Verzicht auf die Zuschreibung von Eigenschaften. Diese zunächst rein negativ erscheinende Grundform hat eine eminent tief greifende, den Menschen umwandelnde und neue Möglichkeitsräume öffnende Qualität.

Ich sehe diese Qualität in enger Übereinstimmung mit Heinz von Foersters (1993) berühmtem kybern-ethischem Imperativ »Handle stets so, dass die Zahl der Wahlmöglichkeiten wächst!«, den ich als »Increase the options!« lese. Optionen sind dabei nicht bloße »possibilities«, bloße Alternativen, sondern Möglichkeiten, die ernsthaft zur Verfügung stehen und die jemand wirklich ergreifen kann. Erweiterung in diesem konkreten Sinne ist durchaus verwandt mit dem, was in verschiedenen religiösen und spirituellen Traditionen unter »Befreiung« verstanden wird.

Ein weiterer Aspekt des Systemischen, den ich in deiner Arbeit, lieber Siegfried, sehe und von dem ich viel für meine eigene Auffassung von systemischer Arbeit gewonnen habe, ist die Verbindung zu dem etwas altertümlichen Begriff der »Sünde«. Sieht man den Wortstamm der Absonderung als Abspaltung oder Abtrennung in dem Wort Sünde, so erkennt man die Idee, dass manche Handlungen uns von etwas trennen, was für uns essenziell ist. Das, was diesen Prozess aufhebt, ist ein der systemischen Arbeit und der Aufstellungsmethodik verwandter Vorgang, nämlich Umkehr. (Auf den Begriff der »metanoia« wird in diesem Buch ja umfassend eingegangen.) Umkehr heißt dabei etwas wie »den Blick in entschiedener Weise in eine andere Richtung lenken« und, wie Frithjof Schuon das in einem Kommentar über das Verhältnis des christlichen Begriffs der »metanoia« zum islamischen Begriff der »tawba« – üblicherweise beide mit Reue übersetzt – betont, eine Blickwendung in einer Form, in der die Folgen vergangener Handlungen uns in der Zukunft nicht mehr erreichen können durch eine grundlegende Änderung unserer Haltung. Schuon bringt das mit einem taoistischen Prinzip in Verbindung, das in der Übersetzung mancher taoistischer Texte etwa ausgedrückt wird als: »Denen, die dem Weg des Tao folgen, denen sind ihre künftigen Fehler vergeben.« – ein sehr altes und unglaublich revolutionäres Konzept! In diesem Sinne können wir sagen, dass spirituell-systemische Arbeit ganz zentral auf dem Begriff der Urteilsenthaltung aufbaut. Und die Urteilsenthaltung in der christlichen Version des Nichtrichtens ist in diesem Sinn mit der eher erkenntnistheoretischen Form der Aufgabe von Be- und Verurteilungen sowie mit dem buddhistischen Begriff des Nichtanhaftens verwandt.

Für deine Arbeit, lieber Siegfried, scheint mir deine Differenzierung der Begriffe Ich, Selbst, Ego und Über-Ich als von besonderer Bedeutung. Ich möchte hier den sorgfältigen Darstellungen dieser Begriffe im Buch nicht vorgreifen und nur darauf hinweisen, dass das Über-Ich hier im Sinne einer normierenden und einschränkenden, gesellschaftlich geprägten Instanz verstanden wird, während das Selbst im Sinne einer grundsätzlich zugewandten, dem Menschen und der Welt gegenüber freundlichen und umfassenden, weisen Instanz gesehen wird.

Wenn wir nun in einer konstruktivistisch aufgefassten systemischen Aufstellungsarbeit überpersönliche Aspekte hinzunehmen wie zum Beispiel die Werte von Liebe, Erkenntnis, Ordnung und, sie umfassend, die Weisheit oder in deiner Darstellung – Pars pro Toto – das »Selbst«, dann wirkt das von außen betrachtet so, als ob etwas Höheres evoziert und herbeigerufen würde. Das entspricht aber, wenn ich dich recht verstehe, nicht deiner (noch meiner) Auffassung. Wir würden beide wohl eher sagen, dass etwas implizit sowieso Vorhandenes verdeutlicht und sichtbar gemacht wird, ohne das alle anderen Begriffe und alle anderen Inhalte keinen Sinn ergeben. Es findet keine Hinzufügung statt, man könnte höchstens sagen, dass eine Form des Vergessens aufgehoben wurde. Wenn wir also bei einem Bild, bei dem es um das Verhältnis von verschiedenen Personen in einer Familie oder in einem Team zueinander geht, grundlegende menschliche Ressourcen wie das Mitgefühl, das Wissen oder die Verantwortung hinzustellen, so haben wir nichts hinzugefügt, das nicht sowieso schon vorhanden gewesen wäre. Denn wie könnte irgendeine Form menschlichen Lebens längere Zeit bestehen, wenn es keinerlei Form von Zuwendung und Mitgefühl, keine Form von Wissen und Lernen und keine Form von Verantwortung und Eigenständigkeit auf diesem Lebensweg gegeben hätte? Die Elemente, die in deiner spirituell-systemischen Aufstellungsarbeit verwendet werden, sind in ähnlicher Weise implizit immer anwesend. Und menschliches Leben und menschliche Entwicklungsprozesse können verstanden werden als eine Auseinandersetzung und Reifung an diesen implizit immer anwesenden, umfassenden Aspekten.

Ich möchte eine weitere Ähnlichkeit und Verwandtschaft hervorheben, in der ich mich mit der Ausrichtung und Entwicklung der spirituell-systemischen Aufstellungsarbeit sehr verbunden fühle. In der Strukturaufstellungsarbeit betonen wir etwas, was ich in den Arbeitsweisen von dir, lieber Siegfried, und dem, was du über die eigene Arbeit schreibst, in wunderbarer Weise wiederfinde: dass wir, wenn wir die beiden dualen Grundprinzipien von Verbindung und Trennung betrachten, jeweils der pathogenen Form der einen Seite durch die heilsame Form der anderen Seite begegnen. Die pathogene Form der Verbindung bezeichnen wir häufig als Vermengung und ihre heilsame Form als Einbeziehung. Die pathogene Form der Trennung bezeichnen wir oft als Ausschluss und ihre heilsame Form als Unterscheidung. Wenn wir diese vier Formen betrachten, Vermengung (auch Konfusion, Verwirrung, Vorurteilsbildung ...), Ausschluss (auch Verstoßung, Tabuisierung, Leugnung ...), Einbeziehung (auch Wertschätzung, Würdigung, Anerkennung ...) und Unterscheidung (auch Klärung, Sortierung, Präzisierung ...), so könnten wir sagen, dass die beiden grundlegenden Interventionsformen, die in einem sich gegenseitig erzeugenden Rhythmus miteinander verflochten sein sollten, als »Einbeziehung des Ausgeschlossenen« und »Unterscheidung des Vermengten« bezeichnet werden können. Eine zu einseitig überwiegende Betonung einer dieser beiden Seiten würden wir immer als einen Hinweis auf eine Unbalanciertheit des Vorgehens innerhalb einer Methode sehen.

Was mich in deiner Darstellung von konstruktivistischer Aufstellungsarbeit besonders anspricht, ist deine Betonung des großen, auch spirituellen Wertes der Erfahrung des Repräsentanten-Seins. Wer immer für sich wesentliche Erfahrungen mit Aufstellungsarbeit gemacht hat, und das sind inzwischen ja sehr, sehr viele, wird nicht bezweifeln, dass Teil einer Aufstellung zu sein – gerade auch in Nebenrollen – eine eindrückliche und bereichernde Erfahrung ist.

Daher erleben viele, die sich häufig für Aufstellungen zur Verfügung stellen, für sich sehr wichtige Lerneffekte nicht nur in Bezug auf ihre eigene Lebensgeschichte, sondern auch als eine prinzipielle Lebenserfahrung, die die Auffassung, wer wir sind, was unsere Gefühle sind und was unsere Handlungen ausmacht, verändert.

Aus meiner Sicht sehen wir Menschen uns dadurch immer weniger als Träger von Eigenschaften denn als Orte der Manifestation von Eigenschaften, nicht als Erschaffer der eigenen Handlungen, sondern als Gastgeber, der geeignete oder ungeeignete Handlungen bei sich eingeladen hat.

Dies vermindert die logischen Möglichkeiten der Verurteilung anderer Personen ebenso wie die logischen Möglichkeiten der Selbstverurteilung und des Stolzes. An deren Stelle tritt etwas wie Mitgefühl für andere und sich selbst und – wenn es uns gelungen ist, erwünschtere Handlungen einzuladen, sich in uns zu manifestieren – Freude und Dankbarkeit über die gelungene Einladung.

Die Fallbeispiele, mit denen in diesem Buch deine Arbeit erläutert wird, werden den Leserinnen und Lesern eine Vorstellung darüber vermitteln, wie eine solche Einladung aussehen kann.

Vorwort von Matthias Varga von Kibéd

In diesem Sinne wünsche ich diesem Buch viele berührte und begeisterte Leserinnen und Leser, die sich in ihrem Leben, in ihrer Praxis und ihrer Berufstätigkeit durch diese Lektüre erfreuen und bereichern lassen, und freue mich schon auf die weiteren Entwicklungen deiner Arbeit und unserer Zusammenarbeit!

Dein Matthias

Eine kurze Gebrauchsanleitung

Wenn Sie am Konzept dieses Buches interessiert sind oder den darin vorgeschlagenen Paradigmenwechsel nachvollziehen wollen, dann lesen Sie es von vorn und so weit, wie Sie Lust dazu haben; am besten in kürzeren Abschnitten. Wenn Sie hauptsächlich am Üben der Selbstliebe und konkreten Beispielen dazu interessiert sind, dann konzentrieren Sie sich vor allem auf die vier Hauptübungen: die Ich-Selbst-Verkörperung in Kapitel 2, die Rituale zur Vergebung und Selbstvergebung in Kapitel 5 und die Raum-Meditation des unendlichen Selbst in Kapitel 6. Sie können sich die von mir gesprochenen Übungsanleitungen im MP3-Format von meiner Website (www.siegfriedessen.com) herunterladen. Wenn Sie diese Übungen mit sich selbst durchführen und dazu noch Ihre Selbstgespräche kultivieren (Kapitel 7), sind Sie bezüglich Selbstliebe, Selbsterkenntnis und Selbstmächtigkeit bestens versorgt.

Einleitung

*Wenn man es mit Menschen zu tun hat,
sagte er, sollte man sich nur bemühen,
ihrem Körper etwas zu vermitteln.*
Don Juan

Verkörperung als spiritueller Weg

Ist es möglich, sich im Körper wohlzufühlen, sich in der materiellen Begrenztheit und Sterblichkeit zu lieben? Ich stelle mir vor, wie wir im Moment unserer Geburt mit voller Wucht aus der Verbundenheit gerissen, von der Mutter getrennt und in die Einzelexistenz geworfen werden. Dokumentiert nicht der Schrei des Babys das Entsetzen und die bodenlose Angst der Seele? Wo ist die Verbundenheit geblieben? Oder dokumentiert dieser Schrei die Überraschung darüber, dass alles so anders ist als bisher, so neu? Oder deutet unser erster Umgang mit der Luft und der Stimme (manche Babys schreien nicht) schon eine erste Entscheidung an, wie wir die Welt sehen? Werden wir unser Leben dafür nutzen, in die Verbundenheit zurückzukehren, oder dafür, das Überraschende des Lebens auf der Erde anzunehmen und gleichzeitig zu erkennen, dass wir die Verbundenheit nie verloren haben. In Verbundenheit getrennt sein und in Getrenntheit verbunden sein, das ist Selbstliebe, Selbstachtung, Selbstmächtigkeit.

Dieses Buch ist als Praxisbuch zum Einüben von Selbstliebe mit ihren vielen Facetten gedacht: Selbstwahrnehmung und Selbstvergebung, Selbstrespekt und Selbstermächtigung, um nur einige zu nennen. Es entstand aus der universalen Sehnsucht nach Lebensfreude, nach Liebe, Selbstbewusstsein und Macht. Die Grundhaltung meiner Arbeit ist die Liebe zur Erde. Das heißt die Anerkennung und Würdigung der Dualität. Das ist vielleicht für manche überraschend, die sich unter Spiritualität die Liebe zum Himmel und die Aufhebung der Dualität vorgestellt haben. In dieser anderen Auffassung von Spiritualität wird aber die Nichteinheit nicht als Sündenfall oder als böse betrachtet, sondern als Geschöpflichkeit, Materialität und Kraft der Unterscheidung. Dualität wird als wesentlich zur Einheit gehörend betrachtet. Das Erscheinende, die Form, entspringt aus dem Einen, Leeren,

Nichterscheinenden, und umgekehrt! Das Größere, die Leerheit und Einheit, entsteht aus der Bewusstwerdung der Teile. Indem sich das Lebendige seiner selbst bewusst wird, entsteht es erst als Leben, das immerfort sich selbst überschreitet. Das Göttliche ist nur denkbar als in Ausdehnung begriffen, in ständiger Erneuerung und Ausdehnung seiner selbst. Durch und in uns erneuert sich Gott. Deshalb wird er im Judentum und Christentum immer wieder als lebendig bezeichnet, für alle Überraschungen gut, doch gleichzeitig treu, und darum wird er hier wie eine Person betrachtet, das heißt in Lebendigkeit und autopoietischen Identität. Die buddhistische Erkenntnistheorie hat mir geholfen, die Lebendigkeit und das umfassende Schöpfertum »Gottes« zu begreifen. Ich werde das immer wieder zu beschreiben und zu erzählen versuchen. Wo sonst als in uns Menschen können sich die beiden Seiten des Universums, Dualität und Nondualität, Materie und Geist, Getrenntheit und Verbundenheit begegnen?! Und wer sonst als der Mensch entscheidet darüber, ob diese Begegnung in Liebe geschieht oder in Hass?! In jedem Moment unseres Lebens, in jedem Atemzug realisieren wir beide Seiten unserer Natur, das Unterscheiden und das Verbinden. Dieses Buch soll dazu anleiten, dass Sie in beiden Fähigkeiten zu exzellenten Könnern werden und so Selbstliebe, Selbstmächtigkeit und Selbstachtung erlangen.

Dabei ist es mir wichtig, Wege der Selbstliebe aufzuzeigen, die keine neue Abhängigkeit von außen schaffen, weder von Therapeuten noch von Lehrern[1], Gurus oder anderen Experten. Keine Korruption, keine Bestechung, keine Ersatzbefriedigungen, kein Vertuschen, Verschleiern, Verdrängen. Unsere Freiheit, die Frucht unserer Trennung von Gott oder der Mutter, erscheint mir als das höchste spirituelle Gut, und sich selbst anzunehmen als die Lebenskunst schlechthin.

Meine Lieblingsmethode als Therapeut ist die der Inkarnation oder Verkörperung. Sie kennen sie auch als »Skulpturarbeit«, »systemische Aufstellungsarbeit«, »Familienstellen« oder »Familienrekonstruktion«, »Strukturaufstellung« und so weiter. Unter diesen Namen hat sie den Ruf, Expertenwissen zu sein. Aber ich bin skeptisch gegenüber jedem Expertenwissen, besonders wenn es sich auf psychische oder seelische Themen bezieht. Auch im Wirtschaftsleben und in sozialen Belangen wird Expertentum ununterbrochen missbraucht und schafft

---

[1] Aus Gründen der Vereinfachung und besserer Lesbarkeit wird in diesem Buch die männliche oder die weibliche Form verwendet. Darin ist das jeweils andere Geschlecht mit einbezogen.

Einleitung

Abhängigkeit und Suchtverhalten. Marianne Gronemeyer hat das in ihren Büchern (2002 u. 2008) wunderbar beschrieben. In diesem Buch versuche ich, unserer Unfreiheit zu begegnen, indem ich Sie auf unsere universale Verbundenheit als unser innerstes Wesen hinweise. Der Einfachheit halber benenne ich diese Qualität von Verbundenheit, Liebe oder Eins sein mit dem Namen »Selbst«. Wieder und wieder werde ich Ihnen vorschlagen, es zu spielen, zu verkörpern, zu üben, zu praktizieren. All diese Begriffe sind für mich Synonyme für das Realisieren des Selbst. Auch andere Formen, es ins Spiel zu bringen, wie zum Beispiel im Reden, Schreiben, Malen, Tanzen, Visualisieren, Singen, Denken oder Musizieren werde ich Ihnen vorschlagen. Mein Favorit ist jedoch das Verkörpern oder Aufstellen.

Und nun kommt das Wörtchen »System« ins Spiel. Nur sich selbst zu spielen würde wenig Neues bringen. Erst Unterscheidungen schaffen neue Erkenntnisse, neues Bewusstsein, neue Materie, wie wir schon aus dem biblischen Schöpfungsbericht erfahren. Interessant wird es, wenn wir die Ur-Unterscheidung treffen, die Eins und die Zwei, die Einheit und die Vielheit, das Verbinden und das Unterscheiden. Beide Prozesse laufen ständig in uns ab, beide Fähigkeiten haben wir in uns. Ich nenne die Verbundenheit das »Selbst« und die Getrenntheit das »Ich«. Wenn wir dieses Ur-System verkörpern (oder auf andere Art realisieren), kommen wir auf ganz leichte Weise zu Selbstliebe und Freiheit.

Wir tun dies mithilfe von drei wesentlichen Aktivitäten:

Zunächst durch das **Repräsentieren** aller wichtigen Aspekte eines Systems, einer Geschichte oder eines Bildes entweder durch Rollenspieler oder andere Symbole.

Dabei realisieren wir die wechselseitige Verbundenheit aller Teile zu einem lebendigen Ganzen, in dem nichts überflüssig und nichts ausgeschlossen ist, in **Spiel und Experiment**. Kinder tun das ganz von selbst und entwickeln so Lebensfreude und Lebenskunst.

Darauf gilt es, diese Erfahrung von Verbundenheit und Selbstliebe und gleichzeitiger schöpferischer Freiheit **im Alltag zu verankern**. Dies geschieht durch Übung, durch kleine positive Rituale und durch viele Formen schöpferischen Ausdrucks, wie Singen, Schreiben, Tanzen, Fantasieren usw. Solche Übungen und Rituale stellen einen wesentlichen Teil dieses Buches dar.

Die Spiritualität dieses heilsamen Prozesses besteht beim ersten Schritt in Externalisierung und Zerstückelung. Einheit zerfällt in

Dualität. Ein Prozess unendlicher Differenzierung und Desidentifikation beginnt. Dieser Schritt ist schmerzhaft und verstörend, zeigt die existenzielle Tiefe und Allgemeinheit unserer menschlichen Getrenntheit auf und macht die Unmöglichkeit einer linearen Lösung deutlich. Abwertung unserer Getrenntheit ist keine Lösung. Vielmehr ist Verkörperung (das lateinische Wort dafür ist Inkarnation) schon ein Ebenenwechsel, eine Lösung zweiter Ordnung.

In der christlichen Theologie bezeichnet Inkarnation einen Ebenenwechsel des Gottesbegriffs. Gott wird Mensch. Das Wort wird Fleisch (Joh 1)[2]. Der erste Schritt »Gottes« aus seiner unendlichen und nicht erkennbaren Einheit heraus ist das »Wort«. Das All-Eine geht in Kommunikation. Zur Kommunikation braucht man zwei, die Dualität. Der zweite Schritt ist die Verkörperung.

Im Grunde können wir nicht sagen, was zuerst war, die Kommunikation oder die Dualität, Verbundenheit oder Trennung. In der symbolischen Ausdrucksweise der jüdischen Tradition geht alles Hand in Hand: das Sprechen und Schaffen und Sehen und Unterscheiden.

> Und Gott sprach, es werde Licht, und es wurde Licht. Und Gott sah, dass das Licht gut war. Da schied Gott das Licht von der Finsternis und nannte das Licht Tag und die Finsternis Nacht. Da wurde aus Abend und Morgen der erste Tag (Gen 1).

Aufstellungen verkörpern Kommunikation, das macht ihre Spiritualität aus. Aufstellen ist Wechseln vom Sprechen ins Verkörpern und zurück. Die Betonung liegt aber auf dem Verkörpern, denn das Sprechen verändert üblicherweise nicht so wie das Verkörpern oder Handeln. Sie können das bei therapeutischen Methoden überprüfen oder bei sich zu Hause in den Übungen, die ich Ihnen anbieten werde. Es gibt natürlich auch ein Sprechen, das Handeln ist und nicht in reiner Theorie stecken bleibt. Es hat Wirkung. Sie können es bei anderen leicht unterscheiden, bei sich selbst ist der Unterschied manchmal schwerer festzustellen. Meist erkennen Sie die Unterschiede zwischen Theorie und Praxis erst, wenn Sie eine Handlung, Praxis oder Verkörperung experimentell ausprobiert haben. Auf dieser Unterscheidung basiert meine gesamte Arbeit. Ich fordere nicht dazu auf, an die Verbundenheit und Liebe, Bewusstheit und Entscheidungsfähigkeit

---

2 Ich beziehe mich bei den Bibelzitaten vor allem auf die folgende Ausgabe: Die Heilige Schrift. Einheitsübersetzung. Stuttgart 1981 (Kath. Bibelwerk)

zu glauben (Theorie), sondern sie experimentell zu erproben. Damit stehe ich in dieser Beziehung dem wissenschaftlichen Vorgehen näher, als den religiös-fundamentalistischen und manchen esoterischen Strömungen, für die es auf den rechten Glauben oder das positive Denken ankommt.

Gleichzeitig geschieht mit der Verkörperung auch Externalisierung. Vermischtes wird unterschieden, und unsere Getrenntheit wird (oft schmerzhaft) anerkannt. Aber Liebe setzt nun einmal Zweiheit voraus. Sinn und Zweck der Dualität ist die Liebe. Erst durch und in Verkörperung (Inkarnation) können sich Liebe und Freiheit gemeinsam realisieren, unvermischt und ungetrennt.

Die Realisierung der Verbundenheit und Einheit des Systems zu einem lebendigen Ganzen, in dem alle Teile ihren eigenen Platz haben, sieht oft wie ein anstrengender und mühseliger Prozess aus, ist aber im Grunde ein Erkennen und Anerkennen unserer wesenhaften Verbundenheit in aller Getrenntheit, ein Bewusstwerdungsprozess. Die Illusion, dass die Trennung aufzuheben ist, um Verbundenheit zu erlangen, ist der grundlegende Irrtum des Menschen, der alles Leid und alle Anstrengung verursacht. Darin sind sich Buddhismus und Christentum in ihren Urformen einig. Diese weitreichende Behauptung werde ich in diesem Buch wieder und wieder erläutern und begründen. Sie enthält sozusagen das Grund-Paradigma meines Denkens. Vor allen Dingen aber: Glauben Sie es nicht! Überprüfen sie es anhand Ihrer eigenen Erfahrung.

Die erstmalige Realisierung dieser Erfahrung wird meist als überwältigend, bewusstseinserweiternd und ästhetisch schön erlebt. Man kann sie durchaus als Erlösungs- oder Erleuchtungserfahrung bezeichnen. Notwendigerweise bedarf sie dann der Verankerung im Alltag durch Praxis, Übung und Meditation.

Die eigentliche spirituelle Erfahrung besteht also in zunehmender Bewusstheit. Zunächst werden wir uns bewusst, wie sehr wir uns nach Zusammenhang und Sinn sehnen und wie sehr wir unter den vergeblichen Versuchen leiden, Liebe und Sinn herzustellen. Liebe und Sinn können jedoch nicht von uns erschaffen, sondern nur entdeckt werden.

Wenn wir dann unsere Getrenntheit, Begrenztheit und Ohnmacht erkannt und ihr zugestimmt haben, leuchtet es uns plötzlich ein, dass genau diese Zustimmung zu unserem Teil-Sein die »Erkenntnis Gottes«, das heißt die universale Verbundenheit und Liebe ist. Was wir hier Erkenntnis Gottes nennen, ist kein Wissen im theoretischen Sinne, sondern dank der Inkarnation ein leibliches Verstehen mit Körper, Seele und Geist, eine Erfahrung, die nur durch Praxis von Verkörperung und Externalisierung erlangt werden kann. Das raum- und zeitlose Göttliche erfährt sich in der Materie, und der körperliche Mensch berührt das Raum- und Zeitlose. Spiritualität ist die Realisierung der wechselseitigen Verbundenheit unserer göttlichen und unserer menschlichen Natur. In mir sind Gott und Mensch eins. Die Welle ist nicht weniger Ozean, als der Ozean Welle ist. »Form ist nicht verschieden von Leere, Leere ist nicht verschieden von Form.«[3]

Spiritualität ist Bewusstwerdung

Der Sinn all unserer Selbsterfahrung und aller Selbstliebe-Übungen ist zu allererst, gesund zu werden im Sinne von Beseitigung psychischer oder körperlicher Störungen, genauer gesagt, Heilung an Körper, Seele und Geist. Da es aber das Plateau dauernder Gesundheit und unbegrenzten Lebens nicht gibt – Krankheit und Tod gehören zum Leben dazu –, müssen wir unsere Vorstellungen von Heilung und Leben erweitern. Wir stellen sie uns besser nicht als Zustände, sondern als Geschehen, als Prozesse vor. Und sie sollen unserer Sterblichkeit Rechnung tragen, also den Tod mit einbeziehen. Der Prozess des Bewusstwerdens verleiht unserem Leben mehr Sinn als der Prozess des Gesundwerdens allein, weil er über Krankheit, Tod und Individualität hinausreicht.

Bewusstsein entsteht durch Unterscheidung, durch Trennung. Wenn alles eins ist und keine Unterscheidung existiert, kann es kein Bewusstsein geben. Gott schuf die Schöpfung und speziell den Menschen als sein Ebenbild. In dem Einen entstand Bewusstheit. Im Menschen, wie auch in der gesamten Schöpfung wird sich das Göttliche seiner selbst bewusst.

Der Bewusstwerdung des Ganzen dient auch das sogenannte Böse. Wir neigen dazu, das Fallen aus der Einheit als Sündenfall zu verstehen. Aber wir können es auch weniger negativ sehen, nämlich als das Überschreiten einer Grenze und das Essen vom Baum der Erkenntnis als das Bewusstwerden von Gut und Böse, von Nacktheit und Geschlecht und all den damit verbundenen und wechselnden Gefühlen.

---

3 So heißt es im Herzsutra, einem buddhistischen Grundtext (Suzuki 1990, S. 10).

Einleitung

Es ist, als bestünde die Entwicklung des Göttlichen in der Erfindung von mehr und mehr Schattenseiten und deren Integration. Wie macht es das? Einfach, indem sein Licht immer heller und strahlender wird. Dabei nimmt natürlicherweise auch der Schatten zu, vorausgesetzt, es gibt Materie, die Schatten wirft. Oder war es umgekehrt: erst die Zwei, dann die Eins? Wir werden allerdings die Frage der Kausalität nicht mit Vernunft, nur mit unserem Bewusstsein lösen können. Der Sinn und Zweck der Dualität ist Bewusstsein.

»Sündige kräftig«, sagte Martin Luther (1990), als er noch jung und mutig war. Wir müssen entschieden vorgegebene Grenzen überschreiten, das ist das Göttliche im Prozess des Lebens. Nur so machen wir Erfahrungen, erweitern wir unser Bewusstsein. *Gottes Sein ist im Werden* lautet ein Buchtitel des evangelischen Theologen Eberhard Jüngel (1986). Spiritualität ist das Überschreiten der Grenzen des Bewussten. Wenn das der Sinn des Lebens ist, so hat auch der Tod seinen Schrecken verloren und gehört als das Überschreiten der Gesamtheit unserer geistigen und körperlichen Konstruktionen zum Leben selbst dazu. »Ich bin, aber ich habe mich nicht. Darum werden wir erst«, formuliert Ernst Bloch in seiner Tübinger Einleitung in die Philosophie (1963, S. 11), ein Philosoph, der besonders durch sein »Prinzip Hoffnung« für meine persönliche Entwicklung wichtig wurde. Das Durchbrechen und Überschreiten von inneren Grenzen ist die Befreiung oder Erlösung, was meines Erachtens auch die meisten Religionen meinen. Ich beziehe mich hier vor allen Dingen auf das Christentum und den Buddhismus in ihren Ur-Formen. Beide durfte ich ausführlich kennenlernen und praktizieren. Bald erkannte ich sie nicht als zwei verschiedene Wege, sondern als zwei Sichtweisen mit vielen verschiedenen und ähnlichen Praxisanleitungen für den einen Weg der Befreiung.

Spiritualität ist also eine Lebenspraxis. Und die Verkörperungen und Aufstellungen, von denen hier die Rede sein soll, stellen für jeden Teilnehmer, ob er nun ein eigenes Problem angeht, ein fremdes repräsentiert, dabei zuschaut oder sie anleitet, eine spirituelle Praxis im Sinne einer Bewusstseinserweiterung dar. Was dabei vor allen Dingen wieder bewusst wird, ist unsere ursprüngliche Verbundenheit und Zugehörigkeit zu einem größeren Ganzen, wie immer wir es nennen. Die Erfahrung der Zugehörigkeit, die wir alle im Mutterleib gemacht haben, ja, von der wir alle schon davor wussten, ist aus unserer Erinnerung entschwunden. Und das ist gut so! Denn sie soll aus dem Unbewussten in unser Bewusstsein treten unter Einbeziehung und Integration unserer Getrenntheit und Einzigartigkeit. Das Leben ist kein Umweg zurück in die Einheit, sondern ein Weg in ein neues Einssein, das Vielheit und Unterscheidung einbezieht. Schon Platon erzählt in mythologischer Form (2000, S. 459 ff.), wie die Seelen, noch bevor sie ins Leben treten, durch den Fluss des Vergessens gehen müssen. (Nachdem sie vorher ihr Schicksal als »Los« selbst gewählt haben.) So ist es die Aufgabe der Seele, in ihrem Leben die vergessene eigene Wahl erneut anzunehmen, das heißt, sich selbst zuzustimmen. Ein schönes Bild für unsere Aufgabe der Selbstliebe.

Es ist also viel einfacher, als gedacht, wir müssen nichts mühevoll erzeugen oder erfinden, keine Liebesgefühle oder positiven Gedanken produzieren, wir brauchen uns nur zu erinnern, uns bewusst machen, was uns schon ewig gegeben ist. Das ist die ganze Übung. Denken Sie daran, wenn Ihnen irgendjemand anstrengende Vorschläge macht oder wunderbare Ziele für die Zukunft verspricht. Es gibt nichts zu tun, alles ist da, und je mehr wir uns dessen bewusst werden, desto besser geht es uns.

Eigentlich beruht die heilsame Wirkung der Aufstellungsarbeit vor allem auf dem Prinzip der Zugehörigkeit. Es wird nichts ausgeschlossen. Jeder und alles gehört dazu! Die Anerkennung, Erinnerung und Repräsentation der Verbundenheit ist das Urprinzip der selbstschöpferischen Aufstellungsarbeit, wie ich sie vertrete. Aber eigentlich geht jede heilende Arbeit davon aus, dass jeder Versuch, etwas oder jemanden auszuschließen, illusionär ist und Leiden schafft. Krankheit ist in vielen Fällen ein Signal der Körper-Seele-Einheit, wenn der Verstand versucht, mit irgendetwas nicht in Resonanz zu treten und unsere All-Verbundenheit zu leugnen. Das Grundprinzip des Lebens lautet also: Es wird nichts ausgeschlossen, nichts und niemals. Alles gehört dazu. Und alles ist mit allem verbunden, ob wir dem zustimmen oder nicht! Es lebt sich allerdings viel leichter, wenn auch die Vernunft dem zustimmt. Verbundenheit ist unsere Natur, unsere letzte Wirklichkeit und unsere Bestimmung, und sie schließt Getrenntheit nicht aus, sondern ein. Deshalb ist die Ich-Selbst-Aufstellung die zentralste aller Verkörperungsformen. (Das Ich steht für unsere Getrenntheit, das Selbst für unsere Verbundenheit.)

Das Schöne und Spannende am Leben ist, dass es sich in Unterschiedenheit entfaltet. Das Leben ist wesentlich schöpferisch. Die Verbundenheit ist keine unterschiedslose Masse, sondern ein differenziertes, sich entwickelndes Spiel von Einheit und Vielfalt. Verbundenheit und Einzigartigkeit sind die beiden Seiten unserer Natur, die beiden wesentlichen Lebensbewegungen in uns und um uns. Für das Realisieren von Verbundenheit, Liebe und Kommunikation, brauchen wir, wie gesagt, mindestens zwei, die Dualität. Verbundenheit braucht die Differenzierung. Ja, Differenzierung und Unterscheidung (schöpferische Tätigkeit) sind geradezu der Vollzug der Verbundenheit, das Selbst verwirklicht sich durch das Ich. In einer Ich-Selbst-Aufstellung verkörpern wir diese beiden Wirklichkeiten. Vielleicht nicht in der gedanklichen Betrachtung, aber in der Verkörperung beider Seiten kommt unweigerlich zutage, wie die beiden ganz konkret im Hier und Jetzt zueinander stehen, ob sie sich lieben oder hassen, wahrnehmen oder verleugnen, respektieren oder abwerten. Wenn uns dies bewusst wird, ist es relativ leicht, die differenzierte Ebenbürtigkeit wiederherzustellen, in der wir uns wohl und lebendig fühlen. Wir tun das in jeder Aufstellung: Wir trennen das Zusammengehörige. Wir verkörpern eine Ganzheit (das jeweilige System) in unterschiedlichen Teilen, das heißt, wir thematisieren Verbundenheit und Ganzheit zusammen mit Unterschiedlichkeit und Getrenntheit.

Das Thema aller Spiritualität ist, dass wir uns nach beidem sehnen, nach Einheit und nach Begegnung, nach Bezogenheit und nach Individuation, nach Kontakt und nach Freiheit. Und vor allem nach Versöhnung beider Tendenzen. Im Verkörperungsgeschehen gelingt das konkret und be-greifbar, realisiert es sich tatsächlich. Alle Teile werden einbezogen, bekommen ihren Platz, ohne zum Weichen oder Verschwinden gebracht zu werden. Allenfalls werden sie transformiert, bekommen einen neuen Platz und einen Namen, der ihre eigentliche Funktion für das ganze System besser ausdrückt als der alte Platz und Name. »Das ist der Himmel auf Erden«, wie eine Teilnehmerin einmal gesagt hat.

Dieses Spiel des Lebens können wir eigentlich fast nur durch Verkörperung, z. B. in Aufstellungsarbeit, im tieferen Sinne verstehen und nachvollziehen. Mit anderen Worten: Verbundenheit und Liebe werden durch Praxis verkörperter Unterscheidung realisiert. Das, so könnten wir sagen, ist das grundlegende Geheimnis der Aufstellungsarbeit. Ich nenne diese Praxis Spiritualität.

Ein Buch kann eine solche Praxis nicht ersetzen, es kann aber erinnern und zur Sprache bringen, was von jedem Menschen von Anfang an erlebt und erfahren wird, auch wenn es später ins Unbewusste verschoben wurde. Schon gar nicht kann es die Spiritualität unserer Erfahrungen einfangen. Deshalb kann man über das Spirituelle eigentlich nur poetisch oder in Geschichten, Paradoxien und Gleichnissen reden. Und meine Leserinnen und Leser mögen mir verzeihen, wenn ich in manchen Passagen im Buch sehr logisch und theologisch vorgehen werde. Genießen Sie diese Art von Vereinfachungen entweder lächelnd wie eine süße Nachspeise oder erkennen Sie zwischen den Zeilen das Lächeln Gottes über die Bequemlichkeit unseres linearen Denkens.

»Wovon man nicht sprechen kann, darüber muss man schweigen«, sagt Ludwig Wittgenstein mit Recht und beendet mit diesem Satz seinen berühmten Tractatus logico-philosophicus (1990, S. 84). Hat er nun damit über Spiritualität gesprochen oder nicht? Die Bibel wiederum sagt: »Wes das Herz voll ist, dem geht der Mund über« (Mt 12,34). Wenn ich im Zazen sitze und meditiere, halte ich mich an Wittgenstein, wenn ich ein Buch schreibe, an die Bibel.

1. Systemische Weltsicht und Spiritualität

Ich bin, aber ich habe mich nicht.
Darum werden wir erst.
Ernst Bloch

Verbundenheit

Systemische Theorie und Therapie, wie sie in den fünfziger Jahren von der Palo-Alto-Gruppe[4] eingeführt wurde, trat nicht an, um den vielen Therapiemethoden, die sich alle auf den einzelnen Menschen bezogen, eine weitere hinzuzufügen, sondern um allen mit Menschen befassten Methoden eine neue Sichtweise nahezulegen, nämlich die fundamentale Wahrnehmung der Vernetzung, der Verbundenheit der Individuen. Leiden aller Art werden im systemischen Denken nicht mehr als Mangelerscheinung am Individuum gesehen, sondern »Leiden« wird zum Beziehungsbegriff. Dabei ist zwischen Leiden und Schmerzen zu unterscheiden. Leiden beruht immer auf Identifizierung und auf Fixierung auf unser Getrenntsein, wodurch wir die Seite des Selbst, unsere Verbundenheit, nicht mehr wahrnehmen.

Systemisches Denken bezeichnet genau diese (erkenntnistheoretische) Wende.[5] Wir leiden also im Grunde nicht an der Getrenntheit – diese Aussage setzt Trennung als eigentliche Wirklichkeit voraus –, sondern wir leiden an der Nicht-Wahrnehmung der Einheit, der Verbundenheit unserer Existenz. Unser Leiden ist ein Wahrnehmungsproblem, oder, um es theologisch auszudrücken, eine Frage des Glaubens. Nicht die Sünde/Sonderung wäre dann das Problem, sondern der Glaube an sie. Nicht irgendwelche Handlungen verursachen unser Leiden, sondern die Sichtweise, mit der wir die Welt und uns selbst mitsamt unseren Handlungen und Gefühlen wahrnehmen. Paul Watzlawick und seine Kollegen aus dem berühmten Mental Research Institut in Palo Alto, an dem auch Virginia Satir mitarbeitete, würden es vielleicht so formulieren: Der Kampf gegen Trennung (oder Sünde)

---
[4] Gregory Bateson, John Weakland, Don Jackson, Jay Haley, Virginia Satir und Paul Watzlawick
[5] Die ganze Tragweite dieser »kopernikanischen Revolution« hat zuerst Guntern in einem immer noch sehr lesenswerten Artikel (1980) beschrieben.

ist eine Lösung erster Ordnung, die erst eigentlich das erschafft, was sie zu heilen vorgibt (vgl. z. B. Watzlawick, Weakland u. Fisch 1974). Lösungen erster Ordnung sind zum Beispiel: einen Sündenbock schaffen und ihn in die Wüste schicken; einen psychischen Inhalt (Emotion, Bild, Gedanke) verdammen und ihn ins Unterbewusstsein verdrängen; einen inneren oder äußeren Feind erzeugen und ihn dann bekämpfen. Dies geschieht auf individueller, sozialer und politischer Ebene. Und dazu gehören zwei Vorgänge: erstens die Bezeichnung von etwas als gefährlich, böse, unwert oder krank, kurz gesagt Furcht, und zweitens das Bekämpfen, Ausschließen oder Abwehren des so Bezeichneten, kurz gesagt Gewalt. Furcht und Gewalt gehören zusammen, Gewalt gegen sich selbst oder gegen andere. In der Liebe ist keine Furcht (1 Joh 4,18).

Was wir brauchen, ist eine Lösung zweiter Ordnung, eine Lösung von dieser Art der Lösung. Sie geschieht, wenn wir Furcht und Gewalt aufgeben und Alles-was-ist anerkennend wahrnehmen. Dann erkennen wir diesen fließenden Zustand »Leben« als unseren natürlichen Zustand, von dem wir Teil sind, und entdecken das Böse, die Krankheit und das Leid als die selbst gemachte und illusionäre Unterbrechung dieses Flusses. Therapie, Seelsorge oder Heilung wären dann nichts anderes als die Unterbrechung dieser Unterbrechung, die Enttäuschung dieser Täuschung, die Stornierung dieser falschen Rechnung und die Entlarvung aller Überheblichkeit und Abwertung als illusionär. Das klingt komplizierter, als es ist. Wir brauchen dazu nur unsere Verbundenheit wieder wahrzunehmen und anzuerkennen, dass wir und jede einzelne Handlung von uns Teil eines Ganzen sind und in wechselseitiger Verbundenheit existieren.

Das systemische Paradigma ist revolutionär, aber nicht neu. Viele Denker, vor allem Buddha und Jesus, haben sich gegen das herrschende Subjekt-Objekt-spaltende Wirklichkeitsverständnis gewandt. Jesus hat es Unglaube, Buddha Unwissenheit genannt. Beide haben vehement die Relativierung solchen Denkens und Wahrnehmens als selbst gemachte Konstruktion und Illusion gepredigt. Und beide haben auf die Möglichkeit der Berührung mit der anderen, nicht dualen Wirklichkeit hingewiesen, deren Wahrnehmung nicht mehr Wahrnehmung *von etwas*, sondern Gewahrsein in Verbundenheit oder Einssein ist, und in der Glaube nicht das Für-wahr-halten *von etwas* außerhalb unserer Selbst ist, sondern das Wahrnehmen des Lebens und der Liebe in uns selbst.

1 Systemische Weltsicht und Spiritualität

Unser Denken und Wahrnehmen ist also veränderbar, ist nicht eins zu eins mit der äußeren Wirklichkeit verbunden. Wir sind in dem, was wir wahrnehmen, weit mehr von der inneren Struktur unseres Nervensystems als von außen determiniert. Hier schließe ich mich wie die meisten systemischen Therapeuten dem radikalen Konstruktivismus an, den ich wegen seiner grundlegenden Bedeutung für die systemische Inszenierungs- und Verkörperungsarbeit hier anhand einer kleinen Geschichte verdeutlichen will.[6]

> Ein Mensch kam zu einem Bauwerk, an dem viele Arbeiter beschäftigt waren. Er fragte einen von ihnen, was er da tue, und bekam zur Antwort: »Ich behaue Steine.« Er fragte einen anderen, und der sagte: »Ich verdiene hier mein Geld.« Der dritte antwortete ihm: »Ich ernähre meine Familie.« Und der vierte sagte: »Ich baue mit an einem Dom zur Ehre Gottes.«

Diese kleine Parabel zeigt sehr schön, in welch unterschiedlichen Bewusstseinszuständen man Arbeit verrichten kann, mit der implizierten Anregung, diese Bewusstseinszustände hierarchisch zu bewerten und eine Entwicklung des Bewusstseins anzustreben, z. B. von einer individuellen zu einer universellen Perspektive. Konstruktivisten würden mit dieser Geschichte eher sagen wollen: »Schau, in welch unterschiedlichen Kontexten du dein eigenes (oder auch fremdes) Verhalten sehen kannst. Du kannst wählen. Deine Identifikationen sind Perspektiven deines Geistes, und dein Geist ist frei, dich selbst, dein Denken, Fühlen und Handeln in diesen oder jenen Zusammenhang zu stellen, es so oder anders zu beschreiben, zu erklären und zu bewerten. Neunzig Prozent unserer Wahrnehmungen sind selbst erfundene Geschichten.« Wir haben damit entdeckt, dass die Ich-Funktion des Sich-Identifizierens eine freie, d. h. innengesteuerte kreative Möglichkeit des Menschen ist.

Ob ich sage, ich behaue Steine, oder ob ich sage, ich arbeite zur Ehre Gottes, ist in diesem Sinne gleichgültig. Wir betrachten diese Beobachtungsperspektiven als Lösungen erster Ordnung. Was wir eigentlich anstreben, ist eine Lösung zweiter Ordnung, eine Lösung von der Lösung, d. h. das Erlangen der Fähigkeit, Identifikationen jederzeit (oder zumindest leicht) aufgeben zu können, sie als Perspektiven zu

---

6 Vgl. hierzu meinen Artikel: Spirituelle Aspekte in der systemischen Therapie (Essen 1995)

erkennen, um frei zu sein, sie wechseln zu können. Es muss also bei den verschiedenen Antworten kein Ebenenwechsel vom personalen zum transpersonalen Bereich vorliegen. Ich kann mich mit jeder dieser Vorstellungen voll identifizieren und damit andere Möglichkeiten ausschließen oder abwerten (zur Ehre und Bestätigung des Egos und nicht Gottes). Ich kann mir aber auch bewusst machen, dass alle diese Vorstellungen von mir selbst gemachte Bilder sind und mich dabei als Konstrukteur dieser Bilder identifizieren und selbst frei und leer sein von allen Bildern, Gedanken und Gefühlen. In der Zen-Meditation wird dies Zeugenbewusstsein genannt. Sie werden in diesem Buch immer wieder Vorschläge finden, den Perspektivenwechsel (zwischen Ich und Selbst) zu üben. Die Ich-Energie ist die Kraft des Wählens, die Selbst-Energie die des Zeugenbewusstseins.

Selbst-Bewusstsein

Wenn ich auf diese Weise Ich und Selbst differenziere, entsteht unausweichlich das Bewusstsein meiner Selbstbezogenheit. Ich kann nicht anders, als mich auf mich selbst beziehen. Das Medium, mit dem ich das tue, ist mein Bewusstsein. Ich bringe mir also, wenn ich mich von mir selbst unterscheide, mein Bewusstsein zu Bewusstsein. Die Ich-Selbst-Differenzierung ist also ein Bewusstmachen des Bewusstseins, Bewusstsein zweiter Ordnung.

Gehe ich dann zu einer Ich-Selbst-Aufstellung mit fremden Repräsentanten über, so erzeuge ich sozusagen Bewusstsein dritter Ordnung, indem ich diesen Prozess von außen als Zeuge beobachte und gleichwohl mich selbst in der Aufstellung wiedererkenne, nämlich als das identifizierte Ich und das nicht identifizierte Selbst. Ich erkunde mich selbst, ohne mich zu identifizieren.

Der radikale Konstruktivismus macht uns darauf aufmerksam, dass der Mensch die Wirklichkeit, in der er oder sie denkt, fühlt und handelt, d. h. »seine oder ihre Welt«, selbst konstruiert hat. Und die neuere Hirnforschung bestätigt das (z. B. Roth 1997). Wir können die äußere Wirklichkeit nicht über unsere Sinne und unser begriffliches Denken erfassen oder eins zu eins abbilden. Dies ernst zu nehmen bedeutet ein radikales Umdenken. In Bezug auf meinen Umgang mit mir selbst bedeutet das nicht nur, immer mehr wohltuende Perspektiven auf mich selbst und meine Umgebung einzunehmen, sondern, indem ich dies tue, das Verändern meiner Wahrnehmung und meine

1 Systemische Weltsicht und Spiritualität

Begriffsbildung zu üben; das heißt, ich übernehme Verantwortung für mein Denken und meine Anschauung der gesamten Wirklichkeit einschließlich meiner eigenen Person. Ich erkenne alles als schöpferische Aktivität, was zugleich das radikale Ende meines Opferdaseins bedeutet. Dieser Gedanke wird in einem eigenen Kapitel über Täter-Opfer-Beziehung und die Vergebung näher ausgeführt (Kapitel 5).

Ziel von Meditation und überhaupt aller religiöser oder therapeutischer Befreiungsarbeit ist dann nicht zu allererst das Erreichen neuer, besserer Wahrnehmungen der Wirklichkeit (oder immer zutreffenderer Gottes- und Weltbilder), sondern vielmehr ein Gewahrsein der jeweils auftretenden Bewusstseinsinhalte; also eher ein Prozess, der zwischen der Schau und dem Loslassen der Schau oszilliert, ein Prozess, in dem ich bereit bin, jede Ebene, die ich gerade erreicht habe, wieder zu überschreiten und zu transzendieren. Das systemisch-konstruktivistische Denken stellt uns eine nicht-mythologische Sprache und Methodologie für diesen Prozess zur Verfügung.

Die Entlarvung unserer sogenannten Wirklichkeit als von uns selbst konstruierter Bewusstseinsinhalt erinnert an das, was im Buddhismus und Hinduismus als der höchste Bewusstseinszustand beschrieben wird: »Im höchsten Zustand treten Objekte und Bilder wieder in Erscheinung, werden jedoch augenblicklich als Ausdruck, Projektionen oder Modifikationen des Bewusstseins erkannt« (Walsh 1995, S. 11). Systemisches Denken ist Metatheorie, eine Art Zeugenbewusstsein, das nicht nur unser Handeln, sondern auch unser Denken und Wahrnehmen als von uns gewählt versteht. »Das Bewusstsein des Bewusstseins ist Selbstbewusstsein«, schreibt Heinz von Foerster. Er beschreibt das Selbst als das immer neue Geschehen der Beziehung eines Ich zu sich selbst, als ein zirkuläres Geschehen, eine lebendige, »augenblicksgebundene Erscheinungsform, als das Ergebnis sich beständig wandelnder Interaktionen und Begegnungen. Das Selbst erscheint nicht als etwas Statisches oder Festes, sondern wird permanent und immer wieder erzeugt. Die einzige Konstante ist die Veränderung« (von Foerster und Pörksen 1998, S. 94f.).

Die letzte Selbstdefinition Gottes in der Bibel lautet: »Seht her, ich mache alles neu« (Offb 21,5). Konstruktivistische Spiritualität bezeichnet das Göttliche als »Mehr« (Sölle 1995), als das Unbegrenzte, das Darüberhinaus, als Horizont, der immer zurückweicht; eher eine Richtung und etwas Dynamisches als etwas Feststehendes und eher eine Person als ein Ding. Nicht wir begreifen es, sondern es ergreift uns. Die umfassende Dynamik, mit der sich das größere Ganze seiner selbst bewusst wird, indem es sich immer neu erschafft. »Ich bin, aber ich habe mich nicht. Darum werden wir erst.«, sagt der große Atheist Ernst Bloch (1963).

Die Praxis systemisch-konstruktivistischer Inszenierungsarbeit (Psychodrama, Aufstellungen, Verkörperung, Bibliodrama und therapeutisches Theater) ist also Bewusstseinsarbeit. Jesus nannte das »metanoia«, was meistens mit Umkehr oder Buße übersetzt wird. Gemeint ist eine Art Schubumkehr im Denken-Wahrnehmen, auf die später noch näher eingegangen wird. Bei Buddha gehören rechte Anschauung, rechtes Denken und rechtes Handeln zum edlen achtfachen Pfad.

Eine sehr spannende Beschreibung des Vorgangs der »metanoia« und seiner Konsequenzen bietet Platon in seinem Höhlengleichnis an.[7] Dabei beschreibt er die Schwierigkeiten, die diejenigen erwarten, die selbst diese Wahrnehmungsumkehr vollzogen haben, wenn sie versuchen, diese ihren Gefährten nahezubringen. Sie riskieren dabei Kopf und Kragen, wie sich das bei Jesus, Giordano Bruno und einigen anderen Frauen und Männern bewahrheitet hat.

Wir können das Land betreten

Der radikale Konstruktivismus besagt: Wir haben durch unsere Wahrnehmungsorgane keinen direkten Zugang zur äußeren Wirklichkeit. Was wir in uns erzeugen (Bilder, Begriffe usw.), ist eine Landkarte. Die Landkarte ist nicht das Land. Der Hinweis auf diese einfache, aber ungeheuer wichtige Unterscheidung stammt von Alfred Korzybski (1941).[8] Man wandert nicht *auf* einer Landkarte, sondern *mit* ihr. Sie nützt uns durch eine genau festgelegte Beziehung zum Land. Die Regeln der Beziehung zwischen Sprache und Wirklichkeit sind im Laufe der Menschheitsgeschichte entstanden und werden uns im Laufe unserer ersten Lebensjahre beigebracht. Später werden wir sie in gewissem Maße durchschauen und relativieren, damit wir die Landkarte nicht unter die Füße legen und das Bild eines Kuchens

---

7 Platon 2000, S. 327ff. Sie finden eine eigene Übertragung in meinem Artikel: Spirituelle Aspekte in der systemischen Therapie (Essen 1995)
8 Er beschreibt damit »die Tatsache, dass eine Mitteilung, gleich welcher Art, nicht aus den Gegenständen besteht, die sie bezeichnet (das Wort ›Katze‹ kann uns nicht kratzen). Eher hat die Sprache zu den bezeichneten Gegenständen eine Beziehung, die sich mit der zwischen einer Karte und einem Territorium vergleichen lässt« (Bateson 1972).

nicht aufessen. Seit Beginn der Quantenphysik und Relativitätstheorie erforschen unsere Physiker, Biologen, Psychologen und Philosophen, ja eigentlich alle Wissenschaftszweige an der Grenze zwischen Naturwissenschaft und Geisteswissenschaft, die Beziehung des Menschen zur Welt, die Beziehung unserer inneren Wahrnehmungen zur äußeren Wirklichkeit.

Ist nun also alles Beziehung, oder ist die Wirklichkeit auch gegenständlich? Besteht alles aus Wellen oder alles aus Korpuskeln? Gibt es die Zwei oder gibt es nur die Eins? Die Großen unter den Konstruktivisten, Kant, Piaget, Heisenberg, Wittgenstein, Bateson, von Foerster, von Glasersfeld und viele andere, entziehen sich dieser Alternative und bezeichnen sie als Konstrukt unserer begrifflichen Wahrnehmungsstruktur oder als Folge des Einsatzes der unterschiedlichen Wahrnehmungsinstrumente, die wir Menschen zur Verfügung haben. Die Töne, die wir mit den Ohren hören, können wir nicht sehen, und das, was wir sehen, können wir nicht hören. Und was wir spüren, können wir oft weder sehen noch hören. Sie bezeichnen als wichtigstes Gut die Freiheit, zu wählen, wie wir uns und die Welt sehen, z. B. in Liebe oder in Angst, und die Verpflichtung, uns diese Wahlfreiheit durch keine noch so nützliche Überzeugung oder bequeme Gewohnheit nehmen zu lassen. Das wichtigste Gewohnheitsmuster, das es zu durchbrechen gilt, ist mit Francisco Varelas Worten »die Selbstverständlichkeit unseres Gefühls einer unabhängigen Realität der Welt« (1994, S. 106). Wir haben zu wählen, wie wir die Welt sehen. Wir können uns dem Irrtum hingeben, wir könnten die Welt objektiv und wie von außen betrachten und »wissenschaftlich« untersuchen. Wir können aber auch erkennen, dass wir immer und überall Teil der Welt sind. So klar und einfach diese letztere, relativistische Weltsicht ist, so hat doch die scheinbar attraktivere Version der Subjekt-Objekt-Trennung bis heute Sprache, Denken und Handeln der Menschheit weitgehend bestimmt. Entwickle ich aber die Perspektive, »als ob ich ein Teil des Universums wäre, dann verändern alle meine Handlungen, alle meine Bewegungen, alles, was ich tue, das Universum« (von Foerster u. von Glasersfeld 1999, S. 225). Für Heinz von Foerster ist dieses Relativitätsprinzip die Grundlage seiner Ethik der Anteilnahme. Wir sind immer beteiligt, niemals und niemandem gegenüber objektiv. Unsere Verantwortlichkeit beruht auf unserer Beteiligung und Anteilnahme und nicht auf scheinbar objektiven Regeln über gut und böse.

Dies soll hier nur angedeutet werden; vielleicht lässt sich aufgrund dieser Stichworte erahnen, welch revolutionäre Folgen konstruktivistisches (postmodernes) Denken und Handeln haben kann und wie es erst jetzt Anfang des einundzwanzigsten Jahrhunderts langsam in das Bewusstsein der Menschheit einsickert. Wir sind alle miteinander verbunden und Teil des Ganzen! Ja, Verbundenheit ist unser tiefstes Wesen.[9] In diesem Buch wird das angesprochen werden, denn jeder einzelne Mensch ist einerseits Teil und andererseits ganz!

Alle Begriffe und auch Bilder von der Wirklichkeit sind Konstrukte. Wir können das Land nicht begrifflich-theoretisch vollkommen erfassen. Wir können es jedoch betreten. Ich habe dies in einem meiner Artikel »nicht-begriffliches Gewahrsein« oder »leibliches Verstehen« genannt (Essen 2002).

Die Erneuerungskraft und Spiritualität der Verkörperungsarbeit in Aufstellungen steht und fällt mit einer alternativen Epistemologie (Lehre vom Erkennen und Verstehen), die ein ganzheitliches, leibliches Verstehen ohne Subjekt-Objekt-Spaltung akzeptiert. Aufstellungsarbeit und Mythendrama sind Arten des Erkennens und Verstehens, die die »Objekte« des Verstehens nicht als äußere, dinghafte annehmen, welche dann durch den Akt des Erkennens in irgendeiner Weise im Inneren des Kopfes analog oder digital repräsentiert werden. In ihnen wird das zu Verstehende in Form von Gewahrsein und Handeln re-präsentiert, wie es von Glasersfeld unter Rückgriff auf Piaget mit seinem »radikalen Konstruktivismus« ausgeführt hat. »Für Piaget ist Re-Präsentation stets ein erneutes Durchspielen oder eine Re-Konstruktion ...« (1997, S. 108). Auf den Bindestrich kommt es an. Von Glasersfeld bezeichnet Erkennen als zirkuläre Handlung anstelle einer linearen Abbildung. Erkenntnis der Wirklichkeit erlangt man durch Handeln, nicht durch Denken; deshalb die Notwendigkeit der Verkörperung bei der Selbsterfahrung. Dies ist auch das Geheimnis, das in der Aufstellungsarbeit deutlich wird. Denken und Gefühl folgen dem Handeln, das Ergebnis ist leibliches Verstehen.

Viele Systemiker begnügen sich mit einer Verkürzung des obigen Satzes. »Wir haben keinen Zugang zur Wirklichkeit. Also kümmern wir uns nicht darum.« Vielleicht hoffen sie damit, die notwendige Praxis vermeiden zu können, das Betreten des Landes – Intuition,

---

9 Die naturwissenschaftlich Interessierten unter Ihnen können sich über die Kopenhagener Deutung der Quantenmechanik in seriösen Publikationen informieren, z. B. bei Görnitz (2009)

Meditation, Gebet. Andere schweigen darüber und tun es, entweder implizit durch Bemühen um immer mehr Hingabe und Intuition bei der Arbeit oder explizit mithilfe eines spirituellen Weges.

Von Glasersfeld geht es nicht darum, die Wirklichkeit des ganz Anderen (des Göttlichen) zu leugnen, sondern im Gegenteil »den Geltungsbereich der rationalen Vernunft gegenüber dem Bereich der Weisheit des Mystikers einzugrenzen« (a. a. O., S. 57; vgl. auch S. 203). Wer aus der Erforschung und Relativierung unserer Wahrnehmung und Begriffsbildung den Schluss zieht, dass es jenseits dessen nichts gibt, ist nicht radikal konstruktivistisch, sondern dumm. Das wäre in etwa so, als würde man aus dem experimentellen Untersuchungsergebnis, dass ein bestimmtes Hirn-Areal »aufleuchtet«, wenn wir in einen Apfel beißen, und dasselbe Hirn-Areal auch »aufleuchtet«, wenn wir nur zusehen, wie jemand anderer in einen Apfel beißt, schließen, dass es keine Äpfel gibt.

Fassen wir es mit Ken Wilber (2007, S. 156–159) so zusammen: Die Wirklichkeit besitzt zwei Komponenten: den nicht-begrifflichen Geist (Leerheit) und den begrifflichen Geist (Form). Beide sind nicht voneinander ableitbar, sondern wie zwei verschiedene Dimensionen, die vertikale und die horizontale. Und beide brauchen einander. Die nicht duale Meditation und die religiöse Erfahrung brauchen eine begriffliche Sichtweise, weil alle unsere Erfahrungen, je nachdem, wie sie interpretiert werden, verschieden erlebt werden.

Aber auch die Horizontale, das begriffliche Denken braucht die Vertikale, schlicht und einfach, um nicht zu verhungern. Kopf und Herz gehören zusammen. Ken Wilber schreibt dazu (a. a. O., S. 416): »Weil Leerheit und Form nicht-zwei sind, ist das Begehren nicht nur kein Hindernis für Verwirklichung, sondern ein Fahrzeug für Verwirklichung; ist das intellektuelle Denken nicht nur kein Hindernis für Verwirklichung, sondern ein Fahrzeug für Verwirklichung; ist das Handeln nicht nur kein Hindernis für Verwirklichung, sondern ein Fahrzeug für Verwirklichung.«

2. »Ich« und »Selbst« – eine Unterscheidung, die Verbundenheit schafft

Seid eure eigenen Meister!
Buddha

Selbstliebe: Du kannst andere nicht mehr lieben als dich selbst

Viele Menschen, vielleicht die meisten, suchen nach der »Liebe ihres Lebens« bei anderen Menschen. Aber vollkommene und bedingungslose Liebe können wir nur im eigenen Herzen finden und entwickeln. Die Liebe meines Lebens bin nur ich selbst! Begeisterung, Liebe und Leidenschaft, wie wir sie während des Verliebtseins auf einen anderen Menschen richten, gehören eigentlich zu uns selbst. Und die Zeiten des Verliebtseins sind Zeiten der Entwicklungszusammenarbeit zur Förderung der Selbstliebe.

Vielleicht kennen Sie den Satz aus der Bibel: »Du sollst deinen Nächsten lieben wie dich selbst.« Im griechischen Urtext (Mk 12, 31) steht da wörtlich: »Du wirst deinen Nächsten lieben wie dich selbst.« Und erst in zweiter Linie kann dies übersetzt werden mit: »Du sollst ...« Es handelt sich hier also nicht um eine moralische Forderung, sondern vielmehr um eine Verheißung, eine Zusage oder eine sozialpsychologische Gesetzmäßigkeit, eine Ordnung der Liebe. Du kannst andere nicht mehr lieben als dich selbst – und auch nicht weniger. Liebe zu sich selbst und Liebe zu anderen sind untrennbar miteinander verbunden. Liebe ist Liebe ist Liebe. Sie fließt und lässt sich nicht einschränken. Wer sie zu beschränken versucht, verdirbt sie. Wenn du sie in Fesseln legst, wird sie dich sprengen.

Was ist Selbstliebe? Es ist eine bestimmte Art und Weise, wie ich mich auf mich selbst beziehe. Man könnte sagen, es ist eine liebevolle Art der Selbst-Rückbezüglichkeit, eine freie und positive Art, sich selbst zu sehen, zu fühlen, zu beschreiben und über sich selbst zu denken. Dazu gehört nicht nur

- das Gefühl von Liebe, sondern auch
- ein positives Selbstbewusstsein, d. h. von sich selbst begeistert zu sein,

- Selbstachtung, d. h. Selbstwahrnehmung ohne Scham und Schuld,
- unbedingtes Selbstvertrauen,
- Selbstmächtigkeit als ein gekonnter Umgang mit sich selbst und
- Selbstverwirklichung als (Lebens-)Kunst.[10]

Diese umfassende, geistige und praktische Form von Liebe ist nicht nur unsere Aufgabe und der Sinn unseres Lebens, sondern sie ist uns auch als Gabe und Geschenk unverbrüchlich und wesensmäßig gegeben. Selbstliebe im umfassenderen Sinne ist der Grund unseres Seins, unser eigentliches Selbst. Wir können das Geschehen der Liebe nur vorübergehend und scheinbar verdrängen oder ausblenden. Aber was jeder von uns im Laufe seines Lebens zu tun hat, ist, sie sich wieder bewusst zu machen, sie zu handhaben, sie zu steuern, sich ihr hinzugeben, mit ihr zu spielen. Das ist Praxis der Selbstliebe.

Mit dem Prozess des Bewusstwerdens unseres Selbst lässt sich alle Selbstliebe zusammenfassend beschreiben. Indem wir uns wahrnehmen, uns unsere Fähigkeiten aneignen, das Fremde und den Schatten anerkennen und einbeziehen, entwickeln und realisieren wir Verbundenheit und Liebe. So nehmen wir am eigentlichen Schöpfungsprozess teil, der als ein Prozess der Bewusstwerdung des *Seins* beschrieben werden kann.

Sehr gut üben lässt sich das durch die vielen Formen der Ich-Selbst-Unterscheidung, von denen in diesem Buch die Rede ist. Bewusstsein entsteht durch Unterscheidung, und Unterscheidung ist eine Tätigkeit. Diese Tätigkeit ist das Wesen des Ich.

Wir haben also zwei Wesen, zwei Naturen in uns: Liebe und Verbundenheit einerseits und Handeln und Unterscheiden andererseits. Und beide gehören zusammen wie die zwei Seiten einer Münze. Man kann ihre Zusammengehörigkeit wahrnehmen, ohne sie zu vermischen, und man kann sie unterscheiden, ohne sie zu trennen. Das sind die beiden Bewusstseinsprozesse, die alles Leiden beenden können. Dieses Buch lädt Sie also in vielfältiger Form zum Wechselspiel zwischen Ich und Selbst ein, den polaren Gegensätzen des Universums in unserem Inneren. Es ist nicht wichtig, sie Ich und Selbst zu nennen, es sind Kurznamen, die auf die Anwesenheit der

---

10 Wilhelm Schmid hat die vielen Aspekte und Dimensionen der Selbstliebe in seinem Buch »Mit sich selbst befreundet sein« (2007) ganz wunderbar beschrieben.

beiden universalen Bewegungen in jedem von uns hinweisen sollen, die wir als Himmel und Erde erleben, als männlich und weiblich, als Licht und Dunkelheit, als Yin und Yang, als Getrenntheit und Verbundenheit, als Dualität und Nondualität. Dabei wird nicht der Anspruch erhoben, diese Gegensätze verstandesmäßig zu durchdringen. Dazu gibt es wunderbare Bücher und großartige philosophische und religiöse Traditionen. Dieses Buch soll vielmehr einen Beitrag dazu leisten, das Wechselspiel dieser beiden Wirklichkeiten in uns – ich nenne es Selbst-Liebe – zu üben, zu realisieren und ins Bewusstsein zu bringen. Die Betonung liegt also auf Übung und Praxis, auf Machbarkeit und Einfachheit. Die genannten Übungen und Vorschläge sind keinesfalls schulische Anleitungen, die man eins zu eins umsetzen muss oder kann. Sie sind vielmehr Anregungen für den Leser, in Freundlichkeit und Liebe in sein eigenes Inneres zu schauen, zu spüren, zu experimentieren und dabei allmählich alle Furcht zu verlieren. Ihr Inneres ist einzigartig, deshalb gibt es keine Regel, keinen für alle gültigen Weg zur Selbstliebe. Im Neuen Testament wird dieser Weg als schmaler Pfad bezeichnet, denn er ist nur für Sie bestimmt. Aus diesem Grund werden hier oft Beispiele, aus dem Erleben konkreter Personen angeführt. Wenn die allgemeinen Übungsanleitungen für Sie nicht passen sollten, formulieren Sie diese um, sodass Sie Ihnen entsprechen. Es gibt kein Richtig und Falsch, es gibt nur ein Kriterium, die Freude. Furcht gehört nicht in die Liebe (1 Joh 4,18).

Der oben beschriebene Satz über die Selbst- und Nächstenliebe sagt also, dass meine Fähigkeit, andere zu lieben, sich aus der Quelle meiner Selbstliebe speist. Ihre Größe, Weite und Tiefe bestimmt die Größe meiner Liebe zu anderen und zu Gott. In uns selbst liegen der Schlüssel, das Übungsfeld und die Wahl.

Da ist Liebe weniger ein Gefühl (Verliebtheit ist ein Gefühl) als vielmehr eine Haltung und Praxis bedingungsloser Verbundenheit. Diese Haltung ist respektvoll, absolut gewaltfrei und radikal ehrlich sich selbst gegenüber. Und sie vollzieht sich in Handlung und in Sprache, die Handlung ist. In einer solchen konkreten »Liebe« bin ich mehr der Wahrheit als der Harmonie verpflichtet, und dazu brauche ich eine freundliche Distanz zu mir selbst; dabei stehe ich in Einklang und Mitbestimmung mit meinen inneren Energieflüssen, bin authentisch und präsent. Das alles ist Selbstliebe im weitesten Sinn. Vorteil einer solchen nicht-emotionalen, sondern eher operationalen Definition von Liebe ist, dass sie geübt und bewusst gemacht werden kann. Und

2 »Ich« und »Selbst«

von dieser »Übung« oder »Praxis« handelt dieses Kapitel. Kopf, Herz und Bauch werden in ihren je wesentlichen Funktionen eingesetzt.

Jesus zitierte übrigens in diesem Zusammenhang, wie so oft, die jüdische Thora, das alttestamentliche Gesetz. Auch dort, bei den sogenannten Zehn Geboten, findet sich in der deutschen Übersetzung dieselbe moralisierende Fehlinterpretation (du sollst, du sollst, du sollst ...), die schlimme Folgen hatte, sowohl bei den Juden als auch bei den Christen. Moralische Forderungen erzeugen schlechtes Gewissen und Furcht und in der Folge Selbsteinschränkung und Gewalt. Erkennen wir jedoch die »Gebote« als Aufklärung über soziale Gesetzmäßigkeiten, stärken sie uns und befreien uns zu Selbstmächtigkeit und Gewaltfreiheit uns selbst und anderen gegenüber. Das sogenannte Liebesgebot ist eigentlich eine Liebesverheißung. Die Liebe wird sich durchsetzen. Nicht die Emotion der Verliebtheit, sondern die Haltung und Handlungsweise von Respekt, Gewaltlosigkeit, Achtsamkeit, Gewahrsein und Annahme. Das bestätigen neuerdings auch namhafte Neurophysiologen und Hirnforscher.[11]

Mich selbst lieben – ist das nicht eine Sisyphusarbeit, bei allem, was ich falsch gemacht habe und mit diesen konkreten körperlichen, seelischen und geistigen Unzulänglichkeiten und Grenzen? Hinzu kommen auch noch die genetischen und gesellschaftlichen Defekte, die kollektiven Schatten und meine Kindheits-Traumata, die mich geprägt haben, ohne dass ich eine Chance hatte, ja von denen ich oft nicht einmal weiß. Und wende ich mich an Ärzte oder Psychologen um Hilfe, so wird oft erst recht eine niederschmetternde Diagnose gestellt, sei es körperlicher, familiärer oder sozialer Art.

Die Klage und das Denken an den eigenen Mangel haben einen ungeheuren Sog und noch dazu einen großen kommunikativen Wert, der nur noch von der Klage über den Mangel der anderen übertroffen wird. Aber wie sagte Paulus lapidar? »Was du an anderen verurteilst, das tust du selbst« (Röm 2,1). Wir entkommen ihr nicht, der Verbundenheit mit allen. Und ein anderer großer jüdischer Denker, Sigmund Freud, schließt sich dem an, wenn er analysiert, wie wir eben das auf andere projizieren, was wir bei uns selbst nicht wahrhaben wollen.

Solche Analysen können uns neugierig machen und weiten, oder aber wir betrachten sie wieder aus der Sicht des Mangels: »Zuerst

---

[11] Z. B. Joachim Bauer (2008): Das kooperative Gen. Können wir allerdings beiden Seiten einen Platz in uns geben (dem Ich und dem Selbst), entgehen wir der Wahl zwischen dem »kooperativen Gen« und dem »egoistischen Gen« (Dawkins 1994).

musst du deine Klagehaltung, das Mangeldenken, deine Kränkungen überwinden, bis du dann – irgendwann – Grund hast zu Dankbarkeit und Selbstliebe. Zuerst musst du deine Krankheit verstehen, deine Schatten beleuchten, deine Verstrickungen lösen und deine Seele heilen (lassen!), dann darfst du glücklich sein«, so lauten gängige und wohlmeinende Ratschläge. Bereitwillig nehmen wir die Arbeit an uns selbst auf, wie sie uns die Experten verschreiben, und verschieben Dankbarkeit, Liebe und Glück in die Zukunft. In Wahrheit werden Liebe und Glück jedoch dadurch verdorben und zu Ergebnissen unserer Anstrengung degradiert. Anstelle von Dankbarkeit entsteht Hochmut, Liebe wird zu einem Werkzeug und das Glück ungenießbar.

Der Satz »Du wirst andere lieben wie dich selbst« scheint geradezu die Gegenbewegung dazu zu beschreiben, die uns die Möglichkeit der Wandlung dieses negativen Projektionsmechanismus aufzeigt. Komm aus der Klagehaltung in die Freundlichkeit zu dir selbst, vom Mangeldenken zum Bewusstsein deiner Ganzheit und Verbundenheit, von der Furcht ins Vertrauen. Und das unmittelbar, gedankenlos und als Geschenk, wie ein Kind. Die Liebe ist nur als Wunder zu haben.

Die großen spirituellen Meister sagen immer wieder, dass die Erlösung oder Erleuchtung nichts ist, was durch eigene Anstrengung erreicht werden könnte oder müsste. Bei Laotse (1984, Kap. 29) lesen wir:

> »Denkst du wohl, du kannst das Universum in die Hand nehmen und es vollkommener machen? Ich glaube nicht, dass sich dies tun lässt. Das Universum ist heilig. Vollkommener machen kannst du es nicht. Wenn du es zu verändern suchst, wirst du es zu Grunde richten. Wenn du es festzuhalten versuchst, wirst du es verlieren.«

Laotse nennt dies auch »Handeln durch Nichthandeln« oder »Tun des Nichttuns« (a. a. O., Kap. 48).

Diese Haltung ist begleitet von Dankbarkeit, Liebe und Wahrnehmung des Guten. Sie vertraut darauf, dass Mangeldenken und Schuldgefühle von uns Menschen gemachte Denk-, Fühl- und Handlungsgewohnheiten sind, redundante Muster, die auslaufen wie Schwungräder, wenn man ihnen keine neue Energie zuführt und nicht mehr an sie glaubt. Diese Muster sind uns nicht dienlich, ebenso wenig wie die »Rezepte« zur Selbstbehandlung: sich verändern müssen, sich kritisieren, flüchten oder kämpfen, verdrängen und viele andere Formen

2 »Ich« und »Selbst«

der Abwehr. Solche Anstrengungen bringen nicht die Heilung, die sie versprechen, sondern erzeugen das eigentliche Leid.

Wir beschäftigen uns hier mit den Grundsätzen lösungs- oder ressourcenorientierter Therapie. Versuchen Sie nicht, sich die Lösung Ihrer Probleme zu erarbeiten, lassen Sie sie sich schenken. Vermittler solcher Geschenke gibt es viele: Freunde und Freundinnen, Gruppen und Gemeinschaften, Therapeuten, Beraterinnen, aber vor allem Ihr eigenes, innerstes »Selbst«, die Wirklichkeit der Verbundenheit, die in jedem von uns angelegt ist. Unsere konkrete, menschliche Verbundenheit, die Gemeinschaft (buddhistisch: »Singh«), Volk, Dorf, Familie, (Kirchen-) Gemeinde usw. ist die äußere Form und Spiegelung unserer inneren Quelle von Liebe und Verbundenheit.

Nimm die Liebe als gegeben und das Leid als konstruiert. Öffne deine Augen und dein Bewusstsein für die Wunder, die die Gegenwart für dich bereithält. Die Gegenwart ist die relevante Wirklichkeit, nicht die Vergangenheit, nicht die Zukunft oder andere virtuelle Erfindungen. Das Göttliche, beziehungsweise das *Leben* ist gegenwärtig und in der Gegenwart erfahrbar, es ist lebendig. Dann verwandeln sich Vergangenheit und Zukunft in positive Quellen von Erinnerung und Intuition. Davon später mehr.

Die Ich-Selbst-Verkörperung (eine grundlegende Übung)

Sie erhalten nun eine Anleitung zur individuellen Ich-Selbst-Verkörperung, so wie ich sie jeweils zu Beginn meiner Seminare für alle Anwesenden ansage. Dabei spreche ich die Teilnehmer mit »du« an, und so werde ich es auch in diesem Buch bei allen Übungsanleitungen und Meditationen halten, damit Sie diese, so wie sie da stehen, für sich selbst oder in Gruppen verwenden können. Ich gebe dabei zunächst einen kurzen theoretischen Überblick:

> Ich und Selbst sind Bezeichnungen für unsere beiden Naturen, die menschliche und die göttliche, oder, wenn du nicht-religiöse Begriffe bevorzugst, unsere Getrenntheit und unsere Verbundenheit. Sie sind wie die zwei Seiten einer Münze oder des Mondes, zusammengehörig und nicht trennbar und doch zu unterscheiden.

Nun folgt die eigentliche Instruktion. Es lohnt sich für das Verständnis des ganzen Buches, sie nach dem Lesen sofort auszuprobieren. Vielleicht mögen Sie sie mit ausreichenden Pausen nach jedem Satz auf einen Tonträger sprechen. Sie sollten sich körperlich frei bewegen können.

> Wähle einen Ort im Raum für deine Verbundenheit, das Selbst, aus. Verbundenheit ist keine bloße Vorstellung, an die man glauben muss, sondern konkrete Wirklichkeit. Mit deinem Atem verbinden sich Innen und Außen. Atmen, Essen, Ausscheiden, der energetische und molekulare Austausch über die Haut, das alles sind reale Prozesse, in denen Verbundenheit physisch geschieht, abgesehen von dem dauernden kommunikativen Austausch. Wir können darin unsere Verbundenheit mehr oder weniger bewusst erleben.
>
> Unterstütze jetzt diese Wirklichkeit der Verbundenheit durch das Bild des Baumes. Du hast Wurzeln tief in die Erde hinein, du bekommst Sicherheit, Energie und Nahrung durch die Erde. Sie fließen in deine Füße, Beine, in deinen Unterleib und Oberkörper, in Schultern, Arme und Hände, in Hals und Kopf, in alle Organe und Zellen. Nach oben öffnest du dich mit deiner Baumkrone, du kannst dir auch vorstellen, wie sich über deinem Scheitel, dem sogenannten Kronenchakra, eine Blüte öffnet. Jetzt nimmst du die Energie des Himmels auf. Kosmische Energie fließt in deinen Kopf, deinen Hals, deine Schultern ... bis in die Füße, in alle Organe und alle Zellen. Du brauchst dir das nicht unbedingt bildlich vorzustellen oder zu spüren, es reicht, wenn du es einfach denkst, denn die Energie folgt dem Denken. Beide Energien von Himmel und Erde vermischen sich. Und das ergibt einen lebendigen Austausch von unten und von oben und von allen Seiten. Genieße die Qualität der Verbundenheit. Mache dir bewusst, dass du mit allem, was gegenwärtig ist, in wechselseitiger Verbundenheit stehst.
>
> Jeder Atemzug zeigt uns, dass wir in Verbindung stehen mit allem, was jetzt ist, und versorgt sind von Himmel und Erde. Du wirst, wenn du dich dem hingibst, immer durchlässiger, immer transparenter. Du wirst zum Kanal. Himmel und Erde fließen in dir zusammen, küssen sich in dir und entstehen neu durch dich. Spüre diese Qualität des In-einanderfließens. Universale Liebe fließt durch dich hindurch und das Eigene, Persönliche wird immer deutlicher und gleichzeitig unwichtiger. Es ist nur noch das Aktuelle. Die Buddhisten nennen diese Qualität der Durchlässigkeit »Leerheit«, und du erlebst, wie wenig das mit Mangel zu tun hat.
>
> Mach dich durchlässig für alles, was dir zufließt, und spüre wie schön und einfach das ist. Das Selbst ist genährt von oben und unten, von allen Seiten ohne Ende. Du bist vollkommen versorgt und gut aufgehoben ...
>
> Und nun gehe auf einen anderen Platz, suche dir einen Platz für das Ich, deine Getrenntheit, zwei, drei Schritte vom Selbst entfernt.

Bewege zunächst einmal deine Zehen und dann deine ganzen Füße gegen den Boden. Dieselben Füße, die eben noch mit der Erde verwurzelt und verbunden waren, stoßen sich jetzt von ihr ab, spüren den Unterschied zum Boden, auf dem sie stehen. Weil du getrennt bist vom Boden, kannst du eine Richtung wählen und einschlagen. Du kannst sogar darunter leiden, wählen zu müssen, wenn du willst.

Spüre mit den Händen deine Körpergrenzen: Du bist getrennt von der Umgebung. Sprich deinen Namen aus: Du hast eine einzigartige Geschichte, unterschieden und getrennt von allen anderen.

Spüre die ganz andere Qualität dieser Ich-Seite im Unterschied zur Selbst-Qualität von vorhin. Sie birgt die Grundlage für Entscheidungen, Aktivität, Lebendigkeit und Freiheit. Genieße auch diese Qualität ...

Wenn du die Ich-Seite ausreichend geschmeckt und ausprobiert hast, wechsle wieder zum Selbst-Platz. Genieße die Verbundenheit. Schau zum Ich hinüber, bleibe aber in der Verbundenheit. Du brauchst nichts vom Ich, bekommst alles von Himmel und Erde. Sei ein neutraler und liebevoller Zeuge, sei eine neutrale und liebevolle Zeugin, für alle Aktivitäten und Entscheidungen des Ich.

Sage nun zum Ich: »Ich bin immer für dich da, ich war immer da und werde immer da sein, egal was du tust.« Man kann die Qualität des Selbst bedingungslose Liebe nennen, eine Liebe, die sich nicht einmischt und keine eigenen Interessen verfolgt, das Ich also bedingungslos freilässt, ohne es z. B. mit dem Verlassen zu bedrohen.

Gehe jetzt wieder auf den Ich-Platz und freue dich dort an der Freiheit, an deiner Entscheidungsfähigkeit und Einzigartigkeit. Die Richtung, in die du gerade schaust, ist frei gewählt. Wähle auch den Abstand zum Selbst, wähle eine Bewegung. Sei ganz frei ...

Teste jetzt einmal, ob das Selbst wirklich so bedingungslos und frei lassend ist wie versprochen: Sei einmal ganz schlimm, sei böse, trotzig wie ein Kind oder depressiv. Mach dich gefühllos und stumpf, demonstriere deine Lieblingsform zu leiden. Das geht natürlich »auf Kommando« nicht so einfach, aber tue wenigstens so, als ob, vielleicht fällt das Selbst ja darauf herein. Mach das, was deinen Eltern am meisten Sorge bereitet hat oder wie du sie am besten ärgern konntest. Mal sehen, ob du dein eigenes Selbst damit provozieren kannst ...

Gehe nun bitte auf den Selbst-Platz. Verbinde dich mit Himmel und Erde, mach dich durchlässig und leer für alle ihre Ressourcen ... Betrachte das Ich liebevoll und voller Mitgefühl, aber ohne Bewertung oder Kritik. Bewertungen und Kritik kommen vom Über-Ich oder Eltern-Ich. Gib es zur Seite und sage zum Ich: »Ich sehe dich und was du mit dir machst« ... Misch dich nicht ein, lass das Ich wirklich frei. Du kannst alles erlauben, was das Ich tut und lässt, und sagst: »Ich bin da, und ich nehme dich wahr« – bedingungslos.

> Gehe nun bitte wieder auf die Ich-Seite: Wie gehst du um mit dieser Zusage des Selbst? Fühle dich ganz frei in deinen Reaktionen: Du kannst dich bewegen, weggehen oder näher hingehen ... Hast du die Energie oder den Blick des Selbst lieber im Rücken oder von vorn? Probier alles aus. Du bist wirklich frei.
> Gehe immer mehr in das Bewusstsein, dass da nichts zu rütteln ist an der Liebe des Selbst. Dadurch kannst du deinen Spiel- und Bewegungsraum als Ich immer mehr ausdehnen. Probiere alles aus. Entferne dich, gehe nahe heran. Wie wirkt sich das auf deine Gefühle und deine Beziehung zum Selbst aus?
> Geh nun sooft du willst hin und her, stelle Fragen vom Ich aus, antworte oder reagiere aus dem Selbst und umgekehrt, übe das Zusammenspiel dieser beiden Qualitäten oder vertiefe dich in eine von beiden, in die Verbundenheit und Einheitserfahrung auf dem Selbst-Platz oder in die Einzigartigkeit und Freiheit auf dem Ich-Platz. Genieße es so, wie du jetzt möchtest, gib dich frei für beides.

Bei der Verkörperung dieser beiden Bewegungen geht es darum, sie durch Unterscheidung deutlicher wahrzunehmen, sie als unsere zwei Wirklichkeiten zu erkunden und uns in der Ich-Qualität unsere Freiheit, eine Richtung zu bestimmen, bewusst zu machen. Ebenso geht es darum, unsere Verbundenheit mit allem (die Selbst-Qualität) deutlich wahrzunehmen und drittens sich der momentanen Beziehung beider Energien bewusst zu werden, wie wir sie gerade gestalten, mit ihnen spielen und sie zu verändern lernen. (Dies ist übrigens das gleiche Vorgehen, wie das Repräsentieren als Stellvertreter in einer autopoietischen Aufstellung.)

Obwohl es sich dabei um energetische Phänomene und keinesfalls um Substanzen handelt, habe ich mich entschlossen, die Substantive »Ich« und »Selbst« als Namen für diese Energien einzuführen. Wir kommen in unserem Sprachgebrauch ohne Namen nicht gut aus; es ist mir jedoch sehr wichtig, immer wieder explizit und implizit darauf hinzuweisen, dass es sich dabei um Prozesse und nicht um Dinge handelt.

Die leibliche Unterscheidung von Ich und Selbst ist eine exzellente Übung, um uns als lebendige, selbstbestimmte Systeme von Energien und Geist zu erkennen, eine Initiation in Selbstwahrnehmung, Selbstliebe und Selbstermächtigung. Vor allem aber eine Einübung im Umdenken und neuen Wahrnehmen unseres Bewusstseinszustandes und unserer Denk- und Gefühlsmuster. Denn sie deckt radikal auf, wo wir gerade am meisten verhaftet und in uns selbst verkrümmt sind. Das erscheint uns vielleicht erschreckend, sodass wir uns erst gar nicht trauen, hinzusehen. Wenn wir es jedoch konkret erleben und angehen, wird es oft so einfach und klar, dass wir lachen müssen. Es braucht nur eine Körperwendung oder einen Schritt auf einen anderen Platz, und schon ändert sich das gesamte Welt- und Selbstbild. Ein Ortswechsel ist immer auch eine Veränderung der Perspektive; das ist die ganze Übung.

»Metanoia« – die Änderung der Sichtweise

Im griechischen Urtext des Neuen Testaments erscheint für Umdenken und neu Wahrnehmen das Wort »metanoia« (z. B. Mk 1,15). Wörtlich heißt »metanoia«: die Veränderung oder das Überschreiten (meta) von Denken, Verstehen, Wahrnehmen (noew) und etymologisch: den Kopf in eine andere Richtung wenden. Die systemische Therapie hat das zu ihrem Grundsatz gemacht: Die Änderung der Sichtweise heilt.[12]

Diese Wendung ist allerdings eine Entscheidung, eine Wahl, die uns keiner abnehmen kann. Dazu ist nicht noch mehr Anstrengung nötig, auch nicht ein Mehr an Begründung, sondern die Realisierung einer freien Entscheidung. Anstrengungen und Energieverbrauch in unserem Leben deuten eher auf unsere Verhaftungen hin, auf verkrampftes Festhalten an gewohnten Sichtweisen und inneren oder äußeren Besitztümern, eher auf Halsstarrigkeit, als auf Beweglichkeit des Kopfes. Im Festhalten und Aufrechterhalten von Dingen, Eigenschaften, Konzepten und Mustern verbrauchen wir die meiste der uns zur Verfügung stehenden Energie in unserem zentralen Nervensystem, das heißt durch Denken.

Metanoia erfordert auch Energie, aber weniger Gedankenkraft als Herzenskraft. Erkennen mit dem Herzen, was mir Freude macht, entsprechende Umkehr unserer Wahrnehmung, unseres Denkens und Handelns (mit dem Kopf und mit dem ganzen Körper) von den Klischees, Gewohnheiten und Angeboten scheinbarer Sicherheit oder Bequemlichkeit. Horchen auf Herzenswünsche, Vertrauen, Hingabe und Glaube an die Gegenwart des Göttlichen in uns selbst, auch in den schwersten Augenblicken, das erfordert Übung und Praxis, wie

---

12 Vgl. S. Essen (2003): Systemische Weltsicht und Bibliodrama

sie sowohl von den Mystikern des Christentums als auch im Zen-Buddhismus vorgeschlagen werden. Eine solche Auffassung von Erlösung oder Befreiung bzw. Erleuchtung gibt es (als Minderheit) in allen Religionen, im Schamanismus und selbstverständlich auch in säkularen Gruppierungen. Mystiker nennt man meist solche Menschen, die eine nicht-ontologische Auffassung des Daseins[13] mit innengeleiteter Praxis verbinden, die Abkehr vom objektivierenden Denken zugunsten der Übung von Präsenz im Alltag. Im Christentum wird die Übung der Präsenz durch Glauben und Vertrauen unterstützt, weil sie nicht machbar, sondern ein Geschenk ist. Der Zen-Buddhismus verzichtet auf dieses Konzept, nicht aber auf die Praxis. Vertrauen entsteht durch die Praxis, durch Übung von Umkehr, durch Loslassen aller Arten von Anhaftungen. Darin sind sich beide Strömungen einig.

Eine Herzöffnungs-Übung

Ganz konkret können wir üben, unser Herz zu öffnen und zu schließen, je nach den Erfordernissen der Situation und des Kontextes, wie es der amerikanische Arzt William B. Joy in seinem Buch *Der Weg der Erfüllung* (1993) anleitet. Hier eine Zusammenfassung der ersten seiner etwa dreißig Herzöffnungs-Übungen.

> Setz dich bequem jemandem gegenüber. Es kann deine Freundin oder dein Partner sein oder auch eine Kollegin, wenn sie auch daran interessiert ist, das Öffnen des Herzzentrums zu üben. Ihr könnt diese Übung gleichzeitig machen, z. B. mit Tonband. Wenn du niemanden hast, der oder die mitmacht, stell dir jemanden dir gegenüber vor, dem oder der du gerne bedingungslose Liebe zukommen lassen willst. Verbinde dich jetzt mit Himmel und Erde, das heißt, gehe in die Verbundenheit des Selbst. Mach dich leer und durchlässig für die universalen Energien von Himmel, Erde und allen Wesen.
>
> Sammle jetzt alle diese Energien in deinem Herzzentrum in der Mitte der Brust, und lass sie von dort aus weiter strömen und strahlen zu deinem Gegenüber. Du musst sie nicht unterscheiden oder benennen, sie werden ja erst durch deine Aktivität definiert. Lass das für einige Minuten das Einzige sein, was du tust. Kümmere dich auch nicht darum, was der andere damit tut, oder was es bei ihm oder ihr bewirkt. Lass

---

13 Damit ist eine Daseinsform gemeint, die ohne metaphysische Behauptungen und Glaubenssätze auskommt.

> sie völlig frei. Stelle deinem Gegenüber einfach diesen Herzensstrom zur Verfügung, als würdest du ihm einen Mantel hinhalten oder ihn mit dem Licht deines Herzens umarmen. Denke immer wieder daran, dass du nur weitergibst.
>
> Schließe nach einiger Zeit wieder behutsam die Blüte deines Herzens, so weit, wie es notwendig ist, um in ein Gespräch oder in den Alltag zu kommen. Du solltest beim Öffnen deiner spirituellen Kräfte immer auch ans Schließen denken, so wie zum Verbinden auch das Trennen gehört und zum Selbst das Ich. Umarmt euch jetzt körperlich. Ihr werdet erstaunt sein, wie deutlich der Unterschied zwischen der körperlichen und der Herzens-Umarmung ist. Eine Selbst- und eine Ich-Aktivität.

Bei der Einübung der Herzöffnung können zu Beginn leichte Spannungen, Druckgefühle oder Schmerzen im Brustbereich auftauchen, weil unser Organismus solche Aktivitäten meist nicht gewohnt ist. Lassen Sie sich davon nicht irritieren, sondern machen Sie weiter; es ist wie bei einem Muskelkater, die Symptomatik gibt sich, und Ihr Herz und Ihr ganzer Körper werden dieses Strömen und Strahlen bald genießen, weil es absichtslos und frei geschieht.

In der freilassenden Atmosphäre des Selbst können sich alle unsere Fähigkeiten und Kräfte zu einer Liebesbeziehung entwickeln. Sie können diese Übung auch mit allen anderen Chakren machen, das heißt mit allen anderen Kräften, die uns unsere Selbst-Quelle zur Verfügung stellt. In einem späteren Kapitel wird noch auf andere Möglichkeiten der Übung dieser Energien eingegangen. Hier nur ein kurzer Überblick der Schätze und Quellen, die in den einzelnen Energiezentren auf Realisierung und Ausweitung warten:

- unbedingtes Vertrauen in das Leben und die Mutter Erde durch das Wurzelchakra
- Lebenslust, d. h. erotisch-tantrische Beziehung zum Körper, durch das Sakralchakra
- die Entwicklung von Kraft und Selbstmächtigkeit mithilfe des Solarplexus
- bedingungslose Liebe und Mitgefühl zu allen Wesen durch die Kraft des Herzens
- Kreativität und Ausdruckskraft im Halschakra
- die bedingungslose Wahrnehmung, das innere Wissen des Dritten Auges oder des Dritten Ohres im Stirnchakra
- Weisheit und Gottesschau (griechisch: theoria) im Kronenchakra

Wenn Sie eine von diesen Kräften reinigen, üben und entwickeln, reinigen und entwickeln Sie alle anderen mit. Wir brauchen uns nicht um alle gleichzeitig zu kümmern. Alle diese Kräfte stellt uns unser Selbst zur Verfügung, damit wir frei wählen können. In diesem Buch werden Übungen und Beispiele für all diese Übungswege vorgestellt, damit Sie sie kennenlernen und Ihren eigenen Schwerpunkt bestimmen können. Da diese Kräfte und Ressourcen der Verbundenheit mit dem unendlichen und ewigen Sein entspringen, stehen sie uns selbst und allen, auf die wir sie ausrichten, bedingungslos zur Verfügung.

Es ist eine wunderbare Arbeit ohne die Anstrengung der Identifikation, keinem Konzept und keinem Menschen verpflichtet, nur sich selbst. Das soll heißen, dass Sie bei dieser »Arbeit« immer wieder mit Erleichterung und Vergnügen Ihre Konzepte aufgeben werden, auch die von sich selbst, denn das Selbst ist lebendig. Es ist das Leben selbst, Ihr Leben, Ihre eigentliche Wirklichkeit. C. G. Jung hat das Selbst als Imago Dei bezeichnet (1948, S. 207), als Bild des lebendigen Gottes, von dem es kein Bild gibt und kein Konzept, der für alle Überraschungen und Wunder gut ist und als das Leben selbst immer anwesend. »Seht her, ich mache alles neu« (Offb 21,5). Der göttliche *Geist* (ein weiterer Name für die Anwesenheit des lebendigen Göttlichen in uns) ist der Autor aller Überraschungen, aller wirklichen Innovationen und auch aller Unterbrechungen unserer Gewohnheiten und Anhaftungen. Das heißt auch: *Er/sie* lässt nichts beim Alten. Das ist manchmal sehr unbequem! Dem *Leben* zu folgen ist die größte Herausforderung für uns Menschen. (Wie sollte der größte Übertreter nicht auch alle unsere Übertretungen hinter sich lassen?)

In diesem Sinne hat Jesus gegenüber dem verknöcherten Glauben an die Gott unterschobenen Gesetze seiner Zeit mehr Unglaube gepredigt und praktiziert als Glaube. Ähnlich Buddha. Vielleicht kann man sogar sagen, dass alle großen Religionsstifter und Geistesgrößen Revolutionäre waren und sind, die vielen Glaubenssätzen ihrer Zeit widersprochen und sie übertreten haben.

Ein Mann im Stress wendet sich an sein Selbst

Herbert kennt die Übung der Ich-Selbst-Verkörperung, sich zwei Plätze im Raum zu suchen und sich vom Ich-Platz aus mit allen Nöten und Fragen an das Selbst zu wenden. Er praktiziert sie regelmäßig. Ich bedanke mich bei ihm, dass er dieses Selbst-Gespräch aufgezeichnet und uns zur Verfügung gestellt hat.

2 »Ich« und »Selbst«

> ICH: Ich bin heute ganz daneben. Nichts hat geklappt. Ich wollte eine Liste fertigstellen, der PC hatte das falsche Programm. Ich wollte was für meinen Körper tun, ich hab's vergessen. Ich wollte meinen Freund anrufen, ich hab's vergessen. Meditieren hätte mir geholfen, ich hab's aufgeschoben. Jetzt bin ich nervös und total unzufrieden mit mir. Um mich etwas abzulenken, habe ich ferngesehen mit dem Ergebnis, dass ich jetzt mit Bauchschmerzen im Zimmer hin und her tigere.
>
> Herbert sucht sich einen Selbst-Platz.
>
> SELBST: Gut, dass du kommst. Ich bin nicht unzufrieden mit dir, ob du's glaubst oder nicht. Du schwankst wie eine Grasblume im Wind, das sehe ich. Und du bist unzufrieden mit dir, weil du dich vom Wind so verbiegen lässt. Ich sehe, wie du dich selbst kritisierst und folglich immer unzufriedener wirst. Warum begrüßt du nicht den Wind und alles, was dir widerfährt, feierst es als Geschenk. Je mehr du die Zukunft planst, desto mehr musst du dich auch anstrengen, sie oder dich nach deinen Vorstellungen hinzubiegen. Komm in die Gegenwart, und lass dich beschenken. Wie oft hast du nun schon erlebt, dass der Computer spinnt? Wie oft hast du schon erlebt, dass du wichtige Sachen vergessen hast oder einfach nicht mehr geschafft hast? Es läuft sowieso nicht nach deinem Willen, warum also nicht einfach dem Leben sagen: Dein Wille geschehe? Du kannst es Gott nennen oder ganz anders, dem du dich anvertraust. Es wird alles viel leichter. Du kannst dich auf die Überraschungen freuen, die das Leben dir bringt. Ich sage dir, die sind viel schöner und spannender als alles, was du hättest planen oder dir ausdenken können.
>
> Herbert geht wieder auf den Ich-Platz.
>
> ICH: Danke für die Erinnerung.
>
> Herbert setzt sich auf einen dritten Platz und erwartet das Geschenk der Gegenwart. Er sagt sich mehrmals »Nicht mein Wille, sondern dein Wille geschehe«, wird immer ruhiger, sagt dann mehrmals nur noch »Dein Wille geschehe«. Die Bauchschmerzen vergehen. Er wird ruhiger, und eine innere Weite breitet sich aus. »Ein Gefühl, wie wenn man zu Hause angekommen ist«, sagt er später. »Die Worte sind mir ausgegangen, und es gab nichts mehr zu tun.«

Was ist das Geheimnis eines solchen Selbstgesprächs? Es gibt kein Geheimnis! Man muss es nur führen. Man muss sich nur explizit an das Selbst wenden. Dazu helfen Externalisierung und Personalisierung.

Die beiden Australier White und Epston beschreiben die beiden »Techniken« der Externalisierung und Personalisierung in ihrem Buch *Die Zähmung der Monster* (1990). Wenn Sie bei ihrem Kind die Angst vor der Dunkelheit z. B. ein Monster nennen, und mit ihm darüber sprechen, wie es aussieht, wie groß es ist, ob das Monster manchmal auch bei Helligkeit erscheint, oder ob ihr Kind das Monster vielleicht sogar willentlich rufen (oder auch wegschicken) kann, ob es manchmal nachts auch nicht da ist usw., dann haben Sie einen Seelenanteil ihres Kindes externalisiert, personalisiert und vielleicht ein wenig umgänglicher werden lassen.

Was tun wir beim Externalisieren und Personalisieren, das in diesem Buch zusammenfassend Verkörperung oder Aufstellung genannt wird? Wir stellen innere Wirklichkeiten, von denen wir uns oft überwältigt fühlen, nach außen und distanzieren uns so von ihnen. So können sie Schritt für Schritt weniger bedrohlich, umgänglicher, menschlicher, ja interessanter und liebenswerter werden. Externalisierende Verkörperung ist also eine Art von Reframing, was bedeutet, einem Ding oder einem Geschehen einen neuen Rahmen zu geben, es aus einer neuen Perspektive anzuschauen oder zu erleben. Virginia Satir war Meisterin darin und zwar nicht nur im Verbalen, sondern auch im Nonverbalen: Sie entwickelte die Skulpturarbeit und die Familienrekonstruktion, die Bert Hellinger später zur Aufstellungsarbeit verfeinert hat.

Wir projizieren also innere Wirklichkeiten nach außen, um sie zu zähmen, um uns mit ihnen vertraut zu machen. Ist das nicht paradox? Sind wir nicht mit dem, was in uns ist, am allervertrautesten? Kann denn Vertrautheit durch Distanz und Unterscheidungen entstehen? Virginia Satir hat einmal gesagt: »Vertrauen ist ein Gefühl, man kann es nicht machen. Aber Offenheit kann man machen. Und durch Offenheit entsteht Vertrauen« (mdl. ca. 1974). Durch Externalisierung und Personalisierung innerer, vermischter, dunkler und angstbesetzter Inhalte öffnen wir sie, bringen sie ans Licht, und so kann Vertrautheit entstehen. Ein erster Schritt in Richtung Selbstannahme und Selbstliebe ist getan.

Was unterscheidet das echte Selbstgespräch von normalen, unendlich in sich kreisenden Selbstgesprächen, bei denen nichts herauskommt als ein gordischer Knoten und das Gefühl von Ausweglosigkeit und Müdigkeit? (Immerhin erschöpft uns diese Kopfarbeit dermaßen, dass wir uns hinterher berechtigt fühlen, uns dem heilsamen Bewusstseinszustand des Schlafes hinzugeben.) Wieso kommt in diesem Fall aus mir selbst eine echte Antwort auf meine Fragen? (Lesen Sie ein paar Beispiele aus Kapitel 7.) Weil ich mich nicht an das lineare Denken meines Kopfes wende, sondern an meine innere Lebendigkeit und Verbundenheit mit Allem-was-ist. Dieses mein Innerstes und Äußerstes ist immer da, lebt und spricht und zeigt sich andauernd z. B. über Gefühle, Träume, Bilder, Ahnungen, Ideen, Körpergefühle einschließlich Symptomen usw. Es wird nicht müde, uns seine Anwesenheit, Hilfsbereitschaft und liebevolle Aufmerksamkeit zu zeigen. Aber es macht dies niemals aufdringlich oder gar zwingend, sondern liebevoll. Wenn auch manchmal mit großer Dringlichkeit, aber trotzdem immer freilassend.

Der erste Schritt für ein gutes Ich-Selbst-Gespräch ist, dass ich meine Wünsche, Fragen und Klagen auf der Ich-Seite ernst nehme und sie an etwas Größeres richte, am besten gleich an das Größte, das ich mir vorstellen kann, »Gott« oder das Universum oder das Leben. Geht es doch bei all unseren Fragen, Schmerzen und Wünschen im Tiefsten um Herzenswünsche und Wunder, bei denen wir schon viel, viel ausprobiert haben; die wir vielleicht schon auf etwas Machbares heruntergeschraubt haben und schließlich erkennen mussten, dass uns die Minimalisierung unserer Wünsche und das Herunterschrauben auf machbare und käufliche Erfüllungen in keiner Weise zufrieden und froh gemacht haben. »Wir erleben immer mehr und erfahren immer weniger«, sagt der Soziologe Hartmut Rosa (2005). Erfahrungen sorgen für eine Dehnung der Zeit, das heißt für das Gefühl, Zeit zu haben. Erlebnisse führen zu einer Verkürzung von Zeit. Zeit wird knapp, und man will immer mehr hineinpacken. Am schnellsten geht scheinbar das Kaufen und Ansammeln. Zum Konsumieren des Gekauften bräuchte man viel zu viel Zeit. Auf der Festplatte eines modernen DVD-Rekorders haben heutzutage schon 1000 Fernseh-Stunden Platz. Man müsste 130 Jahre alt werden, um diese genüsslich konsumieren zu können. Würde unsere Wirtschaft pleitegehen, wenn wir alle anfangen würden, das, was wir gekauft haben, das Brot, die Musik, die Wanderschuhe wirklich mit Genuss zu uns zu nehmen, oder würde sie sich umstellen? Die Soziologen Marianne Gronemeyer (2008) und Hartmut Rosa (2005) haben sich in sehr interessanten Büchern mit diesen Themen befasst.

Wir ersetzen Qualität durch Quantität und werden immer unzufriedener. Also kehren wir lieber gleich zu unseren ursprünglichen

Herzenswünschen zurück und vertrauen sie der göttlichen Kraft an. Wir schaffen es nicht allein und brauchen das auch nicht. Das bedeutet, die Wunderfrage wirklich zu »stellen«, wie Steve de Shazer es uns vorgemacht hat, ein amerikanischer Therapeut, der niemals ein Wort zu viel gesagt hat.[14] Eine Frage stellen heißt, sie nicht dauernd in gleichbleibenden Ritualen zu wiederholen. In vielen kirchlichen Ritualen zum Beispiel werden Fragen an Gott meist gar nicht »gestellt« und Bitten endlos wiederholt, dass man sich fragen muss, ob die Betenden ihre eigenen Bitten ernst nehmen, bzw. ob sie damit rechnen, dass eine göttliche Kraft da ist und ihre Gebete wahrnimmt. Wird auch hier Qualität durch Quantität ersetzt? Wo in unseren Bitt- und Klageritualen, wo in unseren Frage- und Diskussionsrunden gibt es eine Pause, eine Zeit der Stille und des Wartens, in der wir nach innen horchen und die Antwort, die immer schon da ist, wahrnehmen? Wo achten wir auf Resonanz? Paulus hat seine Gebete offensichtlich ernst genommen. Er berichtet im zweiten Brief an die Korinther, wie er um Heilung oder Befreiung von einem »Stachel im Fleisch« gebeten habe. Was immer das gewesen sein mag, eine Krankheit, eine Sucht oder etwas anderes, was ihn belastet hat, er hat nicht die erbetene Hilfe bekommen. Eine Antwort hat er jedoch sehr wohl bekommen: »Lass dir an meiner Gnade genügen, denn sie erweist ihre Kraft in der Schwachheit.« Und er fährt fort: »Deswegen bejahe ich meine Ohnmacht, alle Misshandlungen und Nöte, Verfolgungen und Ängste [...] denn wenn ich schwach bin, bin ich stark« (2 Kor 12, 7–10). »Gott« ist kein Wunder-Automat, aber er antwortet, ist lebendig und da. Und das gilt ebenso für das Göttliche in uns, für unser Selbst.

Das Prinzip der Resonanz

Es kommt nicht darauf an, dass Sie an Gott glauben oder an eine andere höhere Macht, sondern dass Sie jene innere und äußere Gesetzmäßigkeit in Anspruch nehmen, die man das »Gesetz der Anziehung« genannt hat (Hicks 2008). Dieses besagt, dass wir die Geschehnisse anziehen, die unserem bewussten oder unbewussten Wollen entsprechen.[15] Wenn die Wünsche Ihres bewussten Ich nicht mit jenen Ihres Selbst, Ihren Herzensanliegen, übereinstimmen, die Ihnen zunächst nicht bewusst sind, werden Sie entsprechend ambi-

---

14 Zum »Stellen« der Wunderfrage im therapeutischen Kontext vgl. vor allem Sparrer (2001).
15 Dieses Prinzip wird in Kapitel 7 näher ausgeführt.

valente Erfahrungen anziehen bzw. erschaffen. Typisch dafür sind (Körper-)Symptome, die immer ein tiefes Anliegen ausdrücken, das gleichzeitig durch einen ungeeigneten Lösungsversuch boykottiert wird. Um zu erkennen, wo unser Ich und unser Selbst in Dissonanz stehen, brauchen wir nicht auf Krankheiten zu warten. Schon ein negatives Gefühl weist auf eine Dissonanz in unserem Wünschen hin und darauf, dass das, was wir im Begriff sind zu manifestieren, nicht wirklich unseren wahren Bedürfnissen entspricht. Bringen wir die Oberflächenstruktur unserer Wünsche (unser Denken) mit der Tiefenstruktur unseres Wesens (unsere Herzenswünsche) in Übereinstimmung, so verändern sich die Kreationen unseres Lebens. Wenn Ich und Selbst sich in Resonanz befinden, dann entsteht in uns ein tiefes Gefühl von Zufriedenheit, Frieden und Glück. Niemals entsteht dieses Lebensgefühl, wenn das Ich sich unterwirft oder klein beigibt oder versucht, das Selbst zur Unterwerfung zu bringen. Unterwerfung ist kein Akt des Friedens, sondern einer der Gewalt. Deshalb ist so sehr auf die Ebenbürtigkeit von Ich und Selbst zu achten. (Das Selbst achtet immer und ganz selbstverständlich darauf, das werden Sie merken, wenn Sie das Selbst verkörpern. Das Ich kann es oft nicht glauben, muss immer wieder die autoritären Schleier vom Selbst entfernen und sich von der inneren Gewalt reinigen.) Es reicht nicht aus, das Denken zu ändern, die Gedanken zu kontrollieren, das funktioniert so nicht, es braucht den Kontakt zu unserem inneren Wesen auch über unsere Gefühle. So dienen unsere Gefühle als »Leitsystem« (Hicks 2008, S. 59) der bewussten Ausrichtung auf das Selbst.

Es gibt noch ein anderes Kriterium, an dem Sie erkennen können, dass eine Antwort auf Ihre Frage oder eine Reaktion auf Ihre Wünsche von Ihrem inneren Wesen, Ihrem Selbst kommt: Die Antwort geschieht in bedingungsloser, freilassender Liebe und im Gewahrsein der Wahrheit, also in eindeutiger Ausrichtung und Öffnung unserer Kraft-Zentren: des Herzens, des Hara und des dritten Auges, um die wichtigsten zu nennen. Die Unterscheidung der leisen, nicht autoritären Stimme des Selbst von den vielen bedrohlichen und ängstigenden oder auch verführerisch beratenden Stimmen, die jederzeit von außen oder – noch verführerischer – als internalisierte von innen auf uns einstürmen können, ist ein wesentlicher Teil der Praxis, die dieses Buch anregen möchte und für die hier immer wieder Hilfsmittel zur Verfügung gestellt werden.

Zum Beispiel werden Ihnen mit der Zeit durch das Üben Ihre typischen und bisher unbewussten inneren Verschleierungen und anderen Abwehrmechanismen bewusst werden, sodass Sie sie mit der Technik der Externalisierung und Personalisierung aus Ihrem Inneren lösen können. Geben Sie ihnen den angemessenen Platz in der Vergangenheit und bei den Personen und Personengruppen, von denen Sie sie übernommen haben, außerhalb Ihrer Identität, dort wo sie hingehören. Eine autoritäre oder gar drohende innere Stimme ist niemals die unseres Wesens, davon können wir ausgehen. Sobald sich eine Drohung, Beschämung oder etwas Derartiges einmischt, können wir es als Projektion einer Über-Ich- oder Eltern-Ich-Instanz identifizieren und ablösen. Dies geschieht, indem wir es wie einen Schleier von unserem Selbst abziehen, entfernen und es dort verankern, wo es hingehört, und uns an das gereinigte Selbst zurückwenden. (Diese Selbstreinigungsübung wird als einfache Körperübung noch genauer beschrieben werden.)

Erwarten Sie die Antwort nicht unbedingt durch Worte. Die Reaktion des Selbst erfolgt nicht unbedingt mit Worten. Manchmal kommt sie als Gefühl oder als inneres Bild oder als Geste, als Bewegung oder als Blick, manchmal kommt sie als Stille, als Ernst oder als Lachen. Sie werden, wenn sie die Selbst-Kommunikation üben, immer vertrauter werden mit den überraschenden und punktgenauen Reaktionen Ihres Selbst. Vertrauen Sie auf die Resonanz aus Ihrem Inneren.

Unser Selbst als das Göttliche oder Lebendige in uns, ist kein innerer Mechanismus, kein schneller Rechner, schon gar nicht ein allwissender Antwortautomat, sondern eine lebendige Quelle für Wahrnehmung, Liebe und Kraft, die uns immer zur Verfügung steht, weil sie unser Wesen ist. Deshalb ist sie eine Quelle von Überraschungen und wunderbaren Geschenken. »Wenn es einen Namen für Gott gibt«, so sagte einmal David Steindl-Rast sinngemäß in einem Vortrag, »so heißt er Überraschung«. Was immer wir uns wünschen oder fragen, erbitten oder visualisieren, es wird uns beantwortet werden und noch mehr: Die Antwort wird immer die Vorstellungen des Ich überschreiten und wunder-voll sein.

Finden Sie Ihre eigene Form, Ihr inneres Du wieder ernst zu nehmen, Ihre innere Quelle in Anspruch zu nehmen, auf die innere Stimme zu hören, die Kommunikation zwischen Ihrem persönlichen und dem überpersönlichen Selbst ins Fließen zu bringen – so wie Sie es als Kind gekonnt haben. Beide sind eins. Da haben Ängste, Schmerzen, Wut, Ungeduld und Enttäuschung durchaus Platz, sie gehören zu unserer Begrenztheit und Endlichkeit, zu unserem Ich.

> Frage, schreie, klage an, fordere eine Antwort, wünsche dir alles; die unendliche Verbundenheit in dir ist nicht zu beleidigen oder zu überfordern, wie es deine Eltern wahrscheinlich waren.
>
> Rechne damit, dass dein Innerstes, dein Selbst, deine Seele da ist und dich wahrnimmt und immer antwortet, wenn du eine Frage »stellst« oder einen Wunsch äußerst. Dein Selbst ist immer in Resonanz mit dir, es ist ja nichts anderes als Resonanz. Die Art der Resonanz erkennst du an der Art deiner Gefühle. Handle, verkörpere, personalisiere, sprich aus oder drücke auf andere Weise aus, was du denkst, was du dir wünschst, was du fürchtest, worüber du wütend bist. Drück es aus in einem ganzen Satz oder noch besser, schreib es auf! Und erwarte eine Antwort, achte auf jede Art von Resonanz: Worte (Gedanken), Gefühle, Bilder, energetische Wahrnehmungen, Körperreaktionen usw. Und dann sei still, erwarte diese befreiende Antwort mit allen Fasern deiner Existenz.

»Durch still sein und warten werdet ihr stark sein«, sagte der Prophet Jesaja zu seinen Zeitgenossen, die in arger Bedrängnis waren (Jes 30,15).

Franz Kafka hat es in seinem Tagebuch (1997, S. 147) so ausgedrückt:

»Starker Regenguss.
Stelle dich dem Regen entgegen,
lass die eisernen Strahlen dich durchdringen,
gleite in dem Wasser,
das dich fortschwemmen will,
aber bleibe doch,
erwarte so aufrecht
die plötzlich und endlos einströmende Sonne.«

Üben und entwickeln wir die Ich-Selbst-Kommunikation auf die Weise, die uns am besten liegt. Manche Übende schreiben ihre Ich-Selbst-Gespräche mit der Hand oder mit einem Computer, andere fragen und antworten laut oder leise auf zwei Plätzen, wieder andere sehen und malen Bilder, gehen ins Spürbewusstsein usw. Auf das Wünschen und Manifestieren wird in Kapitel 6 noch ausführlich eingegangen.

Vom Selbstmitleid (Sabine und die Kirchenglocken)

Mir bleibt eine Szene bei einer Aufstellungsfortbildung in einem Kirchenraum direkt neben dem Glockenturm unvergesslich. Sabines

Vom Selbstmitleid

Anliegen betraf ihr Selbstwertgefühl. Wir waren alle tief beeindruckt von der Schilderung ihrer empfundenen Wertlosigkeit, beziehungsweise ihrer Ohnmacht, sich aufrecht und wertzuhalten. Während sie erzählte, spürte ich Mitleid, unterbrach ihre Schilderung und bat sie, zwei Repräsentanten zu wählen, eine Person für ihr Ich und eine für ihr Selbst, und beide im Raum einander zuzuordnen.

Das Ich stellte sie in den Hintergrund, das Selbst an die Fensterfront. Das Selbst war ruhig und gelassen, das Ich sehr unruhig und hilflos suchend. Als das Ich nach längerer Zeit mit dem Selbst zum ersten Mal Blickkontakt aufnahm, war es schon fast ganz in seinem Jammer gefangen, hilflos und ohnmächtig. Das Selbst stand aufrecht am Fenster. Es ging ihm gut, es schaute mal hinaus, mal zum Ich hin. Beim ersten Hilfe suchenden Blick des Ich machte das Selbst eine einladende Geste, sagte: »Komm her, hier ist es interessant« und zeigte zum Fenster. In jammerndem Ton kam die Antwort vom Ich: »Ich kann nicht, ich fühle mich wie gelähmt.« Das Selbst lächelte freundlich, aber unbeeindruckt.

Auf Lügen, Fehl- und Unterschätzungen fällt unser Selbst nicht herein. Wir alle hatten gesehen, wie die Ich-Repräsentantin sich mühelos zu ihrem Platz bewegt hatte. Unser göttliches Auge, der wahrnehmende Aspekt des Selbst schaut freundlich-liebevoll und freilassend, aber auch unbestechlich genau auf unser Ich und wartet, bis es um Hilfe gebeten und gefragt wird. Dabei lässt es sich nicht unter Druck setzen oder täuschen.

Das Ich sackte nun ostentativ in sich zusammen und jammerte, immer leiser werdend: »Ich kann nicht, warum kommst du nicht her?« In diesem Moment ertönten donnernd vom fünf Meter entfernten Kirchturm die Mittagsglocken. Das Selbst rief laut und deutlich: »Ich versteh dich nicht, es ist so laut« und wendete sich wieder dem Fenster zu, machte es jetzt sogar auf, sodass man sein eigenes Wort nicht mehr verstehen konnte. Die Hälfte der Zuschauer lachte, die andere Hälfte erstarrte. Das passte nicht in unser Konzept vom liebenden Selbst: kein Funken von Mitleid!

Aber plötzlich richtete das Ich sich auf und ging ohne Hilfe an das zweite Fenster. Es hatte die Botschaft des Selbst verstanden. Und so könnte man sie versprachlichen: »Von mir bekommst du kein Mitleid, nichts was dich klein macht und deine Selbstachtung mindert. Ich unterstütze dich nicht, wenn du dich selbst belügst und abwertest. Ich lasse mich nicht täuschen und auch nicht erpressen. Ich bin frei und du bist frei. Und ich weiß, dass das zusammenpasst. Wir können gleichzeitig in Kontakt und frei sein, auch wenn du das in deiner Ursprungsfamilie nicht erlebt hast. Du wirst sehen.« Das Ich sah zunächst aus dem Fenster und öffnete es dann, aufrecht und aus eigener Kraft, schaute auf die Straße, auf den Kirchturm und auf das Selbst. Beide strahlten und lachten sich an.

Bei jedem solchen Ich-Selbst-Gespräch, ob in gedanklicher, körperlicher oder in Aufstellungsform, gibt es unendlich viel zu lernen – durch Erfahrung.

Die Ich-Selbst-Unterscheidung ist paradigmatisch und universell

Es gibt in allen religiösen und philosophischen Traditionen verschiedene Modelle und Bilder für diese erste Unterscheidung. Einige davon sollen hier erwähnt werden. Bekannt ist die Darstellung von Yin und Yang, die beide zu einer Einheit, dem Kreis als Symbol des Ganzen, zusammengefügt und doch klar voneinander getrennt sind, wobei jedes das andere in sich enthält (Abb. 1).

Abb. 1: Yin und Yang

Ebenso bekannt ist das Siegel Salomos, auch »Davidstern« genannt, der eigentlich aus zwei Dreiecken besteht. Das eine basiert auf der Erde und ist zum Himmel gerichtet (Abb. 2a), das andere ist im Himmel gegründet und auf die Erde ausgerichtet (Abb. 2b). Beide zusammen und ineinander geflochten ergeben das Wahrzeichen des Judentums (Abb. 2c).

Abb. 2a: Das Ich hat die Basis auf der Erde und sehnt sich nach dem Himmel.

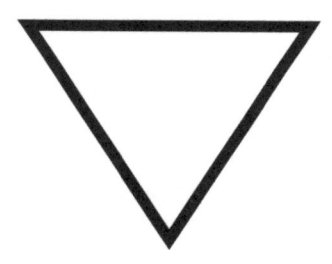

Abb. 2b: Das Selbst hat die Basis im Himmel und sehnt sich nach der Erde.

Abb. 2c: Das Siegel Salomos, der »Davidstern«. Himmel und Erde durchdringen einander: der Mensch.

2 »Ich« und »Selbst«

Im buddhistischen Herzsutra (Suzuki 1990) werden die zwei Weisen unserer Existenz Leere und Form genannt. Dort heißt es: »Was Leerheit ist, ist nichts als Form, was Form ist, ist nichts als Leerheit.« Sie sind also identisch und können doch unterschieden werden. Noch einfacher drückt es der Zen-Meister Richard Baker-Roshi aus: »Nicht eins, nicht zwei!« (2004a)

Auch die frühchristlichen Kirchenväter sahen den wahren Menschen »Jesus, den Christus« in dieser doppelten Natur als göttlich und menschlich zugleich und bezeichneten die göttliche und die menschliche Seinsweise in ihm als »ungetrennt und unvermischt«. Noch genauer heißt es bei ihnen von Christus als dem wahren Menschen, dass er »in zwei Naturen unvermischt, unverwandelt, ungetrennt und ungesondert besteht. Niemals wird der Unterschied der Naturen wegen der Einheit aufgehoben, es wird vielmehr die Eigentümlichkeit einer jeden Natur bewahrt, indem beide in einer Person zusammenkommen.«[16] Mit dieser Formulierung wollten sie zwei Gefahren entgegentreten, die es damals wie heute im Christentum und anderswo gibt. Auf der einen Seite stehen die Vertreter von Gnostik, Idealismus und Esoterik, denen es um den Aufschwung der Menschheit zum Reich Gottes oder in eine ideale Gesellschaft geht und die die materielle Welt, die Erde und die Körperlichkeit eher abwerten, um diese hinter sich zu lassen wie Ballast. Religion und Ideologie als Flucht aus der Welt, als Opium für das Volk. Und auf der anderen Seite stehen die Vertreter des Materialismus, d. h. der Abwertung von Einheitserfahrungen verbunden mit einer Überbewertung des Körpers, einem Hedonismus, in dem das Leben als letzte Gelegenheit angebetet wird, um alles hineinzupacken, was es zu erleben gibt, wobei alle Gelassenheit, Freude und Tiefe verloren geht.

Jeder von uns trägt diese beiden Versuchungen in sich: Sind wir gerade intensiv mit Denken, Planen, Schaffen, Unterscheiden und Entscheiden beschäftigt, wollen wir von der anderen Qualität der Verbundenheit, dem Stillsein und der Hingabe nicht so viel wissen, bis wir dann erschöpft in den Schlaf fallen und uns Allverbundenheit und Stille auf diese Weise zuteilwerden. Im Aufwachen noch, im Urlaub oder in der Meditation genießen wir die Qualität der Hingabe, des Nichttuns, der Bewusstheit des Einsseins und wollen ewig darin verweilen.

---

16 Konzil zu Chalzedon 451 n. Chr. (Denzinger 2001, S. 166)

Die Ich-Selbst-Unterscheidung

In seinem Buch *Das Wahre, Schöne, Gute* beschreibt Ken Wilber (2002) die beiden Bewegungen, die sowohl in jedem einzelnen Menschen als auch in der gesamten Menschheitsentwicklung stattfinden, als Aufwärtsbewegung und Abwärtsbewegung, als Evolution und Involution. Ganz grob gesprochen handelt es sich bei der Evolution um den Aufstieg des Bewusstseins innerhalb der Entwicklung des einzelnen Menschen vom unbewussten Körper-Geist des Embryos über viele Stufen der Erleuchtung zum klaren, nicht endenden »GEIST-Geist«[17] der Nondualität, den man Brahma, Gott oder Leerheit genannt hat. Die gleiche Entwicklung sieht Wilber für die ganze Schöpfung von der nicht bewussten Materie bis zum formlosen, d. h. leeren Überbewusstsein. Die Beschreibung der Gegenbewegung des Abstiegs, der Involution, findet Wilber vor allem in der tibetischen Bardo-Lehre, nach der die Seele sich aus dem reinen Geist wieder inkarniert, die Erfahrungen, die sich während des Aufstiegs in ihrem Bewusstsein entfaltet haben, wieder einfaltet und vergisst (Amnesie).

Aus der dualen, raum-zeitlichen Perspektive sind die beiden Bewegungen des Auf- und Abstiegs natürlich hintereinander zu sehen, so wie sie in den Traditionen beschrieben werden. Man könnte diese Sichtweise auch die mythologische nennen im Unterschied zum mystischen Paradigma der Synchronizität. Im Reich Gottes und in der Perspektive des Selbst erscheinen beide Bewegungen gleichzeitig in jedem Augenblick. Ken Wilber beschreibt das so: »Die gesamte Entwicklungssequenz der Involution fand nicht nur vor der Geburt statt, sie wird vielmehr in jedem Augenblick aufs Neue wiederholt ... Zu Beginn dieses wie jedes anderen Augenblicks ist jedes Individuum Gott als das klare Licht; doch am Ende des gleichen Augenblicks zieht sich das gleiche Individuum blitzschnell wieder zum isolierten Ich zusammen« (2002, S. 299).

Wir können also das Selbst als das sich (ins Grenzenlose) entfaltende Bewusstsein bezeichnen und das Ich als das sich (in Materie und Form) manifestierende Bewusstsein. Ich und Selbst sind Prozesse und Bewegungen in jedem von uns und zu jeder Zeit und wahrscheinlich auch auf allen Entwicklungsniveaus oder – Stufen des Lebens überhaupt.

Nach diesem sehr groben Einblick in die tiefe und umfassende Beschreibung unserer seelisch-körperlichen Entwicklung durch Ken

---

[17] Mit den zwei Schreibweisen von Geist kennzeichnet Wilber (2002 und später) die absolute und relative Ebene des Göttlichen.

2 »Ich« und »Selbst«

Wilber komme ich nun auf die vielen uns vertrauten (und deswegen vielleicht auch manchmal verdächtigen) Formulierungen des Christentums zurück. Hier nennt man diese Aufwärtsbewegung Erlösung oder Himmelfahrt und die Abwärtsbewegung Inkarnation oder Höllenfahrt, wodurch sofort klar wird, wie (auch) im real existierenden Christentum die Abwärtsbewegung überwiegend abgewertet wird, bzw. als positive Bewegung nur Gott vorbehalten bleibt. Der Sinn dieses Buches besteht vor allem in der Rehabilitation der Abwärtsbewegung, ohne die es keine Selbstliebe gibt. Unsere Seele (hier ist dieser Begriff am Platze!) verkörpert sich in einer materiellen Form, zugegebenermaßen eingefaltet und versteckt, nicht aber darin aufgelöst oder annulliert. Ich und Selbst sind zusammengehörige Prozesse. Wilber spricht vom »Aufstieg zu Gott und dem Abstieg zur Göttin« (a. a. O., S. 333). Ich will es im Anklang an die urchristliche Sprache Erlösung und Inkarnation nennen.

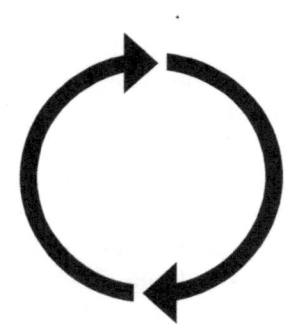

Abb. 3: Aufstieg und Abstieg der Seele/des Bewusstseins

Dabei handelt es sich also nur scheinbar um widersprüchliche Prozesse. So wie Max Planck einmal gesagt haben soll: »Das Gegenteil von richtig ist falsch, aber das Gegenteil einer tiefen Wahrheit ist wieder eine tiefe Wahrheit.«

Auch im Alltagsleben, z. B. in unseren Familien- und Liebesbeziehungen, erleben wir immer wieder, wie wir Verbundenheit aufwerten und Getrenntheit abwerten. Wir versuchen möglichst, lange und viel zusammen zu sein, bis wir durch einen Krach oder durch Langeweile merken, dass das nicht funktioniert und wir wieder etwas Getrenntheit brauchen, ein paar Stunden oder Tage oder Jahre, je nachdem, wie viel Bedürfnis nach Alleinsein und Abgrenzung sich eingestellt oder angestaut hat.

Ich und Selbst, Getrenntheit und Verbundenheit müssen nicht nur in uns, sondern auch um uns, in unseren Beziehungen, sozialen und wirtschaftlichen Systemen in Balance gehalten werden. Beides sind Kompetenzen, die ihren Platz in unserem Leben brauchen. Sie müssen ausgeübt und realisiert werden. Darauf können wir uns mithilfe der Übung einer Ich-Selbst-Verkörperung aufmerksam machen: auf ihre Zusammengehörigkeit und die Notwendigkeit und Nützlichkeit ihrer Differenzierung und getrennten Realisierung. Beide Qualitäten gehören zusammen, wie die beleuchtete und die unbeleuchtete Seite des Mondes. Licht trifft auf Materie, dadurch kommt ein Unterschied zustande. In der Ich-Selbst-Praxis entwickeln sich beide Seiten miteinander und in lebendiger Spannung zueinander und zwar genau auf der jeweiligen und konkreten Entwicklungsstufe des Bewusstseins.

Die sinnlose Angst der Männer vor dem Ertrinken

Die folgenschwere Abwertung des Weiblichen durch das Patriarchat kann man mit Catherine Keller (2007) folgendermaßen erklären: Vor allem männliche Denker interpretieren den Prozess der Individuation, der Herausbildung eines abgegrenzten Ichs aus der All-Verbundenheit im Mutterleib als Kampf und Abwehr gegenüber der »ozeanisch« verschlingenden großen Mutter. Angst und Abwehr erscheinen dabei als Antriebskräfte für die (vor allem männlich gedachte) Abgrenzung und Individuation des Ich, und damit wird die (vor allem weiblich gedachte) Energie der Verbundenheit und Bezogenheit als gefährlich und böse abgewertet. Diese patriarchale Haltung, dass die Ich-Qualität nur durch Abwehr und Abwertung der Selbst-Qualität entstehen kann, haben am deutlichsten Sigmund Freud und die Psychoanalyse vertreten. Dem gegenüber erkennt die neuere (nicht-kämpferische) feministische Bewegung, dass aus der Verbundenheit spielerisch die Einzelheit und die Einzigartigkeit entstehen und umgekehrt. Sie kann sich dabei vor allem auf die Prozessphilosophie Alfred Whiteheads (1979) berufen. Die Angst, dass das abgetrennte Individuum im großen Meer der »Liebe« untergehen könnte, ist eine wahnhafte Gedankenkonstruktion. Angst ist nicht in der Liebe, und Einzelwesen entstehen spielerisch und ganz natürlich in jeder lebendigen Gemeinschaft und nicht gegen sie. Das Medium dieses Entstehens ist für Whitehead (a. a. O., S. 94) »Empfindung« und nicht Angst oder Abwehr. (Mir scheint, er meinte das, was wir heute etwas umfassender als »Spürbewusstsein« bezeichnen; vgl. Fußnote 33.) »Denn der/die Empfindende existiert nicht vor den Empfindungen. Die Welt empfinden bedeutet, aus dem Empfinden der Welt hervorgehen. Diese Empfindungen machen mich zu dem, was ich bin« (Keller 2007, S. 240). »Die Einzelwesen verschmelzen nicht etwa, vielmehr erstehen sie als neue und besondere Geschehnisse aus ihrem Zusammensein. Die Individualität des wirklichen Einzelwesens ist völlig einmalig: Das Ereignis seines Werdens ist genauso unwiederholbar, wie der Gesichtswinkel dieses Einzelwesens in Raum und Zeit« (a. a. O., S. 243). Der Prozess der Individuation ist nach Whitehead einfach ein Prozess der »Konkretisierung« (Whitehead 1979, S. 168 f.). »Ich bin dieses ›Erfahrungströpfchen‹; ich bin die komplexe Einheit von Empfindung, die in diesem Augenblick als Widerhall meines Empfindens der pluralen Welt entsteht« (Keller 2007, S. 241). Eine wunderbare Definition der Ich-Qualität. Whitehead nennt sie »actual entity« (1979, S. 161). »Ich bin keine getrennte und dauerhafte Substanz, sondern ein Ereignis, in dem das Universum sich selbst zusammensetzt. Dies gilt für alles Wirkliche« (Keller 2007, S. 244).

Das Selbst: Verbundenheit und Liebe

Aus diesem Grund ist es für unsere innere und äußere Kommunikation wichtig, die bewertungsfreie Differenzierung von Ich und Selbst auch gedanklich zu erfassen und theoretisch zu vertiefen. Beginnen wir mit der Selbst-Qualität: Diese umfasst alle Prozesse der Verbundenheit, alle Austauschprozesse wie das Atmen, das Essen und Ausscheiden, die molekularen Austauschprozesse unserer Haut, auch alle materiellen, emotionalen und sprachlich-geistigen Kommunikationsprozesse zwischen Mensch und Mensch, zwischen Mensch und Natur usw. In der Selbst-Qualität werde ich mir der Wirklichkeit der Bezogenheit und des Zusammenhangs bewusst, vor allem auch der Verbundenheit mit mir selbst. Das Selbst ist die Art und Weise, wie sich das größere Ganze in uns zeigt und entfaltet. Das universelle *Sein*, das formlose, zeit- und grenzenlose Ganze, schafft sich in uns »seine« Formen in Zeit und Raum. Galaxien und Atome; körperliche, emotionale und Gedanken-Formen; mechanische und lebende, selbstschöpferische Systeme usw. Dies ist der schöpferische Aspekt des universellen *Seins*, das manche Gott nennen, manche das Universum oder einfach das Leben, seine/ihre All-Macht. Sie formt die Galaxie und gleichzeitig das kleinste Energieteilchen. Ein weiterer entscheidender Aspekt des Göttlichen in uns ist die Kraft des Gewahrseins und Bewusstseins, vielleicht ist das mit »Allwissenheit« gemeint. Die umfassendste Qualität aber, in der sich das *Sein* in uns zeigt, entfaltet und offenbart, ist die Verbundenheit mit allem und allen. Deshalb kann man mit Recht sagen: »Wer nicht liebt, hat Gott nicht erkannt, denn Gott ist die Liebe« (1 Joh 4,8). Sie verbindet uns miteinander – über unsere Eindrücke des Voneinander-Getrenntseins hinweg. Ja, man kann eigentlich nichts anderes über Gott oder das universale *Sein* sagen, als dass *es* sich zeigt und dynamisch in den Kräften Kreativität, Verbundenheit und Gewahrsein entfaltet. Alles andere ist Metaphysik und Illusion, Versuche, sich des Ganzen intellektuell zu bemächtigen, statt es zu erleben und zu erfahren.

Wenn wir diese universale Dynamik »Gott« nennen oder mit irgendeinem anderen Gegenstandswort bezeichnen, machen wir sie zum Ding. Es bleibt uns sprachlich fast nichts anderes übrig. Auch der Feldbegriff kann ontologisierend verstanden werden, was bestenfalls dem wissenschaftlichen Diskurs zugeordnet werden kann. Die eigentliche Wirklichkeit »Gottes«, des »Seinsfeldes« oder unseres »Selbst« können wir nur erleben und erfahren und nicht objektiv beobachten oder messen, ohne sie und uns zu verändern. Diese Relationalität, unser in Beziehung sein mit allen Dingen, die wir denken, beschreiben oder wahrnehmen, sollten wir immer im Auge behalten. Unser Selbst, das Symbol für unser in Beziehung sein, können wir nur erleben, nicht wirklich denken, und zwar in Form von Kommunikationen und Kräften. Wir haben unser Selbst nicht, es hat vielmehr uns. In seinem Lehrbuch über Quantenmechanik bringt Herbert Pietschmann (2003) das, was zuerst der Quantenphysiker Werner Heisenberg und später viele konstruktivistische und systemische Denker »Beobachterrelativität« genannt haben, auf den Punkt: »In der Quantenmechanik werden die Eigenschaften eines Objektes durch die Messung nicht festgestellt, sondern hergestellt«. In diesem Denken kommt Information nicht von außen in uns hinein, sondern entsteht je neu, situationsbezogen und in der konkreten Verbundenheit mit außen.

Aus diesem Grunde regt das vorliegende Buch auch immer wieder zu praktischen Erfahrungen und Experimenten in der Selbst-Qualität an, und dabei wird ganz klar, dass es sich hier um kein Fantasieprodukt handelt. (Die Realität dieser materiellen und energetischen Feedbackprozesse gestehen selbst die gläubigsten Materialisten ein. Wir befinden uns hier sozusagen auf dem Territorium der Software.)

Ein schönes Bild für die Selbst-Qualität der Verbundenheit ist der Baum, der von unten Wasser und Nährstoffe und von oben Licht bekommt und dabei tagsüber Sauerstoff und nachts CO_2 abgibt. Die östliche Philosophie sieht den Menschen zur Aufnahme der Erd-Energien mit dem Wurzel-Chakra ausgestattet und für die kosmischen Energien mit dem Kronen-Chakra. Diese Anschauungs-Modelle dienen der Praxis und Übung. Ohne Erfahrung sind sie leer und bedeutungslos. Deshalb fasse ich hier noch einmal die Kernpunkte der Selbst-Verkörperung zusammen.

> Stellen Sie sich also beim Üben auf dem Selbst-Platz vor: Sie sind tief verwurzelt und empfangen von der Erde Nahrung und die Sicherheit der Schwerkraft. Sie lassen diese Energie in den ganzen Körper einfließen. Sie öffnen auch das Kronen-Chakra wie eine Blüte auf ihrem Scheitel für die Lichtenergien des Himmels oder des Kosmos. Beide Energien und beliebig viele andere vermischen sich im Körper, nähren und unterstützen alle Organe, alle Zellen. Lassen Sie sich für diese Vorstellung etwas Zeit, damit Körper und Seele »mitkommen können«. Es reicht, wenn sie sich das einfach denken; später kommt vielleicht Visuelles oder Spürbewusstsein hinzu.

Erinnern Sie sich: Wir brauchen diese wunderbare Wirklichkeit nicht zu erzeugen, sie herbeizuvisualisieren oder sie auf irgendeine Weise heraufzubeschwören. Es handelt sich bei allen spirituellen Übungen immer um ein Nachvollziehen und sich bewusst machen von fundamentalen Wirklichkeiten. Verbundenheit und Einheit sind unsere ureigenste Natur.

Wenn Sie sich das erlauben, werden Sie es schließlich auch fühlen: Sie sind zu Hause angekommen. Eine wirklich wunderbare Erfahrung. (Aber denken Sie auch daran: Die Ich-Erfahrung ist ebenso gut und wertvoll.) Wir brauchen allerdings meist etwas Zeit, um die Erfahrung dieser unfassbaren Qualität des »Selbst« zu realisieren, weil wir zirka neunzig Prozent des Tages in der Ich-Qualität verbringen und die Selbst-Qualität weniger gewohnt sind, jedenfalls im wachen Zustand. Nachts ist es umgekehrt, das ist uns jedoch meist nicht bewusst.

Ein heftiger Streit tobt weltweit um die Bewertung dieser beiden Qualitäten. Eine Hälfte der Menschheit, die eher technisch-rational ntierte, hält wenig von der Selbst-Qualität, dieser unsichtbaren und nicht recht greifbaren Angelegenheit. Die andere, »bessere« Hälfte, die eher beziehungs- und emotional orientierte, hält das Selbst für unser höchstes Gut und das Ich für ein notwendiges Übel, das im Alleingang sogar zum Weltuntergang führen kann. Beide Seiten treffen oft in unseren Familien aufeinander und sorgen für spannende Gespräche. Beide gehen aber von dem Irrtum aus, dass es uns an der Selbst-Qualität mangelt, und versuchen, dieses »Problem« engagiert und leidenschaftlich zu lösen. Die einen ersinnen Konzepte, wie man sich von der Mangelware Selbst am besten abkoppeln kann, die anderen, wie man es besser und vollständiger realisieren kann. Das sind beides aber nur Lösungen erster Ordnung, die bekanntlich das Problem nur verschärfen aber nicht lösen. Das Selbst ist nicht knapp, sondern überall ausreichend vorhanden, und es braucht auch weder Kontrolle noch Unterstützung, ganz einfach, weil es lebendig ist und allgegenwärtig. Es ist unendlich und unfassbar und entzieht sich jeder Feststellung, in jedem Augenblick ist es wieder neu wie das Leben selbst. Also machen Sie sich auf Überraschungen gefasst, wenn Sie beginnen, die Selbst-Qualität zu realisieren, zu üben und zu praktizieren. Doch seien Sie gewarnt: Auf dem Weg der Ich-Selbst-Praxis können Sie sich nicht mit anderen und deren Prozessen vergleichen. Wer den Vergleich sucht, das heißt einen Maßstab, um das eigene Handeln zu beurteilen (oder beurteilen zu lassen; als richtig oder falsch ...), der sollte das als Sichtweise deklarieren. Nichts gegen Theorie, auch dieses Buch ist für Sie erst einmal nur Theorie, glauben Sie nichts, was darin steht! Nur Sie selbst entscheiden, ob, wann und was Sie davon in Gebrauch nehmen möchten. Da gibt es kein besser oder schlechter, kein Richtig und kein Falsch. Ihre Praxis und Ihre Ausrichtung entscheiden darüber, was Ihre Wirklichkeit sein wird.

Das Ich: Unterscheidung und Entscheidung

Auf dem Ich-Platz isolieren und begreifen wir sozusagen die Erfahrungen unserer Einzigartigkeit, Getrenntheit, Unterscheidungsfähigkeit und Entscheidungskraft. Wiederholen Sie am besten noch einmal in Kurzform das Wichtigste aus der Ich-Verkörperung:

> Bewegen Sie zunächst die Füße gegen den Boden, realisieren Sie die Unterscheidung zwischen Ihren Fußsohlen und der Erde, spüren Sie mit den Händen Ihre Körpergrenzen, sagen Sie sich Ihren Namen und

2 »Ich« und »Selbst«

> rufen damit Ihre Geschichte und Ihre so gewordene Persönlichkeit auf. Sie sind anders als alle anderen. Bewegen Sie sich vom Fleck, ändern Sie die Blickrichtung. Genießen Sie, solange Sie wollen, die Freiheit und den Spielraum, die aus der Unterscheidung erwachsen.

Sie merken, die Ich-Qualität ist nicht besser oder schlechter als die Selbst-Qualität, einfach nur anders. Die Ich-Seite ist die der Unterscheidungen und Entscheidungen, der Wahl von Richtung und Ausrichtung. Die Selbst-Seite ist die des Mitfließens und Strömens, des Mitgefühls und der Hingabe. Diejenigen sind zu beglückwünschen, die den Mut und die Freiheit haben, diesen Rollenwechsel zu vollziehen, die ohne Bedauern jede Seite ganz realisieren wollen und können. Erlauben Sie sich sooft wie möglich diese Freiheit, in einer solchen kleinen privaten Aufstellung. Wählen Sie einen Platz, ohne diesem mehr Wert zuzumessen als einem anderen, einfach aus freier Wahl. Bleiben Sie in dieser Freiheit und verlassen Sie den Platz, sobald Sie es wünschen. (Es braucht keine Begründung, dies zu tun.) Finden Sie einen anderen Ort und bleiben Sie auch dort, solange Sie es wünschen. Beziehen Sie sich auf den jeweils anderen Ort, den sie gerade nicht besetzen, in Liebe. Freisein und Lieben schließen sich nicht aus. Das ist spirituelle Praxis und Übung. Mehr braucht es nicht.

Das Zusammenspiel von Ich und Selbst

Irgendwann werden Sie wahrnehmend erkennen, dass die Selbst-Energie bedingungslose Liebes-Energie ist. Sie werden immer wieder spüren und erfahren wollen, wie Himmel und Erde sich in Ihnen lieben.

Wenn sich Ihr Herz-Zentrum weit öffnet, werden Sie froh sein, dass Sie die Energien, die Sie so reichlich von oben und unten empfangen, an das Ich und andere Ichs weiterströmen und strahlen lassen können. Ja, wenn es kein Ich-Gegenüber gäbe, würden Sie es zum Zwecke der Liebe erschaffen wollen. Man könnte sagen: »Sinn und Zweck der Dualität ist die Liebe« (Essen 2007). Dabei werden Sie auch die (spirituelle) Gesetzmäßigkeit am eigenen Leibe erfahren, dass Sie beim Weitergeben und Verströmen transpersonaler Energien nicht leerer werden, sondern mehr und mehr davon von überall her empfangen. Diese Erfahrung kann und wird Freude und Begeisterung in Ihnen auslösen und sich wie Kraft anfühlen, wie ein Strömen, wie

Einssein oder wie unendliche Weite. Diese Energien wirken nicht als Tauschgeschäft, das vom Ich-Gegenüber Erwiderung erwartet, sondern sie fließen freilassend, gegeben ohne Bedingungen, d. h. ohne Einmischung in die Entscheidung des Ich. Auch wenn das Ich sich abwendet und nichts von dieser Quelle wissen will, fließt diese stetig und ununterbrochen und umso begeisterter, da sie die Schönheit des Ausgangs vertrauensvoll vorhersieht. Verbundenheit ist ohne Gewalt, ohne Konzept und ohne Leiden. Verbundenheit freut sich an Getrenntheit. Sie kennt nichts Böses. Sie ist ihrer selbst und ihrer Einheit mit *allem*, auch dem Ich, gewiss.

Lesen Sie das »Hohe Lied der Liebe« als ein Porträt Ihres Selbst, gemalt von einem Künstler, der Sie in Ihrer tiefsten Wirklichkeit erkannt hat (Paulus in 1 Kor 13,4–7; frei übersetzt von Martin 1992, S. 125 ff.):

»Die Liebe ist großmütig und hält Widersprüche aus. Sie ist nicht eifersüchtig (und vergleicht nicht), sie spielt sich nicht auf, um andere zu beherrschen. Sie bläht sich nicht auf.

Die Liebe handelt nicht respektlos anderen gegenüber, sie ist nicht egoistisch, sie wird nicht bitter durch bittere Erfahrung, sie ist nicht nachtragend.

Die Liebe hat keine Freude an der Ungerechtigkeit, vielmehr freut sie sich mit anderen an der Wahrheit.

Die Liebe trägt und erträgt alles. Sie glaubt alles (das heißt auch: sie hält alles für möglich, glaubt auch an das derzeit Unmögliche und hat großes Vertrauen statt dauerndes und grundsätzliches Misstrauen.) Die Liebe hofft alles (das heißt: sie erwartet und rechnet mit radikalen Alternativen), sie erduldet alles (das heißt: sie hält durch, hält stand, leistet Widerstand, ist nicht auf der Flucht).«

Die paradoxe Einheit unserer Einzigartigkeit und Verbundenheit ist für das Selbst lebendige Wirklichkeit, nicht zugänglich für das logische Denken des Ich, jedoch für unser spürendes Bewusstsein. Wieder eine Unterscheidung, die es zu treffen lohnt. Die Unterscheidung zwischen Denken und Bewusstsein. Eckart Tolle hat in seinem Buch *Eine neue Erde* (2005) auf diesen wichtigen Aspekt der Ich-Selbst-Unterscheidung hingewiesen. Üben Sie während der Meditation nicht, das Denken auszuschalten, sondern nehmen Sie das Denken, das heißt jeden einzelnen Gedanken in Ihr Bewusstsein auf. Geben Sie ihm einen

2 »Ich« und »Selbst«

Platz im unbegrenzten und immer gegenwärtigen Bewusstseins-Raum, Ihrem Selbst. So wie jeder Atem, jede Körperreaktion, jedes Gefühl zu Bewusstsein kommen kann und angenommen wird, so auch die Ich-Aktivität des Denkens. Mit unserem Bewusstsein können wir liebevoll und neutral Zeuge sein von allem, was geschieht, ohne etwas bekämpfen zu müssen oder uns damit zu identifizieren. Das Denken bewegt sich in virtuellen Räumen: Vergangenheit, Zukunft und Möglichkeitsform. Das Bewusstsein ist immer gegenwärtig, bezieht sich auf die Realität, auf das, was der Fall ist. So lässt sich das Denken leicht von Bewusstsein unterscheiden; eine der wichtigsten Übungen der Ich-Selbst-Unterscheidung.

Mit »Ich« werden in diesem Buch alle Prozesse der Fokussierung, der Formgebung und Unterscheidung bezeichnet, mit »Selbst« die defokussierenden Prozesse der Nichtgetrenntheit, der Verbundenheit. Das »Ich« verweist auf aktive Vorgänge wie unterscheiden, wählen, bestimmen, kreieren, materialisieren. Das »Selbst« verweist auf die Wirklichkeit der Verbundenheit, der Einheit, der Nondualität, die mit begrifflicher Wahrnehmung nicht fassbar aber spürend erfahrbar ist, z. B. als Weisheit, Kraft, Schönheit und Liebe. Das Selbst ist die Vertretung des Göttlichen in uns.

Wenn beide Teile als unterschiedliche miteinander in Kontakt gebracht werden, läuft gewöhnlich ein »Drama« ab, meist nach den aus den Mythologien bekannten Mustern des verlorenen Sohnes, einer Heldenreise oder einer Höllenfahrt, und zwar auf höchst individuelle Weise. (Ein Beispiel für ein solches Drama folgt im nächsten Kapitel.) Die Ich-Selbst-Aufstellung macht die zerbrochene Einheit und den Weg zu einer neuen Art der Integration erfahrbar und sichtbar.

Ich glaube, wir verkörpern dabei das Urthema unserer Seele, die sich nach beidem sehnt, nach Einheit und nach Begegnung, nach Bezogenheit und nach Individuation. Und vor allem nach nicht bewertender Versöhnung beider Energien, sodass beides in uns einen gleichwertigen Platz bekommt, dass beides gelebt werden darf und dass beide Kräfte ihren angemessenen Einsatz finden.

Ich habe vor Kurzem erlebt, wie jemand aus der Ich-Position in höchster Not dem Selbst gegenüber ausrief: »Hör doch mal endlich auf, auf mich zu hören.« Wenn es um die Befreiung des Ich geht, wird das Selbst manchmal in die Ohnmacht geschickt. Und das Selbst lässt sich auch darauf ein. Es wird ganz still, gibt alle Macht, Manipulation oder Suggestion auf und lässt das Ich bedingungslos frei, was das Ich dann verwirren kann. Auch diese Form der Selbstliebe, das Zurücktreten und Aufgeben, muss geübt werden. Das Selbst hatte vorher alles Mögliche an Kontakt und Freigabe ausprobiert, aber nun war es mit seinem Latein am Ende, und erst dadurch fühlte sich das Ich ganz langsam frei genug, auf das Selbst zuzugehen, es zu berühren, es anzuschauen, ja sogar sich an es anzulehnen. Die Befreiung zeigt sich auch darin, dass dabei vollkommen individuelle Lösungen gefunden und erfunden werden, die vergänglich sind, weil mitten im Leben, und die einzigartig sind, weil mitten im Fluss. Diese beiden Wirklichkeiten miteinander am eigenen Leibe bewusst zu erfahren ist ein unvergesslich tiefes Erleben. Wir fühlen uns angekommen – dort, wo wir schon immer waren.

Im Selbst fühlen wir uns eins mit dem Kontext, in unserem Ich-Wesen fühlen wir uns eher abgegrenzt und unterschieden von der Umgebung, dabei aber auch oft von außen beobachtet, beachtet oder bedroht. Im Selbst haben wir weder Angst vor etwas noch ein besonderes Hingezogensein. Wir sind von unserer Umgebung aufgenommen, in ihr zu Hause. Unterschiede zwischen mir und anderen spielen keine Rolle, Grenzen scheinen aufgelöst. Wenn wir das Selbst repräsentieren oder verkörpern, bleibt es meist so ich-nah, dass es Grenzen und Unterschiede noch wahrnimmt: Dank seines Mitgefühls kann das Selbst auch die Ich-Perspektive einnehmen, ohne sie zu verabsolutieren oder sich in Abhängigkeit zu begeben. Also relativiert es die Gedanken, Wahrnehmungen und Gefühle des Ichs aus der Perspektive der Raum- und Zeitlosigkeit. Es ist sich dabei über das Spürbewusstsein der Einheit mit Allem-was-ist bewusst. (Sie können das überprüfen.) Die Selbst-Energie ist so etwas wie eine ich-nahe Repräsentanz der Unendlichkeit, eine gewisse Formgebung, Komprimierung, Offenbarung, Inkarnation des Göttlichen, damit wir es über unser Spürbewusstsein andeutungsweise wahrnehmen, schmecken, begreifen und ihm begegnen können. Sie können das weiter unten in Kapitel 6 in der Raum-Meditation nachvollziehen.

Ich und Selbst in verschiedenen Formulierungen und Traditionen

Die folgende Tabelle (Tab. 1) stellt die beiden Dimensionen unserer Wirklichkeit einander begrifflich gegenüber. Die Unterscheidungen betreffen die verschiedensten Ebenen und könnten unendlich fortge-

Ich	Selbst	Hinweise zur Vertiefung
Getrenntheit	Verbundenheit	in diesem Buch
Abgrenzen, Unterscheiden	Einbeziehen, Angleichen	in diesem Buch
Perspektive, Fokussieren	All-Einheit, Defokussieren	in diesem Buch
Teilsein	Ganzsein	in diesem Buch
Einzigartigkeit, Einzigsein	Zugehören, Einssein	in diesem Buch
Abgegrenztes, autonomes Selbst	Fließendes, hingegebenes Selbst	Keller
Wille, Wahl	Liebe, Hingabe	Assagioli
Dualität	Nondualität	Loy
Form	Leerheit, Nothingness	Buddhismus
Position	Negation	Varga von Kibéd
Bedingter Geist	Unbedingter Geist	Varela, Baker
Sinnliches Wahrnehmen	Spürbewusstsein, Gewahrsein	Norretranders, Schellenbaum
Begreifen, Begrifflicher Geist	Ergriffenheit, Formloser Geist	Varela, Buddhismus
Linke Hirnhälfte	Rechte Hirnhälfte	Taylor
Zeitlich-sequenzielles Denken	Räumlich-synchrones Denken	Luhmann, Latka
Ursache-Wirkungs-Linearität	Inter-Emergenz	Buddhismus, Baker
Divergenz	Konvergenz	Buddhismus, Baker
Aktivität	Stille, Soheit	Buddhismus, S. Suzuki
Orientierung in Raum und Zeit	Präsenz, ewige Gegenwart	Meister Eckehart, Tolle
Individuation	Bezogenheit	Stierlin
Persona	Selbst, Imago Dei	C. G. Jung
Agenz	Kommunion	Wilber
Gegenübererfahrung	Einheitserfahrung	Christentum, Renz
Sichtbar, materiell, körperlich	Unsichtbar, unmateriell, seelisch	Paulus
Menschliche Natur	Göttliche Natur	Christentum
Schöpfung	Schöpfer	Judentum, Christentum

Tab. 1: Ich und Selbst als Grundformen des Bewusstseins

setzt werden. Aber in jeder dieser Zeilen wird ihre paradoxe Zusammengehörigkeit deutlich. Man könnte darüber lange philosophieren, z. B., dass die Art der Gegensätzlichkeit immer auch eine hierarchische ist. Das Selbst bezieht das Ich mit ein. Die Ich-Qualität ist immer ein Teil der Selbst-Qualität, ohne darin unterzugehen, ein konstituierender Teil. Der Begriff der »Holarchie« ist vielleicht hier hilfreich. Ich werde darauf später noch zurückkommen.

Aus der Tabelle können Sie ersehen, wie sich die verschiedensten Traditionen, Religionen und kulturellen Strömungen begrifflich mit der Unterscheidung und Zusammengehörigkeit unserer grundlegenden Dualität auseinandergesetzt haben. Die Tabelle ist längst nicht vollständig und begnügt sich mit Andeutungen. Aber in Spalte drei werden einige Hinweise gegeben, wo das entsprechende Begriffspaar verwendet und betrachtet wird, sodass Sie sich bei Bedarf darin vertiefen können.

Tabelle 1 verdeutlicht, dass es sich bei der Unterscheidung von Ich und Selbst um zwei Paradigmen (Denk- und Sichtweisen) handelt und beim Wechseln zwischen der Ich-Position und der Selbst-Position um einen echten Paradigmenwechsel, der sich in Kopf, Herz und Bauch vollziehen wird, mit allen Widerständen, die dabei auf einen zukommen können.

Der Soziologe Thomas Kuhn (1973) beschreibt drei Stadien der Geburt eines neuen Paradigmas in einer Gesellschaft. (Die auch in der individuellen Entwicklung der Selbstbeziehung wiederzufinden sind):

Stadium 1: Das neue Paradigma macht Angst, stößt auf Widerstand, wird lächerlich gemacht. Seine Repräsentanten (sowohl innere als auch äußere) werden verdrängt, vertrieben oder verbannt. Die entsprechenden Erfahrungen in unserem Inneren werden aus dem Bewusstsein in ein Schatten-, Traum- oder Symptom-Dasein verdrängt.

Stadium 2: Das neue Paradigma wird zu erklären versucht, aber noch mit den Begriffen und der Denkweise des alten. Energetische Körperprozesse werden als feinstoffliche Prozesse erklärt, geistiges Heilen wird auf Hirnphysiologie reduziert. Das alte Denken sucht Erklärungen in linearen Ursache-Wirkungs-Kategorien. (Das Neue rechnet mit Einheits-Erfahrungen: Synchronizität und Resonanz.)

Stadium 3: Das neue Paradigma wird akzeptiert. Es verdrängt nicht das alte, sondern integriert es als Vorstufe oder auch als in seinem Bereich angemessene Denk- und Handlungsweise. Die Vertreter des alten verlieren ganz von selbst mehr und mehr an Macht und Einfluss. Sie »sterben aus«. Das alte Denken wird gewürdigt, wie Erwachsene ihre Kindheit liebevoll erinnern und würdigen. Das neue hebt das alte auf, im doppelten Sinne des Wortes »aufheben«.

Hier zwei Beispiele für typische Paradigmenwechsel, die Ihnen wahrscheinlich bekannt sind: Ein historisches Beispiel ist der Übergang vom geozentrischen zum heliozentrischen Weltbild. Zurzeit erleben wir einen Paradigmenwechsel von einer objektivierenden Weltsicht zu einer systemisch-ganzheitlichen, nicht linearen Wahrnehmung der Welt. Neben der klassischen Schulmedizin, die jahrzehntelang in unserem Kulturkreis die vorrangigen und einzig anerkannten Heilmittel zur Verfügung stellte, zeigen sich nun eine Fülle an alternativen und ganzheitlichen Heilweisen. (Viele davon wiederentdeckte alte, traditionelle Heilweisen.)

Genauso verhält es sich mit der Realisierung des paradigmatischen Wechsels zwischen Ich-Qualität und Selbst-Qualität. Wir beginnen, sobald wir erwachsen geworden sind, meist mit dem Stadium eins, indem wir die Verbundenheit des Selbst bezweifeln und beargwöhnen. Das ist ganz normal, haben wir doch gerade in der Pubertät unsere Autonomie und Getrenntheit von den Eltern mit Mühe erkämpft und die Erinnerung an die Einheit und Verbundenheit mit der Mutter oder dem Vater erfolgreich aus unserem Bewusstsein vertrieben oder als Idealzustand in den Himmel der Religion oder der Liebe projiziert. Im Stadium zwei dämmert uns dann mehr und mehr die Wahrheit der transpersonalen Realität in und um uns, nämlich dass Verbundenheit und Einheit eine essenzielle Bedeutung in unserem Dasein haben (sollen). In Stadium drei bewegen wir uns dann in beiden Realitäten, frei wählend, je nach Situation und Bedarf.

In den letzten Jahrzehnten beschrieben viele Denker solche Paradigmenwechsel sowohl in der Entwicklung des Einzelnen als auch in der Entwicklung der Menschheit als ganzer. Piaget beschrieb sie für die kognitive Entwicklung des Kindes, Kohlberg für die moralische Entwicklung bis zum Erwachsenenalter (vgl. Wilber 2002 u. 2007). Besonders interessant ist die Arbeit des Schweizers Jean Gebser (1973), der sieben paradigmatische Entwicklungsstadien der ganzen Menschheit identifiziert und beschrieben hat.

Allen diesen Theorien ist gemeinsam, dass sie die Entwicklung stufenweise beschreiben, sodass jede spätere die frühere voraussetzt, überwindet und gleichzeitig integriert. Gesunde Erwachsene sind weiterhin fähig zu denken und zu fühlen wie Kinder. Jedoch sind Kinder noch nicht befähigt, wie Erwachsene zu denken. Moderne Menschen können sich in das magisch-schamanische Denken hineinversetzen und sich seiner bedienen, ebenso in das mythische Denken der biblischen Zeit oder in das rationale Denken und Handeln der Aufklärung mit ihrer Ablehnung aller Mythologie und Magie. Nicht jedoch konnten der Rationalität verpflichtete Aufklärer unsere postmoderne, nicht-metaphysische Spiritualität verstehen, erst recht verstehen es Menschen nicht, die noch dem mythischen Verständnis von Spiritualität verhaftet sind. Das entsprach nicht der Aufgabe ihrer Zeit. Jedes Stadium erfüllt eine wichtige Aufgabe für die Entwicklung der Menschheit, vorzustellen wie die Sprossen einer Leiter.

Ken Wilber hat alle diese Entwürfe onto- und phylogenetischer Entwicklung des menschlichen Bewusstseins gesammelt, analysiert und, wo möglich, parallelisiert, sodass erkennbar wird, wie die Entwicklung des Bewusstseins dem Farbspektrum des Lichtes oder der Folge der Chakren vom Wurzelchakra bis zum Kronenchakra und darüber hinaus folgt. Er verwendet dafür den von Arthur Koestler geprägten Begriff der »Holarchie«, um aufzuzeigen, dass es sich zwar um eine hierarchische Stufenfolge handelt, in der jede Stufe die vorherige voraussetzt, aber auch, dass jedes Stadium einem Holon entspricht, einer Ganzheit, die alles im Kern bereits enthält, was sich in späteren Stadien entwickelt und entfaltet. Wie ein Samenkorn oder Gen. Es lohnt sich, die zum Teil poetischen Beschreibungen dieser Wahrheiten (man kann der Wahrheit kaum anders gerecht werden als durch Poesie), die jeder von uns sowohl innerlich als auch als Mitglied einer Kultur am eigenen Leib erlebt, bei Ken Wilber (2002, 2007) nachzulesen. Umso mehr, da er ausführt, wie alle diese Entwicklungslinien spiralförmig verlaufen, indem sie nämlich auf jeder Stufe zwei Sphären oder Zonen durchlaufen: die Sphäre der Differenzierung und Unabhängigkeit (in der hier verwendeten Terminologie das Ich) und die Sphäre der Angleichung und Zugehörigkeit (das Selbst) (2007, S. 64, 95 u. a.). Ich und Selbst, Getrenntheit und Verbundenheit,

2 »Ich« und »Selbst«

sind also nicht nur Entwicklungsstufen des Menschen, insofern das Ich zum Selbst hin strebt und von diesem mit all seinen Erfahrungen integriert wird, sondern Ich und Selbst sind auch zwei verschiedene Erfahrungsweisen, die beide in gleichem Maße für jede Stufe unserer Entwicklung notwendig sind. In allen Lebensbereichen dürfen wir uns sowohl die Getrenntheit als auch die Verbundenheit bewusst machen. Zwischen Ich und Selbst wie zwischen Form und Leerheit besteht nicht nur eine Hierarchie, sondern auch eine Gleichheit, sodass diese sich begegnen und miteinander spielend vereint sind (a. a. O., S. 297 u. 416). Auf jeder unserer Entwicklungsstufen möge beides verwirklicht werden (a. a. O., S. 156).

Kommen wir noch einmal zurück auf das Modell der Aufwärts- und Abwärtsbewegung (siehe Abb. 3). Da gibt es Teile in uns und Zeiten, in denen sehnen wir uns nach dem »Himmel«, der Verbundenheit mit allem und dem Jenseits von Zeit und Raum, da üben wir Meditation, Loslassen, Mitgefühl allen Wesen gegenüber usw., kurz gesagt, unsere Selbst-Natur. All die Fähigkeiten des Ich, das nicht endende Infragestellen und Zweifeln, Unzufriedenheit, Distanznahme, Differenzieren und Entscheiden müssen, unsere ganze »verdammte« Freiheit, erscheint uns mühsam, anstrengend und widerwärtig. Der Himmel oder der Mutterleib erscheinen uns wie das Paradies: endlich Ruhe, kein Sollen, kein Müssen, kein Brauchen. Aufwärtsbewegung als Flucht vor dem Ich, aus der Mühsal und Abwertung des Ego. Hingegen gibt es auch die Aufwärtsbewegung, die sich aus dem Schwung der Abwärtsbewegung speist. Und die Abwärtsbewegung, die Inkarnation und Menschwerdung, die, gespeist vom Glanz des Himmels, von der Erfahrung der Liebe und der Verbundenheit, voll Freude und Neugier in die Körperlichkeit eintaucht und die Materie erforscht und untersucht bis in die tiefste Dunkelheit und Unbewusstheit. Da ist uns das Unterscheiden und Entscheiden, das Analysieren und Erforschen, also die Ich-Qualität ein Vergnügen und eine Herausforderung. Da können und dürfen wir in die Selbst-Perspektive wechseln, und schon wird uns bewusst, welche Unterstützung und Liebe uns vom Selbst her für all unsere Aktivitäten zukommt. Es gibt kein Richtig und Falsch und kein Bedauern, nur die Zusage: »Ich bin mit dir seit Anbeginn und bis ans Ende der Welt, und du bist frei!« Bedingungslose Liebe, bedingungslose Wahrnehmung, bedingungslose Selbstermächtigung.

Walt Whitmans »Gesang von mir selbst« (1968) passt wunderbar zu der Begeisterung des Selbst über das Ich und dazu, was das Ich sich herausnimmt, wenn es sich vom Selbst getragen und geliebt fühlt:

»*Ein jeder von uns unvermeidlich! Ein jeder von uns unermesslich! (a. a. O., S. 141). Ich feiere mich selbst und singe mich selbst, und was ich mir herausnehme, sollst auch du dir herausnehmen, und jedes Atom, das mir gehört, gehört ebenso gut auch dir (a. a. O., S. 32).*

Und nie je wird es mehr Vollkommenheit geben als jetzt,
oder mehr Himmel oder Hölle als jetzt ...
Klar und rein ist meine Seele,
und klar und rein ist alles, was nicht meine Seele ist.
Fehlt eines, so fehlt beides;
und das Unsichtbare wird durch das Sichtbare bewiesen ...
Nicht ein Zoll noch ein Teilchen eines Zolles ist gemein,
keines soll weniger gekannt sein als die anderen (a. a. O., S. 34).
Dies sind in Wahrheit die Gedanken aller Menschen in allen Zeitaltern und Ländern,
sie rührten ursprünglich nicht von mir her.
Sind sie nicht die deinen ebenso gut wie die meinen,
so sind sie nichts oder so gut wie nichts (a. a. O., S. 50).
Nach mir hin streben und laufen zusammen beständig alle Dinge des Universums.
Alle sind an mich geschrieben ... (a. a. O., S. 53).«

Die Abwärtsbewegung braucht die Aufwärtsbewegung, das Ich und das Selbst brauchen einander, keines will und kann ohne das andere sein, obwohl sie grundverschieden sind. Probieren Sie es aus! Jede Seite dient der anderen, das heißt, sie hält sie für die größere, umfassendere und in der Entwicklung fortgeschrittenere (wie zwei Verliebte). Dass das Selbst das Ich umfasst und integriert, erscheint uns spirituell orientierten Menschen logisch und praktisch nachvollziehbar. Aber allmählich wird es auch denk- und spürbar, dass das Ich das Selbst umfasst, dass unser Selbst, das Göttliche in uns, dem Menschlichen dient, es genau beobachtet und jede neue Erfahrung, die der Mensch macht, als Erweiterung des universalen Bewusstseins feiert. (»So sehr hat Gott die Welt geliebt, dass er seinen Sohn, den einzigen, hingab, sich selbst entäußerte und Mensch wurde« (Joh 3,16).) Der Grund für die Schöpfung und der Grund für die Inkarnation ist die Liebe. Das Selbst begleitet uns zustimmend und begeistert, was immer wir tun und lassen, ja, es findet und erfindet sich in uns. Und wenn wir wollen, können wir es befragen, was der Grund seiner

Begeisterung, seiner Zustimmung ist. Es wird uns immer eine Perspektive eröffnen, die uns auch in den schlimmsten und schwersten Situationen zeigt, wie darin die genau richtige Herausforderung und der passende Lernschritt für unsere Seele bereitliegen. Man kann das mit Virginia Satir »Reframing« nennen oder »Vergebung«, wie das Neue Testament und besonders eindrücklich Colin Tipping (2004) sagen. Diese Sichtweise des Selbst wird Sie in jedem Fall aus dem Opferdasein herauskatapultieren. Also überlegen Sie es sich gut, bevor sie Ihr Selbst zurate ziehen, denn Opfer zu sein bringt viele Vorteile: z. B. Mitleid, Kommunikation, Entschuldigung. Die Vergebung aber führt ins volle Leben mit allen Gefühlen und allen Erfahrungen. In diesem Buch gibt es dazu ein eigenes Kapitel (Kapitel 5). Die Wahrheit, auf die Ihr Selbst Sie immer wieder hinweisen wird, klingt vielleicht so: »Jede Situation, auch die schmerzhafteste, ist zu deinem Besten, auch wenn du das nicht sofort wahrnehmen kannst«. Ihr Selbst hat immer volles Mitgefühl und den Überblick. Es wird Sie weder überfordern, noch Ihnen etwas vormachen. Was könnte unterschiedlicher sein als die unbestechliche unbedingte Liebe des Selbst und der kindlich neugierige Forschergeist des Ich? Und auch: Was passt besser zusammen?

Dieser weiten Realität können wir durch Praxis und Übung nahekommen, indem wir so oft, so leicht und schnell wie möglich und erwünscht zwischen den beiden Perspektiven (Paradigmen) wechseln. Bemerken Sie, dass der Begriff Paradigmenwechsel hier nicht wie so oft in der Literatur eine Bezeichnung für einen gerichteten Prozess ist, sondern zu einem Praxisbegriff wird, der die betreffenden Paradigmen gleichwertig nebeneinanderstellt (wie die Aufwärts- und Abwärtsbewegung). Jedes dient dem anderen. Aus dieser Praxis entsteht das, was wir Liebe nennen.

Dieser Paradigmenwechsel sollte auf der geistigen, körperlichen und emotionalen Ebene geübt werden. Er ist nicht hierarchisch, nicht wertend und nicht zeitorientiert. Der Übende lebt mit Begeisterung beide Bewusstseinsformen: Getrenntheit und Verbundenheit, Körper und Geist, Erde und Himmel, Form und Leere, das Einzigartige und das Universale. Er wechselt leichtfüßig zwischen beiden hin und her, bis die Gleichheit in der Unterschiedenheit zur Erfahrung, zur Realität geworden ist. Bis mit den buddhistischen Weisen gesagt werden kann: »Nicht eins, nicht zwei.« Oder mit den christlichen Weisen: »Unvermischt und ungetrennt.« Wir können dies Synchronizität von Aufwärts- und Abwärtsbewegung nennen.

Eine hierarchisch bewertende Betrachtungsweise und die Einbeziehung einer zeitlichen Entwicklung werden allerdings nötig, wenn wir die Tendenz des Ich, ein Ego auszubilden, in Betracht ziehen oder gar keinen Unterschied zwischen Ich und Ego machen. Diese »Vermischung« kann in allen Traditionen bis heute beobachtet werden. Das Ego besteht im Festhalten an der Getrenntheit sowie im Festhalten an der Verbundenheit. Das Gegenteil von Vermischung ist Unterscheiden, Dissoziieren, Rollen wechseln. Der früheste urchristliche Hymnus (Phil 2) beschreibt den großen Rollenwechsel Gottes, die Menschwerdung des Gottessohnes (Inkarnation) folgendermaßen: »Obwohl er Gott gleich war, hielt er es nicht für einen Raub, wie Gott zu sein, sondern wurde ein Mensch ...« (Die Auferstehung beschreibt in der Mythologie des Christentums den umgekehrten Rollenwechsel, die Aufwärtsbewegung.) Egoistisch ist also die Unbeweglichkeit, das Festhalten an einer der beiden Rollen oder Perspektiven, egal an welcher. Wir können nicht nur an Ich-Konzepten anhaften, sondern auch an Selbst- oder Gottes-Konzepten. Anhaften heißt festhalten wollen und dabei bleiben. In Wahrheit sind Ich und Selbst jedoch frei und ohne Wollen und Konzepte. Vermischen wir allerdings das Ich und das Ego miteinander und identifizieren uns mit diesem Konglomerat, müssen wir konsequenterweise eine Hierarchie zwischen Ich und Selbst annehmen und eine einseitige Höherentwicklung vom Ich-Ego zum Selbst. Doch gibt es in allen Traditionen auch die Mystiker, die die Gleichzeitigkeit und Ebenbürtigkeit in Unterschiedlichkeit beider Sichtweisen erkannt haben und den Paradigmenwechsel zwischen unserer göttlichen und menschlichen Natur als einen freudvollen Rollenwechsel beschreiben. Einer von ihnen ist der Bibliodramatiker und Theologe Klaus Werner Stangier mit seinem wunderbaren Buch *Jetzt* (1997). Er beschreibt den Rollenwechsel zwischen Gott und Mensch, wie er im Philipper-Hymnus besungen wird (siehe oben), als die eigentliche Befreiung/Erlösung des Menschen. Demnach ist im Psychodrama und im Bibliodrama, in der Theaterpädagogik und in der Aufstellungsarbeit der Schritt in eine Rolle und auch der Schritt wieder heraus bereits eine der wesentlichsten und heilsamsten Wirkungen. Dabei entledigt sich der Akteur aller Identifikationen, aller Persönlichkeitsanteile als Eigenschaften, die er zu besitzen und zu sein glaubt, und behandelt sie nicht mehr als Eigenschaft, sondern als Ressource, die in Anspruch genommen werden darf und kann. Die Erlösung des Ich vom Ego! Im Spiel der Kinder können wir dies ebenso erleben wie in der systemischen Aufstellungsarbeit. Diesem Vorgang ist ein eigenes Kapitel gewidmet (Kapitel 7: Anfängergeist und Spiel).

Die Einheit von begrifflichem und nicht begrifflichem Geist

Schauen Sie sich Tabelle 1 bitte noch einmal an. Ich behaupte, dass beide Seiten »pathologisch« werden können. Jede der beiden Seiten kann übertrieben oder (durch Verabsolutierung oder Idealisierung der anderen Seite) abgewertet, ausgeschlossen, verdrängt oder ignoriert werden. Beide Seiten brauchen einander und brauchen Bewusstsein der jeweils anderen. Das Wechseln der beiden Sicht- und Glaubensweisen wie Kleidungsstücke oder wie Rollen auf der Bühne des Lebens ist etwas ganz anderes als das Festhalten »wie einen Raub«, das Anhaften an einer der beiden Daseinsweisen und diese für besser oder weiter entwickelt zu halten als die andere. Dieses Buch versucht den Lesern diesen Wechsel der Orte (von Ich und Selbst) als Standpunkte in der Praxis nahezulegen. Theoretisch sind sie widersprüchlich und ihr Zusammenspiel nicht zu verstehen. Es gibt vielleicht keinen größeren Widerspruch als Dualität und Nondualität. Doch in der verkörpernden Praxis, vom Sitzen im Zen bis zur Aufstellungsarbeit, vom Gebet über das Ich-Selbst-Gespräch bis zur autopoietischen Manifestation von Wirklichkeit, kann das Unterscheiden, ohne zu vermischen, kann Bewusstwerdung realisiert werden. Im Üben des Rollenwechsels, wie es Kinder nicht müde werden mit wachsender Begeisterung zu tun, entsteht leibliches Verstehen, ganzheitliche Gotteserkenntnis, Verstehen der sich ständig erneuernden Wirklichkeit, in der wir beide Rollen spielen, die des Schöpfers und die der Schöpfung. Der Physiker, Philosoph und Systemtheoretiker Heinz von Foerster drückt es kurz und prägnant so aus: »Wir finden und erfinden uns« (von Foerster u. von Glasersfeld 1999). Das ist postmoderne Philosophie. Sie dekonstruiert und relativiert alles als Wahrnehmung, als Sichtweise, als Gedankenform, als Paradigma. Unsere Wahrnehmung steht in unserer Verantwortung. Dies ist biblisch ausgedrückt die »Freiheit der Kinder Gottes« (Röm 8,21). Wir sind die Schöpfer unseres Lebens und unseres »Schicksals«, nicht die Opfer. Daraus gibt es keine Rettung durch Identifikation oder Anhaften. Nichts außerhalb, woran wir festhalten könnten. Kein Glaubens-Konzept, das die Menschheit erlöst. Kein Guru, keine Lehre, keine absolute Wahrheit. Wie schon

Nagarjuna, ein indischer Philosoph aus dem 3. Jahrhundert, sagte: »All dies nicht – und selbst das nicht.«[18] Stürzen Sie sich ins Leben. Nur das Leben begreift sich selbst.

Hinter die Erkenntnis der Postmoderne, dass keine objektive oder distanzierte Erkenntnis der Wirklichkeit möglich ist, können wir nicht wieder zurück. Alle, auch wissenschaftliche Formulierungen über die Wirklichkeit sind nichts als Konstruktionen und Konzepte von Beobachtergruppen, die sich der Diskussion und Falsifizierung aussetzen müssen. Beobachterrelativität hat das Heisenberg an der Wiege der Quantenphysik genannt. Unsere Erkenntnisse sind Aktivitäten, die das, was sie wahrnehmen, nicht feststellen, sondern herstellen, wie die Quantentheoretiker von heute es ausdrücken (Görnitz 2009). Es gibt keinen objektiven Standpunkt, von dem aus man die Welt oder sich selbst beurteilen oder bewegen könnte. Sehen und denken wir die Welt als Beobachter (die Perspektive des Ich), so sehen wir die Wirklichkeit in lauter getrennten Einheiten, wechseln wir aber in die Selbst-Qualität der Verbundenheit, so sehen wir alles in fließenden Zusammenhängen. Keine Sichtweise ist richtiger oder besser als die andere. Beides hat seinen Nutzen, seine Schönheit und seine tiefe Wahrheit. Die praktische Erfahrung zeigt uns, dass es uns gut tut, wenn wir das, was wir gerade tun, bewusst tun, es annehmen und als unsere Wahl betrachten, und dass es uns nicht gut tut, wenn wir Geschehnisse als etwas betrachten, was uns von außen widerfährt, und anderen, dem Schicksal oder Gott die Schuld geben – uns also als Opfer der Umstände definieren.

Was können wir tun? Statt immer weiter die Wirklichkeit (unsere Wirklichkeit) zu befestigen, zu beweisen und zu objektivieren (eine Sisyphusarbeit), können wir unsere Konstruktionen und Geschichten durchschauen, die Verantwortung dafür übernehmen und uns darin üben, sie neu zu erzählen, und zwar so, dass sie gute Gefühle in uns auslösen. Auch eine Sisyphusarbeit, aber diesen Sisyphus müssen wir uns als glücklichen Menschen mit Anfängergeist vorstellen. Übernehmen wir diese Sichtweise für jedes einzelne Ereignis unseres Schicksals, so stellt sich heraus, dass unser Leben eine Reihe wunderbarer Fügungen ist, die uns genau dahin gebracht haben, wo wir jetzt sind: einzigartig, lebendig und vollkommen. Versuchen Sie nicht, diese Sichtweise in sich zu etablieren, als könnten Sie sich und ihre ganze

---

18 Zitiert nach Varga von Kibéd und Sparrer (2005, S. 90)

Lebensgeschichte auf einmal »umschalten« wie die Schubumkehr eines Flugzeugs. Versuchen Sie lieber, die beiden Sichtweisen spielerisch zu wechseln und zum Beispiel die schlimmste und die beste Interpretation eines Ereignisses aufzuschreiben oder gleich mehrere Konstruktionen zu erfinden. Das Wechseln, die Bewegung, ist die Lösung. Indem wir den Perspektiven- oder Standort-Wechsel üben, übernehmen wir Verantwortung für jeden Standpunkt, jeden Gedanken und jedes daraus resultierende Gefühl. Wir sind nicht mehr die Gefangenen unsere Gefühle, wir haben diese gewählt, auch wenn wir nicht immer sofort erkennen, wozu.

Menschen, die beide Bewusstseinsformen in sich realisieren, ohne sie zu vermischen oder zu trennen, erscheinen uns oft als besonders frei, gelöst, weise oder erleuchtet. Im spirituellen Jargon könnte man sagen: selbst verwirklicht. Ken Wilber findet eine nicht-metaphysische Beschreibung spiritueller Verwirklichung oder Erleuchtung als »vollständiges Einssein mit Leerheit und aller Form« (2007, S. 329). Dies impliziert sowohl Einssein mit allem Ewigen und Unendlichen, mit »Gott«, als auch völliges Einstimmen in die Welt der Form, die Schöpfung, die sich »nicht nach einem vorbestimmten Plan, sondern als ein evolutionärer schöpferischer Prozess« entwickelt (a. a. O., S. 330). Das erfordert erstens ein entschiedenes Ja zu beiden Dimensionen unseres Daseins und zweitens Übung und Praxis in beidem. Und zu diesem Letzteren gehören nicht nur meditative Hingabe und konkrete Übungspraxis, sondern auch der Erkenntnisprozess begrifflichen Verstehens und die Verantwortlichkeit in der Ausrichtung unserer Aufmerksamkeit.

Die Identifizierung des Ich mit dem Ego oder die Abwertung der Materie als das Dunkle, das es zu überwinden gilt, hat sich in christlich-fundamentalistischen Traditionen erhalten und wurde in manchen esoterischen Schulen naiv wiederbelebt. Das freie Ich ist nicht zu verwechseln mit dem programmierten, konditionierten Ich, dem Ego. Und die Materie ist nicht die unterste Stufe der Entwicklung des Universums, sondern ihr integraler Bestandteil. Schöpfer und Schöpfung sind eins und im Werden. Man darf sie nicht trennen, aber auch nicht vermischen. Selbstliebe bedeutet, dass wir uns mit der Dualität, unserer leiblichen, irdischen Existenz auf der Erde, anfreunden, auch wenn sie endlich, begrenzt und »nur« eine Konstruktion, beziehungsweise Schöpfung des »Geistes« ist. Dies ist der Prozess der

Inkarnation oder Manifestation des Göttlichen. Das Göttliche realisiert sich in jedem von uns auf individuelle Weise.

Ken Wilber schreibt dazu: »In der manifesten Welt ist das, was wir als ›Materie‹ bezeichnen, nicht die unterste Sprosse im großen Spektrum der Existenz, sondern die äußere Form jeder Sprosse im großen Spektrum. Materie ist nicht niedriger und Bewusstsein höher, sondern Materie und Bewusstsein sind der äußere und der innere Aspekt jeder Gegebenheit« (2007, S. 301). Mit der Übung der Ich-Selbst-Differenzierung tragen wir also einer universellen Wirklichkeit Rechnung und machen sie uns am eigenen Leibe bewusst, die paradoxe Zusammengehörigkeit von Dualität und Nondualität. Der Philosoph David Loy, selbst ein Praktizierender der Zen-Meditation, diskutiert diese Frage in seinem breit angelegten Werk »Nondualität« (1988) unter Einbezug wunderbarer Formulierungen von Zen-Meistern, christlichen Mystikern und modernen Philosophen.

In diesem Sinne ist die Erfahrung des Selbst abhängig von der Perspektive des Ich, und diese Perspektive ist nicht beliebig. So kommt dem Ich die entscheidende Bedeutung zu, die Ausrichtung seiner Wahrnehmung und seines Denkens zu wählen, den begrifflichen Rahmen zu setzen, in dem sich das Selbst erfährt. Dies klingt sehr theoretisch, ist aber im verkörperten Handeln des Alltags absolut nachzuvollziehen: Das Ich wählt immer eine Perspektive; wegen seiner körperlichen Struktur – es gibt immer ein vorn und ein hinten – kann es nicht anders. »Auch wenn man uns oft sagt, dass es bei Meditation darum gehe, den Geist leer werden zu lassen, das heißt, die diskursiven, erregten Gedanken in unserem Geist, die uns in der Welt der falschen Erscheinungen gefangen halten, loszulassen, sind meditative Erfahrungen tatsächlich ohne Anwendung begrifflicher Formulierungen nicht möglich«, sagt der buddhistische Meister Traleg Kyabgon Rinpoche.[19] Erfahrung gibt es nicht ohne Differenzierung. Die Wirklichkeit hat zwei Seiten, eine absolute, unendliche und unbegreifliche (die Buddhisten nennen sie Leerheit, die Christen Gott, die Hindus Brahma) und eine relative, endliche und erkennbare (wir können sie Form oder Schöpfung nennen). Die Namen sind nicht wichtig, aber das Nennen, die Unterscheidung und das Formulieren sind wichtig, damit beide Seiten in uns und um uns ihren Wert behalten. Die entscheidende Sichtweise oder Perspektive besteht somit

---

19 Zitiert in Wilber 2007, S. 160

in der paradoxen Einsicht, dass das erkennende Ich die Realität, die es erkennt, mit erschafft. Wir sind Schöpfer und Schöpfung zugleich. Die Erkenntnis ist frei, aber nicht beliebig. Wir entscheiden, wie wir die Welt sehen, und damit erschaffen wir uns und die Welt mit. So erkennen und realisieren wir »die Nichtdualität von absoluter Leerheit und relativer Form, die leuchtende Identität von nicht bestimmbarem oder leerem *Geist* und all seiner manifesten Formen in einer strahlenden, natürlichen, spontan gegenwärtigen Erscheinungswelt« (Wilber 2007, S. 159).

Die Unterscheidung von Selbst und Über-Ich

Das Selbst liebt die Welt, es liebt das Leben und die Erde. Es liebt mein Ich, wie es ist und unter allen Umständen. Es ist äußerst wichtig, gerade auch für einen spirituellen Weg, die Stimme des Selbst und die internalisierte Stimme der Gesellschaft, die Sigmund Freud das Über-Ich genannt hat, zu unterscheiden. Meditiere oder bete ich zum Beispiel aus und in Liebe zum Leben, zur Erde, auf der ich sitze, stehe oder gehe, in Liebe zu meinem Körper und in Dankbarkeit für jeden Atemzug, oder meditiere ich aus Selbstzweifel, Angst oder Ehrgeiz, um mich einem vermeintlichen Ziel näherzubringen? Es gibt eine Art Disziplin aus Selbstliebe, und es gibt Disziplin aus Selbstverachtung! Das Über-Ich, die Stimme der Gesellschaft in uns arbeitet mit Angstentwicklung und droht mit Liebesentzug und Ausschluss aus Zugehörigkeiten, oder sie winkt mit Belohnungen auch in Form von Liebe und Zugehörigkeit. Bert Hellinger (1991) hat die Wirkungen des Über-Ich sehr eindrücklich als schlechtes Gewissen beschrieben: Angst und schlechtes Gewissen erinnern uns an die Grenzen des jeweiligen Systems, dem wir zugehören wollen, wenn wir uns eine Grenzüberschreitung auch nur vorstellen, erst recht wenn wir die Grenzen der Gesellschaft tatsächlich überschritten haben. Wir reagieren sogar manchmal noch mit schlechtem Gewissen, obwohl diese Grenzen und Regeln schon gar nicht mehr bestehen.

Da ist unsere ursprüngliche innere Stimme, das Selbst, viel realistischer. In ihrer Präsenz ist immer der gegenwärtige Kontext berücksichtigt. So umfassend und gegenwärtig kann kein Verstand, kein Gedankengang alle Aspekte einer Situation überblicken. Allerdings ist die innere, aus der Stille geborene Stimme unseres Wesenskerns unvergleichlich leiser gegenüber der lauten Stimme des Über-Ich. Damit kommen wir zu einem, wenn nicht *dem* wesentlichen Unterschied zwischen Selbst und Über-Ich. Die Kommunikationen des Selbst mit dem Ich sind niemals autoritär, zwingend oder manipulativ. Sie sind gewaltfrei und deshalb leicht zu überhören. Sie lassen immer frei. Die Kommunikationen des Über-Ich dagegen erkennt man geradezu daran, dass sie mit Gewalt in Form von Drohung, Ängstigung, Tadel, Erpressung, Bestechung oder Lob verbunden sind. Die Vorschläge und Ideen, Hinweise und Anstöße des Selbst sind immer bedingungslos, liebevoll, humorvoll und befreiend. Daran kann jeder Mensch beides unbedingt unterscheiden. Nicht-Intellektuelle wissen um den Unterschied oft noch besser als Intellektuelle, weil dieser Unterschied so einfach mit dem Herzen wahrzunehmen ist. Die Unterscheidung zwischen Selbst und Über-Ich setzt keine Therapie im Sinne von Expertenwissen voraus. Jeder Mensch hat beide Stimmen in sich. Die eine weist uns auf den gegenwärtigen, situativen Kontext hin, die andere auf den gesellschaftlichen. Nur haben manche Menschen die Über-Ich-Stimme sehr laut werden lassen, weil sie zu oft und zu fraglos darauf gehört haben.

Hier nun eine Übung zur Unterscheidung von Selbst und Über-Ich:

Schritt eins: die Ablösung von Projektionen
Stelle dir die Über-Ich-Stimme (irgendetwas, was bedroht, ängstigt, schmeichelt oder besticht) wie einen Schleier vor, der sich vor das Selbst gezogen hat, oder wie eine Person, die sich zwischen das Selbst und das Ich gedrängt hat, sodass du dein Selbst nicht mehr klar wahrnehmen, hören, sehen oder spüren kannst. Ziehe oder schiebe nun das Über-Ich mit langem Arm an einen anderen Ort, sodass er/sie/es nicht mehr deine Selbstwahrnehmung stört. Was immer du »weggezogen« hast, bekommt einen eigenen Platz, weit genug entfernt vom Ich, sodass du gut und ohne Angst hinschauen und, wenn du willst, durchschauen kannst, und weit genug weg vom Selbst, sodass du es nicht mit dessen innerem Wissen oder Gespür verwechselst.

Das »Abgezogene« soll jedoch nicht ganz aus deinem Gesichtskreis hinausgeworfen oder verdrängt werden, denn es stellt dir wichtige Informationen zur Verfügung über die Regeln und Grenzen deiner Zugehörigkeit – zur Familie, zur Gesellschaft. Wenn es seinen zeitlich und örtlich eingegrenzten Platz hat und dir keine Angst mehr macht, wirst du diese Informationen gut gebrauchen können. Jede Über-Ich-Stimme, und es gibt davon sicherlich mehrere, bekommt ihren eigenen Platz im Ganzen deines Bewusstseins. Verankere diesen Platz, indem du vier Fragen dorthin stellst (Schritt zwei, s. u.), und dann wende dich unbedingt deinem Selbst wieder zu. Denn die klare und liebevolle Beziehung zu dir selbst ist wichtiger als die Beziehung zu jeder familiären oder gesellschaftlichen Gruppierung oder Ideologie. Mit der Externalisierung des Über-Ich und seiner Verankerung an irgendeinem Platz im Gesichtskreis des Ich verliert das Über-Ich seine Macht über uns, und wir können es handhaben. Mit anderen Worten: Das Über-Ich hat nicht die Führung, sondern es berät, und zwar über die Konsequenzen, die die Gesellschaft voraussichtlich ziehen wird, wenn ich etwas tue oder lasse, was nicht mit ihren Regeln konform geht. Verliere aber nicht zu viel Zeit mit der Analyse, sie ist nur dazu da, das Über-Ich nachhaltig außerhalb des primären Ich-Selbst-Beziehungsraums zu verankern.

Schritt zwei: die vier Fragen zur Verankerung einer Unterscheidung
So lauten die vier Fragen (sie müssen nicht alle beantwortet werden):

1. Wie reagiert dein Körper (Spannungen, Enge und andere Gefühle, wie Wut, Angst, Scham, Abscheu usw.), wenn du dich auf diese Über-Ich Instanz mit dem ganzen Körper und dem Blick ausrichtest? Mit dieser Frage machst du dir bewusst, welche körperlichen und emotionalen Auswirkungen es hat und hatte, wenn du dich auf diesen Über-Ich Komplex einlässt und ausrichtest. Bei dieser Frage ist es besonders wichtig – und deswegen wiederhole ich es noch einmal –, die Erinnerungsbilder an dieses Über-Ich-Geschehen weit genug wegzugeben und nur so kurz anzuschauen, dass es dich nicht emotional überwältigt. Dreh dich immer wieder körperlich zum Selbst um, so oft, bis du sicher bist, dass die Ausrichtung auf dein Selbst eine echte Alternative zum Über-Ich ist, die dir frei zur Verfügung steht. Wenn es sich um ein schweres frühkindliches Trauma handelt, ist es sicherlich leichter, wenn du eine Person deines Vertrauens bittest, für diesen Prozess dein Selbst eine Zeit lang zu vertreten.
2. Welche Personen, Personengruppen oder Ideologien und Glaubenssätze tauchen dort auf oder kommen von dort? Hier machst du dir bewusst, von welchen Personen und Gruppen du in dieser Hinsicht wahrscheinlich schon als Kind besonders beeinflusst worden bist und auch mit welchen Regeln, Drohungen und Glaubenssätzen du von ihnen in Schach gehalten worden bist.
3. Welche Zeiten und Situationen deines Lebens fallen dir ein, in denen du dich damit besonders beschäftigt oder auseinandergesetzt hast? Damit grenzt du diese Ausrichtung nicht nur personell ein, sondern auch zeitlich. Es hat seinen Platz und deshalb seine Zeit.
4. Was war gut an deiner Beschäftigung mit diesem Thema, was hast du daraus gelernt oder gewonnen?

Jede Angst hat auch etwas Wertvolles an sich, denken Sie nur an die Vorsicht, bei starkem Verkehr über die Straße zu gehen. Aber denken Sie auch an das Janus-Gesicht aller negativen Gefühle: Oft geben wir uns nur das Recht, uns in die schützenden Arme einer Person oder einer Gruppe zu flüchten, wenn wir an etwas leiden oder uns als Opfer fühlen.

Die Beantwortung dieser Fragen soll Ihnen innerhalb weniger Minuten den eigenen Platz dieses Über-Ich-Themas bewusst machen, sodass es nicht mehr Ihr Selbst verschleiert. Sie verwechseln es nicht mehr mit sich selbst, das heißt, Sie identifizieren sich nicht weiter damit.

Die Unterscheidung von Ich und Ego

Genauso wichtig wie die Unterscheidung zwischen Selbst und Über-Ich ist die Unterscheidung zwischen Ich und Ego. Als Ego wird gewöhnlich das programmierte Ich bezeichnet, die Summe aller negativen und positiven Anhaftungen, wir nennen sie auch Persönlichkeit oder Charakter. Das Ich selbst ist frei und leer, die reine Willens- oder Entscheidungskraft, die keinen inhaltlichen Prägungen, Verhaftungen oder Programmierungen unterliegt, sondern über alle seine Möglichkeiten frei verfügt. Manchmal verstricken wir uns so sehr in den Kampf gegen das Ego, dass wir gar nicht mehr realisieren, dass es hier etwas geben muss, das die Verantwortung dafür hat, sonst wären wir Automaten und könnten uns auch nicht von den Anhaftungen befreien. Es muss eine Instanz geben, die unsere Anhaftungen erschaffen hat, ihnen immer wieder Energie gibt und sich auch von ihnen befreien kann. Diese Instanz nenne ich das freie Ich. Es hat keine eigene Substanz und braucht keine Begründung. Es ist die Aktivität der Unterscheidung und Fokussierung, an die die Meister der Befreiung appellieren, wenn sie uns zur Umkehr unseres Denkens und Wahrnehmens auffordern. Für Roberto Assagioli (1984) ist es der Wille. Martin Buber (1986) nennt es »Richtungskraft« (siehe Kapitel 6). Das Ich hat nur eine Freiheit: sich der Kräfte und Energien bewusst zu werden, von denen es wirklich lebt, oder sich der Illusion hinzugeben, aus Eigenem zu leben; Heimkehr in das Selbst oder die energieaufwendige Sisyphusarbeit des Ego.

Meiner Selbstliebe stehen sowohl meine negativen Anhaftungen (Ängste, Minderwertigkeitsgefühle, Aggression und Depression) im

Wege als auch meine positiven Anhaftungen (symbiotische Abhängigkeiten, Süchte, Leidenschaften). Dies erkenne ich unweigerlich, wenn ich meinem Selbst, meinem innersten Wesen verbunden, gegenüberstehe, wie das in der Ich-Selbst-Aufstellung geschieht. Bildlich gesprochen erscheinen meine Ängste und Süchte wie Hindernisse zwischen mir und meinem Selbst, manchmal wie Projektionen oder Schleier, die am Selbst anhaften, manchmal wie Gefängnismauern oder Fesseln um das Ich. In der Auseinandersetzung mit dem Selbst tauchen immer wieder auch Erinnerungen an negative Erfahrungen auf: Gefühle, Sätze und Bilder von Misstrauen, Angst, Sucht oder Verehrung; daraus folgen dann Impulse von Rückzug, Vorsicht oder Verführung und vielerlei Gedanken, von denen wir erkennen, dass sie nicht zu unserem innersten Wesen, unserem Selbst gehören. Wir erkennen das ganz einfach an negativen oder ambivalenten Gefühlen. Das Bewusstwerden solcher Gefühle, Impulse, Gedanken, Erinnerungen und Bilder, die nicht zu uns, sondern zu Personen oder Erlebnissen aus unserer Vergangenheit gehören, nehmen wir zum Anlass, sie ihrem ursprünglichen Platz wieder zuzuführen und damit aus der Ich-Selbst-Beziehung zu entfernen, sodass wir wieder frei und nicht mehr konditioniert denken, fühlen und handeln können. Als Ego bezeichnen wir alles Denken, Fühlen und Handeln, das konditioniert ist und aus irgendwelchen Abhängigkeiten heraus geschieht. Es gibt aber auch die Möglichkeit von Präsenz und Anfängergeist. Das nenne ich das freie Ich, das auf jeden Kontext, jede Situation ungezwungen und mit allen seinen Möglichkeiten kreativ reagieren kann.

Gehen Sie bei der Dekonditionierung des Ich ebenso vor wie oben beim Über-Ich.

> **Schritt eins: die Ablösung von Projektionen**
> Stell dir vom Ich-Platz aus alles, was du als nicht zu dir gehörig identifiziert hast, wie einen Schleier oder eine Mauer vor, der bzw. die sich zwischen das Ich und das Selbst gezogen hat, sodass du dich selbst nicht als liebevoll, klar und kraftvoll wahrnehmen, hören, sehen oder spüren kannst. Ziehe das Hindernis mit langem Arm wie einen Vorhang beiseite, sodass es nicht mehr deine Selbstwahrnehmung stört. Lasse es los, und gib ihm völlig frei einen eigenen Platz, weit genug weg vom Ich (eine Armeslänge ist oft noch zu nah!), sodass du gut und ohne Angst hinschauen und es analysieren kannst, und weit genug weg vom Selbst, sodass du es nicht mehr mit deinem eigenen Selbst verwechseln kannst. Drehe dich mit deinem ganzen Körper und Gesicht nun zu dieser

abgelösten Instanz, um sie durch die Analyse von vier Fragen an ihrem Platz zu verankern. Gehe nun zu Schritt zwei über, und stelle dir die vier Fragen der Verankerung. Ich wiederhole sie hier noch einmal in Kurzform, weil sie so wichtig sind und so vielfältig zu gebrauchen. (Du kannst immer wieder deine Selbst-Beziehung damit reinigen, deine Selbstliebe vertiefen und deine Selbstmächtigkeit anreichern.)

Schritt zwei: die vier Fragen zur Verankerung einer Unterscheidung
1. Wie reagiert mein Körper (Gefühle, Spannungen, Schmerzen usw.) wenn ich in diese fremde Richtung schaue?
2. Welche Personen, Glaubenssätze und Ideologien tauchen dort auf?
3. Welche Zeiten meines Lebens habe ich in Abhängigkeit oder Auseinandersetzung damit verbracht?
4. Welchen (kurzfristigen) Gewinn oder Profit hatte ich davon?

Erinnere dich daran, dass diese vier Fragen nur zur Verankerung dienen, damit diese Ereignisse beziehungsweise Vorstellungen an ihrem zeitlichen und personellen Ort bleiben und nicht mehr deine gegenwärtige Ich-Selbst-Beziehung beeinflussen.

Schritt drei: Rückwendung zum Selbst
Wende dich mit deinem ganzen Körper und Gesicht zu deinem Selbst zurück und überprüfe, wie sich deine Selbstbeziehung verändert hat. Wenn die Verankerung gelungen ist, ist diese nun klarer, offener und kraftvoller geworden. Ist dies nicht der Fall, so muss vielleicht noch eine weitere Störung entfernt und verankert werden, eine, die sich erst zeigen konnte, nachdem der erste Schleier durchschaut wurde.

Positive und negative Anhaftungen haben wir als Energien identifiziert, die sich ins Ich-Selbst-Geschehen einmischen und uns an einer nährenden, achtungs- und liebevollen Beziehung zu uns selbst hindern. Das Hier-und-Jetzt ist ein »Ort«, wo sie nicht hingehören. Und wir geben ihnen in der einfachen Übung der Projektionsablösung ihren ursprünglichen Ort und ihre ursprüngliche Zeit zurück. Dort gehören sie hin und dort haben sie ihren Sinn (gehabt) und können als vergangene Erfahrung ihre positive Kraft für das Ich wieder gewinnen.

Anja hat ein gutes und für ihre Frage hilfreiches Gespräch mit ihrem Selbst auf zwei Plätzen ihres Wohnzimmers geführt. Plötzlich entsteht ein ihr altbekanntes unangenehmes Gefühl von Misstrauen auf der Ich-Seite. So als ob das Selbst etwas von ihr wollte, sozusagen als Ge-

> *genleistung für den guten Rat. Anja erkennt, dass diese Wahrnehmung nicht zum Selbst gehören kann, wenn das Selbst bedingungslos in seiner Zuwendung zum Ich ist, welcher Art diese Zuwendung auch immer sein kann. Sie zieht deshalb den Schleier des Misstrauens mit verlängertem Arm vom Selbst weg, gibt dem »Misstrauen« einen weiter entfernten anderen Platz und erkennt, als sie sich dorthin wendet, ein durchaus berechtigtes Misstrauen ihrer Mutter und anderen guten Ratgebern gegenüber. Sie verankert dieses Geschehen bei diesen Personen und in der Zeit ihrer Pubertät und belässt es dort. Dies dauert ungefähr zwei Minuten, danach wendet sie sich zurück zum Selbst und fühlt sich wieder frei.*

In der vom Buddhismus beeinflussten esoterischen und transpersonalen Literatur wird wenig oder gar nicht zwischen Ego, Ich und Selbst unterschieden. Die Betonung liegt darauf, alle drei Begriffe als Konstruktionen des menschlichen Geistes (mind) zu entlarven und deren Wirklichkeit als nicht substanziell und nicht dauerhaft zu erkennen. Ich stimme mit diesem Befreiungs-Impuls überein, untersuche aber mit meinem Buch und in meiner Arbeit beide Energien, die für die Befreiung notwendig sind: das Unterscheiden und das Nicht-Unterscheiden.

In Kapitel 4 wird ein Modell beschrieben, wie sich das Zustandekommen des Egos durch positive und negative Anhaftungen vorstellen lässt und wie es zu deprogrammieren ist, sodass ein freies Ich seine ursprüngliche Leitungs- und Entscheidungsfunktion übernehmen kann.

Tabelle 2 zeigt uns, dass unsere seelisch geistigen Strukturen wie Ich, Selbst, Ego und Über-Ich nicht als Substanzen oder Dinge gesehen werden sollten, sondern als freie (von der Personmitte, dem Ich, zu verantwortende) Aktivitäten.

Freiheit und Verbundenheit	und ihre Abwehr
Ich (freie Einheit)	**Ego (gewaltsame[20] Einheit)**
1. Annehmen und Loslassen von Form	1. Festhalten, Anhaften an Form
2. Bilden von Begriffen und Vor«stellungen, Kreativität, Trennen und Unterscheiden, Relativieren und Entscheiden	2. Identifikation des Ich mit seinen Vorstellungen und Schöpfungen, mit seinen Geschichten und Ideen von Vergangenheit und Zukunft
3. Bewusstsein aufgrund von Wahrnehmung von Unterschieden, Klarträumen, Intuition, Inspiration	3. Träumen, ohne sich dessen bewusst zu sein, an die Substanz und Kontinuität der Dinge und Erscheinungen glauben
4. Dinge und Ereignisse als Erscheinungen wahrnehmen	4. Festhalten am Opferdasein
5. Erfahrungen machen und ausdrücken	5. Zwanghaftes Wiederholen oder Abwehren von Erfahrungen
Selbst (freie Verbundenheit)	**Über-Ich (gewaltsame Verbundenheit)**
1. Sein ohne Form (Leere, Formlosigkeit), sich aller Erfahrung als im Fluss gewahr sein.	1. Die eigenen Vorstellungen und Identifikationen auf die Gesellschaft oder auf Gott projizieren
2. Verharren in der Verbundenheit jenseits aller Form, in Bedingungslosigkeit und Stille	2. Festschreiben der eigenen negativen und positiven Anhaftungen als gut und böse
3. Bewusstheit aufgrund von Gewahrsein, Wachheit ohne Unterscheidung	3. Angst, Sorge, Wut, Depression usw. in einem bedrohlichen Außen begründen
4. Neues und Fremdes integrieren	4. Neues und Fremdes zu kontrollieren versuchen
5. Einheit erleben: von Geben und Nehmen, Tun und Erleiden, Innen und Außen	5. Erfahrungen als Glück oder Unglück verallgemeinern und sich das Opferdasein bestätigen lassen

Tab. 2: Ich und Selbst als Aktivitäten, Ego und Über-Ich als Schein- und Abwehraktivitäten

---

[20] Zum hier verwendeten Begriff von Gewalt und Gewaltfreiheit vgl. Rosenberg (2003)

3. Eine Ich-Selbst-Aufstellung

*Der Mensch brauchte dringend etwas,
was er nicht braucht.*
Karl Kerenyi

Die in diesem Buch beschriebene Art, Systeme aufzustellen, stammt vor allem aus der Skulpturarbeit Virginia Satirs, aus der Theaterarbeit des Biblio- und Psychodramas und aus dem Familienstellen Bert Hellingers – in dieser zeitlichen Reihenfolge habe ich sie kennengelernt. Ich beschreibe hier kurz die grobe Struktur einer Aufstellungsarbeit:

Jemand, im Folgenden »Protagonist« genannt, wählt aus einer Gruppe zur Verfügung stehender Menschen Rollenspieler (»Repräsentanten«) für die Teile eines inneren oder äußeren Systems aus und stellt diese im Raum intuitiv zueinander auf. Mit der Rollenübernahme beginnen die Repräsentanten, genau die Erfahrungen der Systemteile zu machen, die sie darstellen, und zwar auf körperliche, psychische und geistige Weise. In dem Maße, wie die Repräsentanten diesem Prozess zustimmen, sich ihm hingeben und ihn sich zu Bewusstsein bringen, geschieht Erkenntnis und Befreiung. Diese Beschreibung entspricht meiner persönlichen Sichtweise der Aufstellungsarbeit, die ich autopoietische (selbstschöpferische) Aufstellungsarbeit genannt habe (Essen 2003a). Meine Theorie der Aufstellungsarbeit ist in der Aufstellungslandschaft nicht unbedingt verbreitet und basiert vor allen Dingen auf meinen Erfahrungen mit der Zen-Meditation und dem Bibliodrama.

»Aufstellen« heißt also trennen und verbinden zugleich. Wir stellen in jeder Aufstellung das, was allerengstens zusammengehört, seien es die Teile eines Familiensystems, eines Körpers oder eben das innere System Ich und Selbst, getrennt dar. Wir repräsentieren Systeme als Ganzheiten in ihren Teilaspekten. Es ist, als ob man Trennung schafft, um Verbundenheit zu erkennen und zu erleben, oder um uns unsere Verbundenheit in ihrer umfassenden Wirklichkeit bewusst zu machen. Denn die Wirklichkeit von Verbundenheit und Einheit ist unumstößlich und ewig, wir machen sie uns bewusst, um aus der Fixierung oder dem hypnotisierten Blick auf das Getrenntsein in die Wahrnehmung von beidem zu gelangen. Und dieses Realisieren der

Zusammengehörigkeit beider Wirklichkeiten ermöglicht Befreiung. Das Unterscheiden, die Dualität ist Voraussetzung für jede Bewusstheit. Das, was die Bewusstheit umschließt und erfährt, ist Einheit, Nondualität.

Eine Ich-Selbst-Aufstellung ist eine Art Metaaufstellung dieser beiden Vorgänge, des Trennens und des Verbindens. Das Ich und das Selbst sind Namen für diese zwei elementaren Vorgänge in uns (Energiebewegungen – nicht Substanzen –, ineinander verwoben, und doch unterschiedlich), deren Zusammenspiel alles enthält, was menschliche Existenz zu beinhalten vermag.

Wenn diese beiden Kräfte durch Personen repräsentiert und in den Raum gestellt werden, als seien sie verschieden und doch zusammengehörig und ganz, eröffnet sich ein Feld ungeahnter und überraschender Erfahrungen und Geschehnisse. Hier ein Beispiel:

Maria wählt die Repräsentantinnen Ingeborg für ihr Selbst und Sylvia für ihr Ich aus, stellt sie im Raum zueinander und nimmt dann im Außenkreis bei den Zuschauern Platz. Kaum aufgestellt und von mir dazu ermutigt, sich einen guten Platz im Ganzen zu suchen, drückt sich das Ich in eine Ecke des Raumes. Das Selbst bleibt in der Mitte des Raumes stehen.

»Wo sonst?«, denke ich als Beobachter, belustigt und neugierig zugleich. Niemand weiß, wie es nun weitergeht. Die eben erwähnten Bedeutungsgebungen von Ich und Selbst sind für die Repräsentantinnen nur Andeutungen, ein schier undurchdringliches Paradox: »Ich« und »Selbst« als Code-Namen, als Rahmen für ein Geschehen, das in seiner Bedeutung und seinem Verlauf völlig offen ist. Es gibt keine weiteren Anweisungen von außen, nur die Instruktion: »Such dir deinen guten Platz im Ganzen, und sei frei.«

Ich halte dich nicht aus ... aber ich muss hin

Das Ich in der Ecke hält die Hände vors Gesicht und dreht sich weg vom Selbst. Das Selbst macht ein paar Schritte auf das Ich zu. Dieses krümmt sich noch mehr in die Ecke und zischt unüberhörbar: »*Komm mir nicht zu nahe.*«

Offenbar empfindet das Ich das Selbst als etwas Bedrohliches. Ich verzichte in dieser Aufstellungsform mit voller Absicht darauf, dem

3 Eine Ich-Selbst-Aufstellung

Ich quasi zu Hilfe zu eilen und den Prozess mitzugestalten. In der autopoietischen Aufstellungsarbeit setze ich ein unbedingtes Vertrauen in die Ganzheit eines Systems voraus, welches nichts von außen benötigt und in seiner Ganzheit vollkommen ist.

Das Selbst weicht zurück zur Mitte des Raums. Das Ich lässt sich auf dem Boden nieder. Es braucht sehr, sehr lange, bis es sich wieder rührt. Auch das Selbst geht zu Boden und wird ganz still. Es scheint, als merke das Ich, dass es vom Selbst keinen Angriff zu erwarten hat, und wendet sich langsam dem Raum und dem Selbst wieder zu. Auf allen Vieren und millimeterweise, das Selbst nicht aus den Augen lassend, kriecht das Ich auf das Selbst zu. Das Selbst schaut freundlich, wendet aber den Kopf hin und wieder vom Ich weg und beginnt, sich mit sich selbst zu beschäftigen. Plötzlich ruft das Ich, offenbar in höchster Not: »Ich halt das nicht mehr aus. Ich will hin. Aber es wird mir zu heiß ... Ich halte dich nicht aus ... aber ich muss hin.« Das Ich wirft einen Umhang weg (die Repräsentantin trug ein Schultertuch) und bewegt sich wie in Trance weiter auf das Selbst zu.

Das Selbst aber, zu meinem blanken Therapeutenentsetzen, schneidet Grimassen und macht Faxen. Vor Schreck fällt mir nichts ein, was ich als Leiter tun könnte. Glücklicherweise, wie sich später herausstellt. Denn dann, auf halbem Wege, zeigt auch das Ich dem Selbst eine lange Nase und schneidet selbst Grimassen, dabei bewegt es sich weiter auf das Selbst zu. Das Selbst bleibt einfach sitzen.

Die Kraft des Humors (in der Aufstellungsarbeit begegnet sie uns oft als »freies Element«, »Negation« oder »heiliger Narr« usw.) erleichtert es uns Menschen, unerträgliche Situationen und Spannungen auszuhalten und zu überbrücken. Manchmal kann sie auch eine umgekehrte Funktion haben, nämlich zu konfrontieren und Spannungen und Herausforderungen nahezu unerträglich deutlich zu machen. In den Medizinrad-Aufstellungen, die ich auch anleite, stelle ich dieses Element meist mit auf nenne es (heiliger) *Geist* oder »Überraschung«.

Jetzt sitzen sich beide Repräsentantinnen gegenüber und schauen sich ernst und offen in die Augen. Im Außenraum der beobachtenden Zuschauer ist es sehr still. Wir alle sind in höchster Aufmerksamkeit. Wir verstehen, ohne zu verstehen. Ich und Selbst sind auf gleicher Höhe. Sie sind gleich. Das Selbst berührt mit einer Hand das Knie des Ich. Das Ich berührt mit einer Hand das Knie des Selbst. Beide Hände finden den Körper des Gegenübers. Die Hände des Ich wandern zu den Schultern des Selbst. Die Arme des Selbst umfangen das Ich. Sie umarmen sich. Aus meiner Perspektive kann ich die Hände des Ich beobachten: Seine linke Hand hält das Selbst fest, sanft und bestimmt, seine rechte legt sich immer wieder liebevoll und mit der ganzen Handfläche auf den Rücken des Selbst, hält und lässt los, hält und lässt los. Das ist Gegenwärtigkeit, das ist Begegnung, das ist pure Sehnsucht. Vielen von uns kommen die Tränen. Es dauert lange, die Zeit ist angehalten. Dann stehen beide gleichzeitig auf, trennen sich, stehen nebeneinander und beginnen, sich gemeinsam umzusehen. Ihre Gesichter sind weich und strahlend.

Es wird klar, dass dieser Prozess für den Augenblick vollendet ist. Ich bitte Maria, aufzustehen und sich auf den Platz des Ich zu begeben, um sich die Ich-Wirklichkeit im Spüren und im Schauen einzuverleiben. Sylvia übergibt ihr durch das Reichen der Hände und ruhigen Augenkontakt die Ich-Rolle. Maria sitzt nun auf dem Ich-Platz dem Selbst gegenüber. Ich frage sie, ob es dort gut ist, und sie bejaht ohne Wenn und Aber. Nach einer Zeit bitte ich sie, den Ich-Platz wieder an Sylvia zurück zu übergeben und sich auf den Platz des Selbst zu begeben. Ingeborg übergibt ihr ihre Rolle. Dass es der Vertreterin des Selbst gut geht, war in dieser Aufstellung immer spürbar, und es bestätigt sich auch nach dem Rollentausch. Ich frage Maria – so wie ich es immer tue, wenn jemand seinen Selbst-Platz einnimmt –, ob sie den Unterschied zwischen Ich und Selbst wahrnimmt. »Beides ist gut«, sagt sie, »aber doch ganz verschieden.« Dann nach einer Zeit frage ich sie, ob sie aus dieser Position dem Ich etwas mitteilen möchte, vielleicht eine Art Vermächtnis oder eine Botschaft. Maria nickt und sagt: »Ich bin immer da. Du brauchst keine Angst zu haben.« Danach nimmt sie wieder den Platz des Ich ein und hört sich dieses Vermächtnis des Selbst aus dem Mund von Ingeborg an. Ihre Augen werden feucht und sie entspannt sich tief.

Der Furcht ins Auge blicken, aber der Sehnsucht folgen

Die Angst vor der Unendlichkeit und gleichzeitig die Sehnsucht nach ihr sind nicht nur für Maria erschreckend. Glauben wir Menschen nicht alle (immer wieder mal), dass uns eine Art Auslöschung bevorsteht, wenn wir dem Tod und der Unendlichkeit begegnen? Dieser Glaube speist unsere Existenzangst.

3 Eine Ich-Selbst-Aufstellung

Was aber, wenn Unendlichkeit und Endlichkeit tatsächlich zusammengehören, wenn Schöpfer und Schöpfung einander bedingen und brauchen, wie Ich und Selbst, statt sich gegenseitig zu verschlingen? Was, wenn es wie in dieser Aufstellung für unser Ich, unsere endliche Form, immer darum ginge, der Furcht vor und der Sehnsucht nach dem Unbegrenzten ins Auge zu blicken, aber nicht der Furcht zu folgen, sondern der Sehnsucht, und das volle Risiko der Auflösung, des Verbrennens auf uns zu nehmen? Das Vergehen, das Sterben des Ich ist real, aber ebenso wirklich ist auch das Geschenk der Verbundenheit, des körperlichen Erlebens von Begegnung und Liebe und die Entdeckung, dass Tod nicht Auslöschung und Beendigung bedeutet, sondern dem Leben angehört. Eine ewige Wahrheit leuchtet in der Aufstellungsarbeit auf, nämlich dass wir in Beziehung leben, ja, dass wir Beziehung sind. Wir sind Schnittpunkte von Begegnung. Eine isolierte Existenz gibt es nicht, sie ist eine Konstruktion unseres Geistes. Nach jeder miterlebten Aufstellung sind wir in diesem Sinne etwas demütiger, leichter und leerer als zuvor.

Sylvia, die das Ich repräsentiert hat, schrieb mir ein paar Wochen später die folgenden Zeilen:

> *»Ich schildere dir den für mich wichtigsten Teil in meiner Rolle als Ich: Der Weg zum Selbst bestand aus sehr vielen inneren Kämpfen. Die Albernheit, ja Leichtigkeit des Selbst war für mich peinlich, abstoßend, gefährlich und faszinierend zugleich. Aus der Angst wurde Trauer, denn ich erkannte meinen verleugneten Anteil in diesem Grimassenspiel. Die mahnende Vorsicht stand wie eine Wand zwischen uns, und erst, als ich im Hintergrund deine Stimme wahrnahm, die mich daran erinnerte, völlig frei in meiner Entscheidung zu sein, dachte ich: Jetzt oder nie, zurück kann ich ja immer noch. Von da an schien ich zum Selbst geführt zu werden. Das Gedanken-Karussell blieb einfach stehen, es gab weder Raum noch Zeit. Glückseligkeit durchflutete mich und es gab nur ein Ziel ...*
>
> *Weißt du, diese Rolle übernehmen zu dürfen war für mich ein himmlisches Geschenk, denn noch nie zuvor war die Erfahrung des Geführt-Werdens so intensiv für mich.«*

Hier spricht eine Repräsentantin, die für eine andere Person eine Rolle übernommen hat. Sie hat diese Rolle erlebt, als wäre es ihre eigene Aufstellung. Und der Repräsentantin des Selbst ging es ebenso, wie wir gleich noch sehen werden. Diese Intensität der repräsentierenden Wahrnehmung entsteht meines Erachtens spezifisch in der autopoietischen Form der Aufstellungsarbeit, weil die Herausforderung der Freiheit alle Teilnehmer in kürzester Zeit in die Präsenz führt. Es bleibt ihnen gar nichts anderes übrig, wenn sie so wenig von außen geführt werden. So entsteht die Erfahrung des Geführt-Werdens von ganz innen (oder von ganz außen), wie Sylvia schreibt. Diese Erfahrung ist auch möglich und mit der Zeit sogar unvermeidlich, wenn wir die Selbstbeziehung in einer der vielen Formen, die in diesem Buch vorgestellt werden, für uns allein und ohne Therapeut üben und realisieren. Selbstliebe in Aktion ist hingebend und schöpferisch zugleich. So finden und erfinden wir uns. Leben, das seine eigene Transformation einschließt.

Freisein ist Geführtsein, Geführtsein ist Freisein

Es ist paradox: Die Wahrnehmung der Wahlfreiheit führt nach innen, wirft uns auf uns selbst zurück, und das Horchen nach innen, das Gehorchen, erzeugt die Erfahrung des Geführtseins. Freisein ist Geführtsein, Geführtsein ist Freisein, nicht in der Theorie, jedoch in der konkreten Erfahrung einer authentisch vollzogenen Ich-Selbst-Aufstellung. Der Himmel ist kein Ort, sondern ein Erleben. Ich habe eine Aufgabe im Ganzen. Ich spiele für das Ganze eine Rolle. Es geht nicht um den Sieg des Selbst und den Untergang des Ich, sondern um das Erleben von Kongruenz und Einheit beider, die Einheit von Freiheit und Hingabe, von Agenz und Kommunion, wie Ken Wilber die beiden Wirklichkeiten benennt.

Wenn wir beide Energien gleichzeitig erfahren dürfen, erleben wir sie als Freude oder Glück, als Stille oder Leersein, als Erlösung oder Befreiung, als Einfachheit und Leichtigkeit, als Liebe oder als Kraft. Eine solche Erfahrung ist immer nährend. Der Zen-Lehrer Richard Baker-Roshi hat einmal gesagt: »Sorgt dafür, dass alles, was ihr tut, nährend ist.« So wird jede Rolle, ob als Ich oder als Selbst, wie Sylvia formuliert hat, »ein himmlisches Geschenk«.

Das erinnert an einen Vortrag über Versöhnung, den Matthias Varga von Kibéd im Mai 2004 in Würzburg gehalten hat. Er sagte, dass Versöhnung, Hingabe, Glückseligkeit und Ähnliches in vielen alten Traditionen als Gottesnamen bezeichnet werden, weil wir diese Erfahrungen nicht aus eigener Anstrengung herstellen können. Und er zitierte dazu den Satz von Ibn al 'Arabi: »Es gibt nur zwei Dinge zu tun, das Notwendige und das Unmögliche.« Wenn uns aber das Unmögliche, das Wunder gelingt, dann sind wir stolz und dankbar zugleich, weil wir uns der Kooperation mit dem Unendlichen bewusst sind. Stolz ohne Dankbarkeit nennt Pascal Hochmut (superbia, vgl. Pfaller 2008). Hochmut, Scham oder Schuldgefühl befallen uns, wenn wir eine Erfahrung alleine dem Ich zuschreiben, uns also im Ego- und Konkurrenzdenken befinden.

Eine Erfahrung ins Licht halten, bis sie leuchtet

In diesem Sinne habe ich selbst für mich ein Ereignis erinnert, das ich in diesem Sinne »stolz« für mich alleine reklamiert habe. Anschließend habe ich dieses Ereignis gedreht und gewendet, bis ich dankbar dafür geworden war. Das geht. Und ich versichere, es lohnt sich, dies zu tun und zu üben. Es ist, wie eine Erfahrung in den Himmel heben. Sie leuchtet seither hundertmal mehr als durch die Selbstbeleuchtung des Hochmuts. Es nährt.

Übung: Hebe deine Erfahrungen ins Licht

> Nimm ein Ereignis aus deinem Leben, in dem dir etwas gelungen ist. Suche dir einen Platz im Raum und betrachte es zunächst einmal aus der Perspektive des Egos (dem Glauben an die Getrenntheit). Inwieweit warst du der Urheber/die Urheberin dieses Erfolges, zu wie viel Prozent waren es andere? Registriere dein Selbstwertgefühl abhängig von dieser Rechnung. Geh dann auf einen anderen Platz, und verbinde dich dort mit Himmel und Erde. Betrachte dann dasselbe Ereignis aus der Perspektive der Verbundenheit, des Selbst. Beobachte auch hier dein wahrgenommenes Selbstwertgefühl, und wie es sich aus der Sicht der Verbundenheit entwickelt hat. Die Prozentrechnung erscheint in der Verbundenheit ziemlich sinnlos oder sogar etwas lachhaft, auf alle Fälle wird dein Gefühl zu dir selbst ein anderes sein als zuvor. Wir haben die Wahrnehmung aus diesen zwei Sichtweisen vorhin Hochmut und Dankbarkeit benannt. Finde nun deine eigenen Worte für diese unterschiedlichen Wahrnehmungen, und entscheide dann, in welchen Situationen die eine und in welchen die andere Perspektive für dich von Nutzen sein kann. Werte nicht die Ich-Perspektive ab, sie mag in Situationen mit deinem Chef oder in politischen Angelegenheiten manchmal durchaus sinnvoll sein. In Bezug auf dich selbst wird dir die Sichtweise der Verbundenheit wahrscheinlich angenehmer sein. Und siehe da: Die Ego-Perspektive

> wird automatisch zur Ich-Perspektive, wenn sie nicht mehr die einzige ist, sondern die Selbst-Perspektive dazukommt. Keine der beiden Sichtweisen und keine der beiden Erfahrungen – die Gegenübererfahrung und die Einheitserfahrung – mag verabsolutiert werden.

Das Geschehen in der beschriebenen Aufstellung und diese Übung verweisen auf eine schöne Metapher für Selbstliebe und Selbstheilung: Eine dunkle, verschlossene Erfahrung ins Licht heben, um aus narzisstischem Hochmut, diesem »grenzenlosen Interesse am eigenen Ich« (Pfaller 2008, S. 153), zu Stolz und Dankbarkeit in Verbundenheit zu gelangen und Isoliertes wieder mit dem Lebensstrom zu verbinden. Maria, die Protagonistin dieser Ich-Selbst-Aufstellung, schilderte es jedenfalls genau so. Sie schrieb mir Folgendes:

> *»Ängstlich und trotzig hocke ich zusammengekauert im hintersten Winkel. Ich fühle mich ungeliebt, abgeschoben, zurückgestoßen, ausgeklammert, nicht gut genug. Ich bin es nicht wert, mich am Fluss des Lebens zu erfreuen. Alle anderen dürfen es. Ich bin gestrandet und sehe den anderen zu. Gerne würde ich auch mit dabei sein, so sein wie sie. Chaotische Wellengänge von Resignation, Wut, Trauer, Angst, Verzweiflung, Ohnmacht und Selbstablehnung durchziehen mich. Eine dicke Eisschicht hält mich zusammen.*
> *Plötzlich vernehme ich einen unüberhörbaren Klang in meinem Inneren. Er unterscheidet sich deutlich von allen anderen Geräuschen in mir. Er klopft nochmals an. Er beginnt sich zu bewegen, und ich bewege mich – heraus aus dieser Höhle. Auf allen Vieren taste ich mich vorwärts.* »*Darf ich das eigentlich?«, kommt es aus meinem Hinterkopf. Im selben Moment schiebt es mich noch weiter vorwärts. Zweifel verwandelt sich in unbeschreibliche Lust. Die Spannung steigt, der Atem stockt für einen Moment – aber jetzt – jetzt kann ich es vernehmen. Zwei Arme breiten sich vor mir aus, zwei Augen sehen in meine Augen, ein Willkommensgruß berührt mein Herz, bedingungslos öffnet sich ein Schoß, ich tauche ein und versinke in der Tiefe einer unendlichen Geborgenheit. Behütet und genährt spüre ich den Atem der Erde, zwei Hände halten mich bergend und beschützend, tiefste Berührung durchpulst mich. Ich atme und werde geatmet. Ich berühre und werde berührt, ich verstehe und werde verstanden. Ich öffne mich ganz. Alle Grenzen schmelzen, alle Unterschiede heben sich auf – nun wird es noch mehr – ich kann es kaum fassen – ich richte mich auf – kosmisch*

göttlicher Strom durchflutet mich und lässt mich eins werden, ganz werden. Ich und du – Himmel und Erde – wunderbar!«

Bedenkt man, dass Maria diese Beschreibung formuliert hat, ohne mit mir oder irgendeiner Repräsentantin ihrer Aufstellung darüber gesprochen oder unsere Berichte gelesen zu haben, so fällt die hohe Übereinstimmung in der Wahrnehmung der tiefen inneren Prozesse zwischen ihr, der Protagonistin und beiden Repräsentantinnen auf (Ingeborgs Bericht folgt weiter unten). In der Oberflächenstruktur unterscheiden sich die drei Berichte deutlich, in der Tiefenstruktur erscheinen sie ziemlich ähnlich.

Transpersonale Fähigkeiten lassen sich üben

Was hat es damit auf sich, dass manche Menschen in der Lage sind, sich in die seelischen Bewegungen und in die Selbst-Qualität anderer dermaßen hineinzuversetzen oder sie zu spiegeln, dass diese sich darin vollkommen verstanden und gesehen fühlen? Wie kommen solche Fähigkeiten wie Prophetie, Channeling, repräsentierende Wahrnehmung, Intuition und Inspiration zustande? Manchmal handelt es sich dabei um eine dauerhafte Fähigkeit, manchmal, wie bei einigen Propheten des Alten Testamentes oder beim Repräsentieren und Verkörpern in Aufstellungen um Wahrnehmung in begrenzten Aufgabenfeldern. Immer gibt es ein Element, das ganz offenbar die Voraussetzung für dieses Phänomen ist: das Leer- oder Durchlässig-Werden, das heißt, sich mit Himmel und Erde verbinden und in dieser Allverbundenheit transparent und berührbar werden für die Energien des Ganzen. Es ist für mich ein großes Glück, mit Kollegen zusammenzuarbeiten, die dieses jahrelang geübt und mittlerweile oftmals zur Meisterschaft gebracht haben. Ich habe an und mit ihnen den Prozess der *Selbst*-Realisierung mit den damit verbundenen Höhen und Tiefen, bewusster Entscheidung dafür und ebenso oft nicht willentlicher Hingabe beobachten können. Ich habe erlebt, wie diese Art von Einheitserfahrung mit Furcht und Schrecken, und auch mit höchstem Frieden und Einverständnis einhergeht. Es ist beides gleichzeitig: freie Wahl und unvermeidlicher Auftrag, wie man es am Schicksal des Propheten Jona ablesen kann (vgl. Jona 1–4).

Vielleicht haben wir in einem Punkt die Wahl, nämlich schwerpunktmäßig das Chakra zu bestimmen, durch welches wir Energien, die uns von Himmel und Erde zufließen, bündeln und kanalisieren. Mutter Theresa hatte sicherlich das Herzchakra – Liebe, Mitgefühl, Barmherzigkeit – zu ihrem Schwerpunkt gewählt. Martin Luther King und Gandhi die gewaltfreie Kraft des Hara. Propheten und Seher konzentrieren sich auf das dritte Auge oder das dritte Ohr, das Stirnchakra. Künstler wählen das Halschakra, die Kraft des Ausdrucks und der Kreativität. Auch zu nennen sind die Meister des Tantra, die durch ihre Art der Präsenz erotische Freude an allen Lebensvollzügen finden. Können wir das noch als Wahl bezeichnen oder ist es eher ein Hingerissensein? Ein befreites Ich ist vollkommen hingegeben. Früher nannte man dies den Zustand der Heiligkeit. Ich und Selbst sind zusammen vollkommen, ohne dass jeweils eine der Seiten ihrer Existenz beraubt ist. Das stellt keinen unerreichbaren Zustand dar, der nur für wenige Menschen realisierbar ist, sondern durch Übung und Praxis auf dem Weg jedem Menschen offensteht. Welchen Schwerpunkt haben Sie? Am besten machen Sie sich bewusst, was sie bisher gewählt haben, stimmen dem zu und lassen es sich vertiefen. Es bleibt nicht viel anderes übrig, als dies zu tun. Wir haben unser Schicksal gewählt, wie Platon sagt, jetzt geht es darum, unsere Wahl zu erinnern und bewusst anzunehmen. Das bringt Freude und Glück! Oder andersherum gesagt: Sich zu bedauern ist eine unfehlbare Methode, unglücklich zu sein.

Für die These, dass diese Kräfte uns allen zur Verfügung stehen, sprechen einige empirische Beobachtungen und Experimente. In Bezug auf die universale Wahrnehmung im Stirnchakra, von der hier beispielhaft die Rede ist (Hellhören, Hellsehen, Prophetie, Channeling, Intuition, Inspiration und repräsentierende Wahrnehmung), soll hier auf zwei Experimente hingewiesen werden, die leicht nachvollziehbar sind.

Da ist als Erstes die repräsentierende Wahrnehmung: Sie entsteht unweigerlich, wenn Sie mit Zustimmung und Bewusstheit in einem fremden System eine Person verkörpern. Je stärker Sie sich dabei leer machen und durchlässig werden für das, was gegenwärtig geschieht, desto mehr werden auch Vergangenheit und fremdes Schicksal präsent. Es zeigt sich, dass Vergangenheit und das Fremde nicht außerhalb dieses Geschehens existieren und nie außerhalb existiert haben. So empfand Maria, was Sylvia spielte, eins zu eins als ihr eigenes, und wunderte sich nicht einmal darüber. Und so empfand Sylvia die fremde Rolle, die sie übernommen hatte, als überwältigendes Geschenk, das eins zu eins zu ihrem Leben passte. Das habe ich in Aufstellungen schon Hunderte Male erlebt, mit Fortgeschrittenen und Anfängern der Aufstellungsarbeit, mit Technikern und Psychotherapeuten, mit Jungen, Alten, Meditierenden, Gläubigen und Ungläubigen. Und ich erkläre mir das sehr einfach, nämlich als Loslassen und Leerwerden der eigenen Identität, der Anhaftungen, die mit meinem Namen und meiner Geschichte verbunden sind, indem ich der Repräsentation zustimme, aufstehe und mich in den Raum des Systems begebe und sage: »Ich bin jetzt dein Vater, deine Angst, dein Selbst, ...« Das eigentlich Verwunderliche daran ist, dass ich im Laufe der Hingabe an die Rolle mehr und mehr alle Konzepte von »Vater« oder »Angst« oder »Selbst« aufgebe und ganz in der Präsenz des dargestellten Systems aufgehe, ohne das Bewusstsein meiner »eigenen« Identität dabei zu verlieren. Ich bleibe auch im Spielen einer Rolle zu hundert Prozent mit meiner eigentlichen Identität verbunden, jedoch nicht gefangen, sondern im Abstand des Zeugenbewusstseins. Gleichzeitig spiele ich zu hundert Prozent die Rolle, so ernst und so hingegeben wie in Kindertagen.

Die andere experimentelle Überprüfung Ihrer Fähigkeit, inneres Wissen und Erfahren zu aktivieren, können Sie auf folgende Weise ausprobieren oder üben. Sie wiederholen am besten mit einem Rollenspiel-Partner einen Konflikt, den sie mit jemand anderem hatten.

> Setz dich auf einen Sessel gegenüber deinem Partner, der auch auf einem Sessel Platz nimmt, und drücke nun deine Klage oder Beschwerde, Enttäuschung, Wut oder was immer du verspürst, für zwei bis drei Minuten aus. Der Partner hört dir zu, braucht gar nicht zu reagieren. Dann stehst du auf und trittst hinter deinen eigenen Stuhl. Sei nun am Platz deines Selbst, verbinde dich mit Himmel und Erde, und mache dich leer. Du wirst überrascht sein, wie anders du den Konflikt und den Partner nun sehen kannst und wie anders du mit ihm redest. Wenn du Berater oder Psychotherapeutin bist, versuche einmal, dich mitten in einem Beratungsgespräch leer zu machen, sonst nichts. Vielleicht erkennst du dabei, dass du das unbewusst schon immer oder immer wieder gemacht hast und wie sehr es der Tiefe einer Beratung dient, wenn wir uns nur ein einziges Mal leer gemacht und auf die Resonanz geachtet haben, die aus der Leere und der Allverbundenheit entsteht. Drücke diese Resonanz aus oder halte sie aus, still, wortlos und tatlos. Das ist tatsächlich Übung der Realisierung der Selbst-Qualität der Verbundenheit.

Wir sind bisher meist davon ausgegangen, dass die Wahrheit des Einsseins, das nonduale Denken, das nichtbegriffliche, spürende

Wahrnehmen, das wir auch Intuition nennen, die Annahme von Synchronizität und Nicht-Lokalität nicht wissenschaftsfähig sind. Erst in jüngerer Zeit haben sich Wissenschaftler, vor allem Quantenphysiker, mit der Möglichkeit von Synchronizität beschäftigt. Philosophie, Religion und Schamanismus haben schon immer mit dieser Wirklichkeit gerechnet und experimentiert. Das aus diesen Erfahrungen abgeleitete Erfahrungswissen schien bisher nur in philosophischen Formulierungen, in Geschichten, Gospels, Ritualen und anderen Kunstformen ausdrückbar, aber nicht in der Sprache der modernen Naturwissenschaft. Wenn wir genau beobachten, stellen wir Philosophen oder ganz normale Selbsterfahrungs-Interessierte diese Art von Erfahrungen jedoch auch experimentell her, besonders in den Verfahren, die verkörpern und unterscheiden. So auch in der Ich-Selbst-Unterscheidung und aller Aufstellungsarbeit, auch in aller Inszenierungsarbeit, vom Kinderspiel bis zum Theater. Bei diesen Experimenten haben wir nicht die Forderung, an etwas zu glauben, z. B. an Gott, Synchronizität oder Einheit. Die lineare Vorstellung von Glauben als »Glauben an« ist uns lange von westlichen Ideologien nahegebracht worden. Wir rechnen vielmehr hypothetisch mit der Wirklichkeit der Einheit, tun als ob, handeln im Alltag und in experimentellen Anordnungen (in Gruppen oder auf Bühnen) danach und lassen sie so geschehen. Die Folge davon sind die vielen Wunder, die wir in diesen Experimenten erleben. Wunder sind es nur im Kontext des alten Weltbildes, das diese Wirklichkeit ausblendet. Aus unserem alten Glaubenssystem und Weltbild herausgerissen und überwältigt staunen wir oder es läuft uns ein Schauer über den Rücken, und wir können es fast nicht fassen. Die alten Mystiker beschreiben, dass das die ganz normalen und angemessenen Reaktionen des Menschen auf die Begegnung mit dem Göttlichen, dem Unendlichen sind: Staunen und Erschrecken, Entzücken und Furcht. Und daraus folgen unsere Versuche, es zu bezeugen, in Worte zu fassen, in Bilder, Bewegungen, Musik usw. So werden wir mehr und mehr mit dem Wunderbaren vertraut und nehmen es als unsere innerste und äußerste Wirklichkeit (unser Selbst) an.[21] Erkennen und Verstehen unserer eigentlichen Wirklichkeit funktionieren über Verkörperung, über Praxis (experimentelles Handeln).

---

21 Loy (1988) und Norretranders (1997), ein Philosoph und ein Naturwissenschaftler, haben in ihren Büchern in wissenschaftsfähiger Weise auf die Zusammengehörigkeit dieser beiden Wirklichkeiten, beziehungsweise ihre Wahrnehmung und Erkennbarkeit, hingewiesen.

3 Eine Ich-Selbst-Aufstellung

So entsteht und vergeht das Selbst durch verkörpernde und verkörperte Inszenierung. Varela, Thompson und Rosch schreiben, dass Erfahrung verkörperte Inszenierung ist und dass das Selbst nicht ohne diese Inszenierung existiert (1992, S. 238 ff.). Das ist sowohl buddhistische als auch konstruktivistische Erkenntnistheorie und könnte es auch für eine experimentelle Spiritualität werden. Deshalb sind unsere Inszenierungsmethoden (Psychodrama, Theater, Aufstellungsarbeit, religiöse und nichtreligiöse Rituale, künstlerische Tätigkeit usw.) so nah an unserer tiefsten Realität, dem Wunderbaren. Und deshalb werden Religion und Glaube nur als Praxis nachvollziehbar und wirksam. In anderen Worten: Auf Aktivität kommt es an, nicht auf Ergebnisse. Das Bitten, Handeln, Staunen und Danken macht Glauben aus, so werden Wunder ganz normale Nebenprodukte des Lebens.

Ich möchte uns das Staunen erhalten und füge nun den vierten Bericht derselben Ich-Selbst-Aufstellung aus Sicht der Selbst-Repräsentantin Ingeborg bei. Hier beschreibt sie sehr schön und fast poetisch-philosophisch, wie sie dahin kommt, das Selbst als Aktivität und als Prozess zu erleben und sich immer weniger an Ergebnissen oder Beziehungs-Wünschen zu orientieren.

Das Selbst ohne Absicht

»Sowie ich als Selbst aufgestellt war, war mir mein guter Platz – nämlich im Mittelpunkt des Beziehungsfeldes von Ich und Selbst – sofort bewusst. Ich ging gleich dorthin, doch da war kein Ich. Was hilft mir als Selbst meine Klarheit, wenn mein Partner, das Ich, nicht da ist. In diesem Moment war meine Selbstherrlichkeit infrage gestellt. Schuldbewusst machte ich mich auf den Weg, um das Ich zu suchen. Das Ich wollte aber von mir nichts wissen. Nach einem Anfall von Hilflosigkeit erinnerte ich mich wieder an mein ursprüngliches Gefühl meiner Selbstsicherheit. Jetzt hatte ich den Mut, mich ohne das Ich ins Zentrum des Beziehungsfeldes zu stellen.

Ich war mir ›todsicher‹, dass das Ich seinen Weg zu mir selber finden wird, und so konnte ich mich hemmungslos und ungeniert auf Beziehungsspielchen mit ihm einlassen, ohne noch mit Macht- und Ohnmachtsgefühlen kämpfen zu müssen.

Vielmehr konnte ich nun in der Rolle des Selbst eine ›himmlische‹ Präsenz im Hier und Jetzt erleben. In dieser Rolle war ich bezüglich unseres Zusammenfindens absichtslos, weil ich eben diese Absicht des

Findens selber war. Als Selbst hatte ich für das Ich unendlich viel Zeit, ich war wie in einem ewigen Jetzt. Ich war zu allem bereit, weil ich mich als die Bereitschaft selbst erlebte. Ich bewertete weder die Handlungen des Ich noch die meinen als Selbst, weil ich mich und das Ich als den Wert schlechthin erlebte. Mein Agieren im Beziehungsfeld war von Freiheit und Unschuld geprägt, weil ich mich wie das Tun in Freiheit und Unschuld schlechthin erlebte. Es gab für mich als Selbst unendlich viele Möglichkeiten, Liebe auszudrücken – ich war wie der permanente Ausdruck von Liebe selbst. Die Verschmelzung mit dem Ich – unser gemeinsames Ankommen im Hier und Jetzt – war von meiner Seite her wohl möglich, weil ich als Selbst das unumschränkte Ja zu Grenze und Endlichkeit hatte. Wie gerne würde ich jeden Tag einmal mit mir selbst eine Ich-Selbst-Aufstellung spielen.«

Erfahrungsgemäß gibt es einen Ablauf, der in fast jeder Ich-Selbst-Aufstellung vom Ich durchlaufen wird. Das Ich muss sich scheinbar erst einmal vom Selbst abwenden oder irgendwie entfernen, angefeuert durch Emotionen wie Furcht, Ärger, Scham, Ehrgeiz, Gier usw. Diese Phase gelangt bis zu einem äußersten Punkt, den wir Umkehrpunkt nennen könnten. Anscheinend wird hier die Sehnsucht nach Verbundenheit stärker oder bewusster als die Fliehkraft. Im Zusammenspiel mit dem Selbst testet das Ich Freiheit und Verbundenheit. Am Umkehrpunkt ergreift das Ich mit äußerstem Mut und Entschlossenheit seine Freiheit und entscheidet sich für die Heimkehr. Eine andere Entscheidungsmöglichkeit gibt es dann nicht. Das klingt paradox, aber die Alternative wäre ein Weiterdriften in Ängste und Abhängigkeitsgefühle. Der Appell an die Freiheit des Ich ist eigentlich das Bewusstmachen dieser selbstzerstörerischen Bewegung, und sich ihrer bewusst werden heißt, sie zu beenden und umkehren.

Es folgt »die in die Richtung der Heimkehr gestreckte Bewegung«, wie Martin Buber es nennt (1962, S. 261). Zuerst herrscht noch das Gefühl von Furcht und Zittern, von Risiko und Mut. Man schaut misstrauisch und ängstlich zum Selbst und gleich wieder weg. Das Selbst könnte sich ja wieder in diesen Dämon verwandeln, den man erst produziert, dann mit seinen Gedanken genährt hat, dann nach außen projiziert und schließlich fürchtet. Wenn man dann das Spiel durchschaut hat, spielt man es noch ein wenig weiter, um das Gesicht nicht zu verlieren oder auch um wirklich sicher zu sein. Man schaut, testet, spürt in sich hinein. Dem Selbst scheint das sehr zu gefallen, oder es scheint sich darüber zu amüsieren. Dann kommt die Phase der eindeutigen Hinbewegung. Sie endet mit einem (Vor-)Geschmack von Verschmelzung und Befreiung. Woraufhin sich beide wieder nach außen wenden. Auf ein Neues! Und jedes Mal mit etwas mehr Bewusstheit von Verbundenheit und gleichzeitiger Freiheit.

Dieser archetypische Ablauf findet sich so oder ähnlich in unzähligen mystischen und schamanischen Wegbeschreibungen und wird in den Ritualen vieler Traditionen nachvollzogen; sehr prägnant auch im Gleichnis vom verlorenen Sohn (Lk 15,11–32). Es wird deutlich, dass diese Erfahrung in ihren emotionalen und körperlichen Ausformungen unendlich viele individuelle Spielarten zulässt. Das geht von Heldenreise, über Seelenrückführung bis zu Höllenfahrt. Die Rolle des Selbst ist dabei nicht einzuordnen und nicht vorhersehbar. Manchmal verhält es sich ruhig, freundlich-zugewandt, manchmal spielt es verrückt, ganz gegen unsere Annahmen und Vorstellungen von unserem Selbst. Es nimmt sich oft mehr Freiheiten heraus als das Ich, zeigt sich als Narr oder ängstlich-abhängig oder ärgerlich-provozierend; die ganze Palette der menschlichen Persönlichkeit wird hier gespiegelt oder auch umgedreht. Sehr oft übernimmt das Selbst das Bewusstwerden von Gefühlen, die dem Ich unerträglich erscheinen, solange bis das Ich hinzuschauen und zu übernehmen bereit ist. Dies wird jedoch nur erlebbar, wenn Ich und Selbst differenziert werden.

Wenn Sie in der Selbst-Position oder auf dem Selbst-Platz unangenehmere Gefühle haben als auf dem Ich-Platz, denken Sie daran, dass das Selbst dank seiner Verbundenheit mit Allem-was-ist eine viel größere Kapazität hat, die Tiefen des Daseins wahrzunehmen, als das begrenzte Ich, anstatt vorschnell eine Verwechslung von Ich und Selbst anzunehmen. Anders ausgedrückt: Das Selbst als Repräsentation von Leere und Bedingungslosigkeit ist die ideale Projektionsfläche für Gefühle, die das Ich gerade durchmacht. Es stellt sich insbesondere auch für Gefühle zur Verfügung, die dem Ich schwer erträglich erscheinen und die es deshalb bisher in fremde oder unbewusste Gefilde geschoben hat. Stellvertretend oder spiegelnd unterstützt es die Schritte des Ich zur Bewusstwerdung des Schweren, freundlich erlaubend oder paradox provozierend, immer aber gewaltfrei. Gewalt, auch verbale Gewalt, Machtausübung, Verführung und Unterdrückung sind untrügliche Zeichen für Über-Ich-Einmischungen oder -Projektionen. Hier erhält das Ich die Aufgabe und die Chance, solche Erinnerungen an autoritäre Gestalten oder Situationen vom Selbst abzulösen. All dies gilt selbstverständlich sowohl für die Aufstellungsarbeit mit Repräsentanten in einer Gruppe als auch für die Praxis der Ich-Selbst-Aufstellung für sich allein.

Wir brauchen nichts von außen, um glücklich zu sein

Wenn ich das Wesen des Selbst erkannt habe und immer wieder von Einmischungen, Schleiern und Projektionen reinige, brauche ich keinen Leiter, der für mich Projektionsablösungen vollzieht. Auf längere Sicht gesehen, lohnt sich ein solcher Verzicht auf Unterstützung von außen zugunsten der eigenen inneren Kompetenz und Selbstmächtigkeit. Wie anders kann ich Vertrauen in mich selbst gewinnen als durch Übung? Zunächst weiß ich es nur vom Hörensagen (aus Büchern, von weisen Personen oder von spirituellen Meistern): Das Wesen des Selbst ist bedingungslose Liebe, Wahrnehmung und Unterstützung. Sie erkennt alles und akzeptiert alles, bleibt in Kontakt, hält allem stand und hat keine Furcht. Aufgrund dieses Wissens kann ich nun alles aussortieren und wie einen Schleier vom Selbst entfernen, was dieser Bedingungslosigkeit nicht entspricht. Aufgrund dieser wiederholten Übung wird allmählich aus dem Wissen Gewissheit, Verlässlichkeit und Vertrauen in mich selbst. Ich setze zunächst die Weite und Tiefe des Selbst voraus und handle »als ob«. So bekomme ich mehr und mehr Sicherheit in der Verwirklichung der Selbstliebe.

Einen grundsätzlichen Irrtum beinhaltet von alters her die Glaubensvorstellung, dass Gott etwas von uns braucht, d. h., dass Gott bzw. das Leben etwas von uns verlangt und wir bestraft werden, wenn wir uns nicht angemessen danach verhalten. Auf vielerlei Arten können wir diesem Irrtum unterliegen; das Leben in Mangel, Ungenügen oder Sündenbewusstsein hat viele Namen und viele Anhänger[22]. Den Glauben, dass wir etwas brauchen, das Anhaften in Furcht oder Gier, entlarvte Buddha als leiderzeugenden Irrtum des Menschen. Gott oder unsere tiefste Wirklichkeit, unser Selbst hat nichts nötig. Unser Selbst braucht nichts, um glücklich zu sein.

Ich habe diese Einstellung früher Lösung- oder Ressourcenorientierung genannt, heute unterscheide ich zwischen Lösungsori-

---

22 Die Soziologin Marianne Gronemeyer hat in ihrem Buch: »Die Macht der Bedürfnisse« das Knappheitsdenken als den grundsätzlichen Irrtum unserer Gesellschaft beschrieben.

entierung erster und zweiter Ordnung. Die Aufforderung zu einer Lösungsorientierung oder zu positivem Denken ist zumindest missverständlich. Wenn wir fordern, an das Gute zu glauben, anstatt an das Böse, verbleiben wir im linearen, unsystemischen Denken und haben nur die Vorzeichen gewechselt. Mit dem Bösen wird man nicht durch Einsatz seines Gegenteils fertig. Mangeldenken wird niemals durch Produktion oder Konsum behoben. Wirkliche Heilung ist durch Bekämpfung von Krankheit nicht möglich. Es geht vielmehr um einen Ebenenwechsel im Denken-Wahrnehmen, bei dem das Böse einbezogen wird. Und dieses Um-Denken und -Wahrnehmen (metanoia) geht nicht ausschließlich im Kopf vor sich, sondern ist ein ganzheitlicher Prozess. Wir brauchen eine Lösungsorientierung zweiter Ordnung, die den Mangel nicht als Gegenspieler der Fülle sieht, das Böse nicht als die andere Seite des Guten und Krankheit nicht als Hindernis für Heilung. Wir brauchen vielmehr eine geistige Orientierung, die »Krankheiten«, »Mangel« und »Böses« immer in Anführungszeichen setzt, das heißt sie als Glaubensweisen und Konstrukte sieht, denen wir Wirksamkeit und Wirklichkeit gegeben haben und die wir immer weiter nähren, wenn wir bei dieser Sicht der Wirklichkeit bleiben. Der Buddhismus liefert uns dazu die Erkenntnistheorie[23] und das Urchristentum die Theorie der Heilung. Eine Lösungsorientierung erster Ordnung für die Beziehung zu uns selbst hat die Vorstellung, dass durch Selbsterfahrung oder Therapie Lösungen erarbeitet werden müssen. Eine Lösungsorientierung zweiter Ordnung erkennt im Laufe der Selbst-Erfahrung des Lebens mehr und mehr, dass alles, was geschieht, schon Lösung und Heilung ist und immer gewesen ist. Wir werden uns des Lebens in Fülle (christlich: in Gnade) bewusst.

Geistige Umkehr ist beides, Sein und Entwicklung. Sie braucht alle Kraft und Entschiedenheit des Ich, und sie braucht das Wunder und die Gnade des größeren Ganzen, des Selbst. Und keine Sorge, dieses Zusammenspiel von Ich und Selbst ist das Einfachste und Natürlichste der Welt, unsere Natur, unsere Bestimmung, auf die wir uns besinnen können. Wir erreichen es oder es erreicht uns überall dort, wo wir etwas selbstschöpferisch und mit Freude tun wie ein Kind, glücklich und erfüllt. In der Verkörperung der Ich-Selbst-Beziehung zeigt sich dieses Zusammenspiel durch viele besondere Erfahrungen, für die ich nun einige Beispiele geben will. Wir könnten sie Wirkungen und Nebenwirkungen der Ich-Selbst-Verkörperung nennen.

---

23 Vergleiche dazu: Varela, Thompson u. Rosch (1992)

1. Intuition und Inspiration

Im selbstschöpferischen Spielen mit Ich und Selbst werden vor allem Intuition und Inspiration geübt. Indem ich die Perspektiven dieser meiner beiden Seiten unterscheide, entsteht auf der Selbst-Seite mit der Zeit eine Art »leibliches Verstehen« ein subtiles, simultanes, synästhetisches Wahrnehmen und Denken (Essen 2002). Während ich im Selbst aus der Verbundenheit mit allem auf das Anliegen des Ich hin-höre, schaue und spüre, werden mir meine innersten Impulse (meine Intuitionen) ebenso bewusst wie die – überraschenden – Impulse, die ganz von außen kommen (die Inspirationen). Das Ich konzentriert sich auf seine genuinen Aufgaben, zu fragen, zu bitten, zu wünschen und zu wählen, Aufgaben, die unsere Unterscheidungskraft in Anspruch nehmen und Getrenntheit voraussetzen. Das Selbst konzentriert sich hingegen auf Liebe, Hingabe und Kontakt zu allem, was ist, Aufgaben, die Gewahrsein und Spürbewusstsein einüben und Verbundenheit voraussetzen. In Kapitel 9 werden in Form des doppelten Medizinkreises praktikable Möglichkeiten vorgestellt, Intuition und Inspiration zu üben.

2. Gastgebertum, die Haltung der Bedingungslosigkeit

Die Einübung der Selbst-Qualität bringt uns dem Gefühl nahe, was es heißt, jemanden bedingungslos zu unterstützen, ohne sich in seine Angelegenheiten einzumischen und seine Freiheit zu beschneiden. Das Selbst stellt einem Ich (auch dem eigenen!) Raum und Zeit und alle möglichen Ressourcen zur Verfügung wie eine gute Gastgeberin. Es drängt dem Ich nichts auf. Durch den unendlichen Reichtum, mit dem das Selbst stets verbunden ist, übertrifft das Gastgebertum des Selbst die menschlichen Möglichkeiten. Durch seine spirituelle Qualität, seine Verbundenheit mit Himmel und Erde und allem, was ist, kann es dem Ich unendlichen Raum, ewige Zeit und tatsächlich alle möglichen Ressourcen anbieten. (Es hängt vom Mut und Glauben des Ich ab, wie viel es davon annimmt.) Diese Art von Gastgebertum für sich oder andere ist eine wunderbare Sache. Es ist ein wesentlicher Aspekt von Liebe. Gastgeber sein ist eine sakrale Funktion. Auch als professionelle Helfer können wir die Haltung der Bedingungslosigkeit einnehmen, also Gastgeber sein, anstatt unsere Klienten zu beraten, zu leiten oder zu verändern. Wenn jemand uns verändern will, erzeugt er leicht einen inneren Widerstand in uns. Bietet er uns aber wie ein guter Gastgeber Sicherheit und Bewahren an, so wird unser Inneres von selbst Schritte der Veränderung in die für uns beste Richtung unternehmen und zwar im eigenen Tempo.

> Überprüfe und erfahre das an dir selbst, indem du wieder dein Ich und dein Selbst auf zwei Plätzen verkörperst und vom Selbst aus dem Ich irgendeine Aufgabe, Vorhaben oder Möglichkeit anbietest, aber freilassend und bedingungslos. Danach gehe auf einen dritten Platz, den wir »Über-Ich« (Eltern-Ich, Gesellschaft, Gott, Gewissen usw.) nennen können, und schlage dem Ich dieselbe Aufgabe als Muss oder von oben herab als Ratschlag vor. Gehe dann wieder in die Ich-Position, spüre nach, wie du auf jeden der beiden Vorschläge reagierst, und entscheide dann, welche Richtung du einschlagen willst. Tue das mit deiner ganzen Figur. Welcher inneren Stimme (denn beide Stimmen kommen ja irgendwie von innen) folgst du lieber? Mach das mit einem oder mehreren alltäglichen Vorhaben, und wähle, wie du in Zukunft mit dir selbst und deinen Aufgaben umgehen willst.

Die Art von Leitung, in der wir uns selbst oder anderen noch so gute Ziele aufdrängen oder aufzwingen, kann durchaus als eine Form von Gewalt bezeichnet werden. Ich zitiere dazu Matthias Varga von Kibéd aus einem Würzburger Vortrag (mdl. 2004): »In dem Maße, wie ich Aufstellungen leite, beschädige ich den Prozess«. Als Gastgeber ist man Regisseur und Diener, Lehrer und Schüler zugleich, ist draußen und drinnen, Zeuge und verharrt im aktiven Warten, man eröffnet das Größte, erwartet begeistert das Wunder und lässt gleichzeitig bedingungslos frei.

Natürlich ist auch die Haltung der Beratenen und Klienten dabei von Bedeutung, die Art, wie sie Ratschläge aufnehmen. Sie können sie als Einschränkung ihrer selbstschöpferischen Tätigkeit oder als Unterstützung empfinden, je nach Beziehung, Situation und Selbstwertgefühl.

3. »Beten« mit Kraft und Hingabe: Beabsichtigen in Absichtslosigkeit

Wenn wir auf der Ich-Seite Wünsche, Bitten, Fragen oder Beschwerden formulieren, entspricht das dem, was in der jüdischen und christlichen Tradition Gebet genannt wird. Dabei geht es um das Beabsichtigen und Formulieren unserer Wünsche, Hoffnungen und Klagen mit aller Kraft, das genaue Formulieren und intensive Anstreben eines Ziels ohne Wenn und Aber – und auch das Loslassen der Absicht, das Hingeben des Zieles an eine größere Macht. Es wird uns bewusst, dass wir ein Wunder brauchen, etwas nicht Machbares. Die Antwort ist dann immer ein Geschenk.[24]

4. Den Platz im Ganzen finden

Wir erreichen einen guten Platz im System erst, wenn alle anderen auch einen guten Platz haben. Im Buddhismus wird diese Gesetzmäßigkeit als Gelübde der Bodhisattvas mitgeteilt. Erleuchtung oder Realisierung von Freiheit ist nicht auf Kosten anderer möglich. Hier wird Mangeldenken falsifiziert. Bei der Verwirklichung eines Systemteiles geht es immer darum, seinen speziellen und unverzichtbaren Platz im Ganzen zu finden und einzunehmen, die eigene Aufgabe für das Ganze, die wichtig ist, aber nicht alles. Alle anderen im System sind ebenso wichtig und zwar tatsächlich alle. Das ist ernst zu nehmen. Meine Rolle mitten unter den anderen ganz auszufüllen, das ist Vollkommenheit. Hierin praktizieren wir holistische Wirklichkeitserfahrung.

Die Rolle, die ich für ein größeres Ganzes spiele, ist nicht als Besitz beziehungsweise Eigenschaft anzusehen, sondern als Aktivität, eben als Rolle, Funktion oder Bewegung. Ich und Selbst sind, wie schon gesagt, keine Substanzen, sondern energetische Prozesse. Wenn das Ganze als Kreis-Bewegung modelliert werden kann, so ist das Ich die Aufwärts- und das Selbst die Abwärtsbewegung (vgl. Abb. 3). Wir haben von Niklas Luhmann gelernt, dass soziale Systeme nicht aus Personen bestehen, sondern aus »Kommunikationen« (2002), buddhistische Meister sprechen von »Aktivitäten«[25]. Wir können uns das so vorstellen: Eine Familie, sagen wir, Vater, Mutter und Kind, besteht in ihrer eigentlichen Wirklichkeit aus diesen drei Rollen, nämlich darin, wie sich die drei zueinander, zu sich selbst und nach außen verhalten. Der Vater ist in der Familie das, was er tut und lässt, was er sagt und verschweigt, kurz: seine Aktivitäten und Kommunikationen. In seinem Betrieb »ist« er durch seine Aktivität etwas ganz anderes. Ich bin also ein Teil meiner Familie durch meine Kommunikationen, durch meine Arbeit ein Teil eines Betriebes, durch mein Wohnen ein Teil meiner Gemeinde, durch mein Sprechen und Handeln ein Teil der mitteleuropäischen Kultur. Ich präge sie und werde geprägt, das heißt »Teil sein«, ein fortwäh-

---

24 Der Apostel Paulus hat diesen Aphorismus einmal so ausgedrückt: »Schafft eure Glückseligkeit mit aller Kraft, denn Gott ist es, der beides schafft, das Wollen und das Vollbringen.« (Phil 2,13)
25 z. B. Richard Baker-Roshi (2004b)

3 Eine Ich-Selbst-Aufstellung

render schöpferischer Austausch in Beziehungen auf eine lebendige Ganzheit. Wir erkennen, wie wir überall Rollen spielen und uns damit stets neu definieren, uns jeweils neu in einen größeren Zusammenhang stellen. Ja, der größere Zusammenhang (die mitteleuropäische Kultur, die Familie usw.) wird durch unsere Aktivitäten mitgestaltet und verändert. Eine lebendige Ganzheit besteht aus individuellen Einheiten, Zellen, Personen usw. plus ihren Interaktionen und Kommunikationen. Warum ist das so wichtig? Weil wir dadurch erkennen, dass und wie wir mit dem, was wir tun oder lassen, beteiligt und mitverantwortlich sind für größere Zusammenhänge von Familie bis hin zum Universum.

Das Erkennen von Zusammenhang ist, wie uns der Philosoph Wilhelm Schmid (2007) lehrt, das Erkennen von Sinn. Und unsere Seele braucht Sinn, wie unser Körper Luft braucht. Unser Handeln, auch unser Erleiden, erscheint uns sinnvoll, wenn wir es in einem größeren Zusammenhang sehen können. Wir wollen das größere Ganze nicht sein, wir wollen uns ihm zugehörig fühlen. Wir wollen unseren Platz im Ganzen finden, nicht mehr und nicht weniger.

Wie immer wir diese Ganzheiten nennen, Person, Familie, Volk, Universum oder Gott, wir »wissen« darüber zwei Dinge: Sie sind hierarchisch geordnet, umfassen einander wie russische Puppen und sie sind keine materiellen Dinge, nicht einmal verlässliche Zustände, sondern dynamische Prozesse. Unser Ich ist im Selbst enthalten (siehe Abb. 10), unser Ich-Selbst ist in der Familie enthalten, aber auch ohne Familie in einem Volk, aber auch ohne Volk im Universum und in Gott. Gott ist ein Name für unsere umfassendste Zugehörigkeit. Ken Wilber schreibt dazu: »Hierarchie ist demnach einfach eine Rangordnung immer umfassender werdender Holons und stellt eine Zunahme an Ganzheit und Integrationskraft dar. [...] Jedes umfassendere Glied in der Großen Kette des Seins steht für einen Zuwachs an Einheit und umfassenderer Identität« (2002, S. 78). Schon Ich und Selbst stellen also Symbole für diese holarchische Ordnung in jedem von uns dar, für das Teilsein und das Ganzsein. Jede Ebene ist in sich eine Ganzheit und auch Teil der nächsthöheren. Vielleicht ist Ganzheit in diesem Zusammenhang ein Begriff für die Kraft der Integration und Liebe in unseren Leben und im ganzen Universum, nicht Zustands-Qualität, sondern Prozess-Qualität. Und auch diese Beschreibung reicht nicht aus, denn sie überschreitet sich ständig selbst. Kaum glauben wir, sie erfasst zu haben, schon hat sie sich uns wieder entzogen. Gottes Sein ist im Werden.[26]

Die Ausdehnung der Seele ist ohne Ende

Unsere Seele dehnt sich aus wie das Universum oder das Himmelreich des Neuen Testaments (z. B. Mt 10,7–8). Verwirklichung des Werdens in der Gegenwart, also mehr als genug Spannung und Potenzialität. Wir brauchen dem Mangeldenken nicht den kleinsten Finger zu reichen, um Entwicklung zu gewährleisten. Das Himmelreich, das seinem Namen gerecht wird, ist in Bewegung – dynamischer, als uns manchmal lieb ist. Und das Himmelreich in uns, das Zeit und Raum überschreitende Selbst braucht die Ich-Prozesse in Zeit und Raum, um genau diese Erfahrung des Überschreitens zu machen und sich zu verwirklichen. Das ist unser Wesen. Naturgemäß stoßen wir dabei immer wieder an Grenzen und es entsteht Angst. Denn oft erleben wir die Befreiung nicht als ruhige Ausdehnung, sondern als Explosion. All das gehört dazu, zu unserer und zugleich Gottes Selbstschöpfung, zum autopoietischen Prozess des Lebens. Dem Schicksal zustimmen, die eigene Rolle ganz ausfüllen, das ist es, mehr nicht – ganz egal auf welcher Bühne, in welcher Szenerie oder in welcher Familie. Wir sind das, was wir erschaffen, schwindelerregend frei. Da gibt es keine Dirigenten von Außen und keine vorgeschriebene oder beste Richtung. Da ist alles, was geschieht, neu. Das geht von Transformation zu Integration und neuer Transformation. Und das erzeugt in uns Angst und Neugier zugleich. Wenn nun Angst zu Panik und Neugier zu Sucht wird, was ja immer wieder vorkommt, dann können wir uns dem Selbst zuwenden und unmittelbar Entspannung und Erleichterung erfahren.

Es handelt sich meines Erachtens um einen Prozess, der nie aufhört, auch nicht mit Erleuchtung oder integralem Bewusstsein. Dies würde ja wieder eine endgültige Lösung darstellen. Mit integralem Bewusstsein beschreiben Jean Gebser und Ken Wilber vielmehr das bewusste Einstimmen in die nicht endende, zeit- und raum-transzendierende Ausdehnung der Schöpfung in uns und um uns. Das

---
26 Wenn Sie sich damit näher beschäftigen wollen, lesen Sie Matthias Varga von Kibéds und Insa Sparrers Buch: »Ganz im Gegenteil« (2005), ein Versuch, das nicht Verstehbare in paradoxen Formulierungen anhand des Tetralemma-Problems für unseren Verstand einigermaßen nachvollziehbar darzustellen.

3 Eine Ich-Selbst-Aufstellung

mahayana-buddhistische Wort Shunyata, meist mit Leerheit übersetzt, bedeutet sowohl das Hohle als auch das wie ein Mutterleib Schwellende. Auch die Wurzel des hinduistischen Sanskrit-Wortes Brahman, die letzte allumfassende Wirklichkeit, bezeichnet das, was wächst, atmet und schwillt (Loy 1988, S. 79).

Nach so viel Freiheit und Selbstschöpfung erhebt sich die Frage nach den Regeln und Ordnungen von Familie und Gesellschaft. Müssen wir uns den sozialen Regeln und natürlichen Gesetzmäßigkeiten dieser Welt nicht fügen? Begrenzen die Ordnungen, die sogenannten natürlichen sozialen Gesetze, auf die unser »schlechtes Gewissen« hinweist, wenn wir sie übertreten, nicht unsere Freiheit?

Nehmen wir zum Beispiel das uralte Gebot »Du sollst Vater und Mutter ehren«, das in der christlich jüdischen Kultur bis heute sehr gern von Kirche und Eltern in Anspruch genommen wird, um Heranwachsende auf erwünschte Funktionen und Verhaltensweisen zu trimmen. Abgesehen davon, dass es sich hierbei wieder eher um eine Verheißung als um ein Gebot handelt, wie ganz zu Beginn dieses Buches schon erläutert wurde, können wir in fast jeder Familien-Aufstellung lernen, wie wir sinnvoll und nicht selbstzerstörerisch damit umgehen können. Wir vollziehen den Respekt vor den Eltern, da wo wir es daran haben fehlen lassen, sehr differenziert, je nachdem, was gefehlt hat, durch ein Anblicken, durch eine Verbeugung, durch einen Dank usw. Wir tun dies nicht pauschal oder automatisch, wie uns das ursprünglich vielleicht beigebracht wurde. Wir bedanken uns nicht für alles und jedes, sondern ausgesucht für das Gute oder zumindest für das Leben, das die Eltern uns geschenkt haben. Wir verschließen im Zurückblicken unsere Wahrnehmung nicht vor dem Schmerz, den wir empfunden haben, sondern müssen und dürfen ihn auch ausdrücken: »Es war schlimm, davon distanziere ich mich, das lasse ich bei euch«. Wir verbleiben nicht in dauernder Verbeugung, sondern wir richten uns danach wieder auf, drehen uns um und sind frei. So erfüllt man das Gesetz und nicht, indem man sein Leben lang gebeugt stehen bleibt. Bei manchen Personen zeigt sich diese Haltung sogar äußerlich. Letzteres wäre eher Verstrickung oder einfach Dummheit, nicht Erfüllung. Wir sagen: »Du hast einen Platz in meinem Herzen.« Nicht: »Dein ist mein ganzes Herz.« Das ist der naturgemäße Vorgang der Ablösung, der manchmal in einer Aufstellung differenziert und genau nachvollzogen werden muss, nicht weil das so schön ist, sondern weil es der Befreiung dient. Im Verbeugen und wieder Aufrichten entwickelt sich Respekt und eine andere Art der Liebe, als wenn wir die Eltern unser Leben lang auf den Schultern tragen, als wären sie unsere Kinder, oder im Herzen, als wären sie unser Selbst.

Oft bleiben wir seelisch viel zu lange nach hinten gewandt, suchen detektivisch in alten Geschichten nach Ursachen und könnten uns doch längst umdrehen und »die Toten ihre Toten begraben lassen«, wie es im Neuen Testament heißt (Mt 8,22). Man darf es nach jedem Vollzug einer Ablösung ausprobieren und spüren, ob die Lösung geschehen ist, ob wir das Gute der Eltern und den Segen der Vorfahren angenommen haben. Dies nämlich fühlt sich im Rücken gut und kräftigend an. Die Ordnungen und Gesetze gehören zu einem kulturellen, zeitlichen Rahmen, und in diesem Rahmen ist es sinnvoll, sie zu erfüllen. Sind sie erfüllt, dürfen und sollen sie nicht weiter über unsere Seele herrschen. Sie dienen der Befreiung und nicht umgekehrt.

So ist es auch mit den anderen Gegebenheiten des Schicksals, mit meinem ganz konkreten und gegenwärtigen Körper, meinen psychischen und geistigen Möglichkeiten und Grenzen, meiner Persönlichkeit, den positiven und negativen Gegebenheiten meiner Geschichte, dem sogenannten Karma. Ich erkenne sie an, stimme zu und wende mich den Möglichkeiten zu, die sich daraus ergeben.

Die Chance jeder szenischen Arbeit, der Bühnenarbeit, der Aufstellungsarbeit, des Psychodramas oder des therapeutischen Theaters ist, dass wir körperlich und das heißt mit Leib und Seele etwas tun können. Und diese Chance ist vertan, wenn wir diese Rolle mechanisch vorschriftsmäßig spielen, d. h. nichts Neues ausprobieren. Zeig, dass du lebendig bist und dazugehörst. Freiheit und Hingabe gehören zusammen. Spiritualität ist Befreiung, und Aufstellungsarbeit ist Befreiungs-Praxis, anders lohnt sie sich nicht.[27]

Kommen wir noch einmal kurz auf die Hierarchie zwischen Ich und Selbst zurück. Die zentrale Einsicht im Christentum und Buddhismus ist, dass die Dynamik der Getrenntheit (hier kurz »Ich« genannt) gegenüber der Verbundenheit (»Selbst«) von untergeordneter Wirklichkeit ist. Wir sind zeitlich und räumlich begrenzt. Wir sind sterblich. Das kann man theoretisch erkennen, zur Erfahrung wird diese Erkenntnis aber durch Schmerz, Krankheit und Tod (eine eher passive Erfahrung) und aktiv, indem wir unsere Anhaftungen, Identifikationen und Verstrickungen als selbst gemacht und als Irrtümer

---

[27] Mehr zum Thema Ordnungen, Karma und Gewissen siehe S. Essen »Die Ordnungen und die Intuition« (2001)

durchschauen und uns von ihnen lösen. Dies ist das Sterben des Ego und gleichzeitig das Freisetzen des Ich. Es bedeutet nicht ein Hinauswerfen (aus dem System oder aus dem Bewusstsein), sondern das Würdigen der betreffenden Energie oder Potenzialität an ihrem Platz und in ihrer jeweiligen Funktion. Wir distanzieren uns von unseren geliebten oder verhassten Besitztümern, um sie besser handhaben zu können. »Ich habe einen Körper, aber ich bin nicht mein Körper«, heißt es in einer Meditationsanleitung Ken Wilbers, die er von Roberto Assagioli übernommen hat. »Ich habe Begierden, aber ich bin nicht meine Begierden. Ich habe Gefühle, aber ich bin nicht meine Gefühle. Ich habe Gedanken, aber ich bin nicht meine Gedanken« (Wilber 1984, S. 170). Bewusstheit und Desidentifikation sind die beiden zentralen Funktionen von Meditation, zusammengefasst im Begriff des Zeugenbewusstseins.[28]

Dies tun wir in der Ich-Selbst-Aufstellung im Wesentlichen von Anfang an. Indem wir das Zusammengehörige trennen und unsere personale Ganzheit in einer hierarchischen Dualität repräsentieren, tritt die ganze Paradoxie der Lebendigkeit in Erscheinung. Dies sprengt selbstschöpferisch alle Fesseln. Nicht die Aufstellung des Ein- und Ausgeschlossenen, die Repräsentation des Ego ist der Coup der Aufstellungsarbeit, sondern schon die einfache Unterscheidung der Teile einer Ganzheit und ihr freies Spiel miteinander, als wäre die unsichtbare Zusammengehörigkeit das Selbstverständlichste und Verlässlichste der Welt. Denn im Treffen von Unterscheidungen erfahren wir vollkommene Verbundenheit.

»Triff eine Unterscheidung«, »draw a distinction«, so lautet die erste Handlungsanweisung in Spencer-Browns Buch *Laws of Form* (1997, S. 3), in dem er sich mit dem Zusammenhang von Leere und Form beschäftigt. Das Buch beginnt mit dem merkwürdigen und äußerst paradoxen Satz: »Distinction is perfect continence« (a. a. O., S. 1). Man kann diesen Satz übersetzen mit: »Unterscheidung ist vollzogener Zusammenhang« oder »Unterscheidung ist vollkommener Zusammenhang«. Leere ist Form, Form ist Leere. Ich und Selbst können unterschieden, nicht aber getrennt werden. Ohne Unterscheidung, so Spencer-Brown, kann auf nichts hingewiesen werden. Die Ganzheit erfährt sich selbst im Spiel der Unterscheidungen, oder wie Meister Eckehart sagt: »Die Seele wirft ein Bild aus sich heraus, um sich darin

---

[28] Vgl. Walsh u. Shapiro (2007)

zu erfahren.« Das Selbst erfährt sich in seiner Verkörperung, dem Ich. In der materiellen Schöpfung wird sich Gott seiner/ihrer selbst bewusst. Das ist Praxis der Unterscheidung und etwas vollkommen anderes als der leiderzeugende Glaube an die Getrenntheit.

Das Ich nähert sich der Unterscheidungskraft an, bis es damit in Einklang ist, das Selbst nähert sich der Einheit oder Leerheit oder bedingungslosen Verbundenheit an, bis es damit in Einklang ist. Das Ich realisiert schließlich die Schöpfung in Wahrnehmen und Bewusstsein, das Selbst realisiert den Schöpfer in Gewahrsein und Bewusstheit, unvermischt und ungeschieden.

4. Die Deprogrammierung des Ich

Sagt nicht, ich wäre ich, denn ich bin nicht in mir.
Es gibt ein Ich in mir, weit innen und zugleich jenseits von mir.
Yunus Emre (Sufi-Dichter, 14. Jh.)

Wird das Ich sich seiner eigenen Würde und gleichzeitig der immerwährenden Anwesenheit und Treue seines Selbst gewahr? Kann *Ich* glauben, dass es wirklich frei ist und machen kann, was es will, ohne jemals die Freundschaft und Nähe des Selbst zu verlieren? Um sich dieser Liebe zu vergewissern, wird das Ich alle möglichen und unmöglichen Tests machen, denn es ist von Haus aus alles andere als bedingungslose Liebe gewöhnt. Zu diesen Tests gehören vielleicht, wegzulaufen, sich zu verschließen, Aggressivität oder Depressivität, wütend zu werden oder ungeduldig, usw. Machen Sie diese Tests doch bewusst vom Ich-Platz aus, und wenn sie dann die Treue und bedingungslose Liebe des Selbst tatsächlich in Betracht ziehen, dann beginnt Ihr Ich, von sich aus und ohne die erlernten Vorgaben von »Liebe als Brav-Sein«, in voller Freiheit Kontakt zu suchen, zu genießen und zu spielen, ohne dabei seine Getrenntheit und Einzigartigkeit, das heißt sein Wesen, aufgeben zu müssen. All dies kann jeder sofort erleben und tun. Es braucht dazu keine Therapie und nicht unbedingt eine Gruppe, sondern exakt zwei Plätze im Raum. Dabei wird sich möglicherweise schon bei den ersten Schritten zeigen, worin für Sie die wichtigsten emotionalen und gedanklichen Blockaden in der aktuellen Beziehung zu sich selbst bestehen. Müdigkeit und Resignation auf der Ich-Seite können sich zeigen, Vorsicht, Misstrauen und Wut, aber auch Überhöhung des Selbst und Anbetung können einen freundschaftlichen Umgang und ebenbürtigen Austausch zwischen Ich und Selbst behindern. Machen Sie weiter: Geben Sie Ihrer Müdigkeit, Wut oder Resignation Ausdruck, und geben Sie dem Selbst Gelegenheit, darauf zu reagieren. Die Möglichkeiten von negativen und positiven Projektionen, die sich wie Schleier vor das Selbst geschoben zu haben scheinen, sind unendlich und zumeist abhängig davon, wie die eignen Eltern erlebt wurden, die ja zunächst in unserem Leben das Selbst vertreten haben. Die Praxis des Selbst-Gesprächs erlaubt die Überwindung dieser hinderlichen Überlagerungen, indem alle auftauchenden

Hindernisse und Schleier ihren eigenen Platz bekommen, nämlich in der Vergangenheit des Individuums. Und das Ich erlaubt ihnen nicht mehr, in gegenwärtigen lebendigen Ich-Du-Beziehungen die bisherige Rolle zu spielen.

Das Ich annehmen heißt, die Sterblichkeit annehmen

Die Trennung vom Selbst bringt dem Ich unweigerlich seine Grenzen, seine Endlichkeit zu Bewusstsein. Während mir andererseits die Vermischung mit dem Selbst, das heißt die Identifikation mit dem Unendlichen, wenigstens eine Zeit lang erlaubt, mich unsterblich zu fühlen und ohne Bewusstheit meiner räumlichen und zeitlichen Grenzen zu leben. Jedoch dem Selbst gegenüber und unterschieden von ihm als der Dimension der Unendlichkeit werde ich meiner Grenzen und meiner Sterblichkeit gewahr.

In dem Roman *Nachtzug nach Lissabon* schreibt der Arzt Prado Folgendes in sein Tagebuch: »Das taghelle Bewusstsein der Endlichkeit, wie es Jorge mitten in der Nacht überfiel und wie ich es in manchen meiner Patienten durch die Worte entzünden muss, mit denen ich ihnen die tödliche Diagnose verkünde, verstört uns wie nichts anderes, weil wir, oft ohne es zu wissen, auf eine solche Ganzheit hin leben und weil jeder Augenblick, der uns als lebendiger gelingt, seine Lebendigkeit daraus bezieht, dass er ein Stück im Puzzle jener unerkannten Ganzheit darstellt. Wenn die Gewissheit über uns hereinbricht, dass sie nie mehr zu erreichen sein wird, diese Ganzheit, so wissen wir plötzlich nicht mehr, wie wir die Zeit, die nun nicht mehr daraufhin durchlebt werden kann, leben sollen« (Mercier 2004, S. 243).

Anders als in diesem Text beschrieben, geschieht Aufklärung über den Tod und das Bewusstwerden der Sterblichkeit sozusagen unter den Augen des Selbst in liebevoller Achtsamkeit. Durch die Unterscheidung von Puzzle und ganzem Bild wird dies ohne Angst geschehen können. Der Kontext der Ich-Selbst-Differenzierung ermöglicht diesen Bewusstseinssprung.

Alles, was unsere Selbst-Beziehung prätentiös oder kompliziert macht, blockiert, vergiftet oder abwürgt, ist Projektion, Konstruktion oder Illusion und gehört eben dort nicht hin, also nicht zum Ich-Selbst. Davon gehe ich aus. Und dieses »Ausgehen von« oder, wie Pascal sagt, dieses »Tun als ob« ist die eigentliche geistige Übung: so denken, fühlen und handeln, als wäre mein innerstes Zentrum – ob ich es nun

Selbst, Seele oder ganz anders nenne – mir in bedingungsloser und unverbrüchlicher Liebe verbunden und gleichzeitig ein Gegenüber, an das ich mich in allem wenden kann, unvermischt und ungetrennt von meiner konkreten Ich-Existenz.

Dieses »Im Gespräch bleiben«, dieses »Tun als ob«, haben Jesus und Paulus »Glaube« oder »Gebet« genannt, und dieser urchristliche Glaube beinhaltet die Abwendung von Konzepten und Glaubenssätzen, die unseren individuellen Weg verallgemeinern und absichern, ohne das Individuum in seiner Einzigartigkeit zu meinen. Er beinhaltet auch die Negation von allen Projektionen und Verschleierungen, die uns die Selbstliebe verderben. Manchmal scheint mir, dass das, was Jesus und Paulus Glaube genannt haben, im heutigen Sprachverständnis besser als Unglaube zu beschreiben wäre, weil sie uns mit ihrer Botschaft von den Unmengen an Glaubenssätzen der Selbstentfremdung wegführen in »die Freiheit der Kinder Gottes« (Röm 8, 21). Der urchristliche Weg ist nach meinem Verständnis ein Emanzipationsweg, eine Abkehr (Unglaube) von Glaubenssätzen und Überzeugungen, die nicht unserer eigenen (Selbst-)Erfahrung entspringen. Vielmehr geht es um eine Heimkehr aus der gesellschaftlichen oder familiären Entfremdung zu uns selbst. Im Ego-Zustand folgt das Ich wie blind seinen erlernten Kernüberzeugungen, bis es schmerzlich anstößt. Im gelösten, freien Zustand erkennt das Ich diese Kernüberzeugungen als das, was sie sind: Überzeugungen, die das Ich in jedem Fall (zusammen mit anderen) erzeugt hat und folglich auch verändern kann.

Gib dem, was dich stört, seinen Platz, aber nicht mehr deine Energie

Wenn ich meine persönliche Ich-Selbst-Praxis und auch meine therapeutische Aufstellungs-Praxis betrachte, sehe ich die Gefahr, dem Wegräumen von Hindernissen, dem Aufarbeiten alter Geschichten zu viel Raum und Energie zu geben, sodass etwas entsteht, was ich die analytische Hypnose nennen möchte. Wir können uns stundenlang oder auch jahrelang mit der Analyse eines Problems, einer Verstrickung, einer Sehnsucht oder auch unserer Persönlichkeit überhaupt befassen und gar nicht merken, dass wir diesen dadurch immer mehr Wirkung und Wirklichkeit verschaffen. Dabei verlieren wir aus den Augen, was wir ursprünglich wollten, nämlich ein hinderndes

Muster genau dort zu lassen, wo es hingehört, uns der freudvollen Kommunikation mit dem Selbst und anderen zu widmen und das sobald wie möglich. Wenden Sie sich, sobald Sie dem Schleier, dem Hinderlichen einen Platz gegeben haben, körperlich-ganzheitlich wieder dem Selbst zu – ihm steht der Mittelpunkt Ihrer Aufmerksamkeit zu, und zur Störung wird eine Erfahrung erst, wenn sie wiederholt auf dem falschen Platz erscheint und uns dadurch am Zugang zu uns Selbst hindert, aber auch, wenn wir sie so sehr und so lange in den Mittelpunkt unserer Aufmerksamkeit stellen, als wäre sie unser Selbst, unsere Identität.

Es geht in diesem Prozess besonders darum, die Aufmerksamkeit von einer alten Geschichte wegzunehmen, der wir bisher unsere Energie gegeben hatten, weg von der Verletzung, die uns nicht gut getan hat und immer noch nicht gut tut, und unsere ungeteilte Aufmerksamkeit auf die ewige Wirklichkeit unseres Wesens, des Selbst, zu richten. Dann spüren und erkennen wir, wer wir tatsächlich sind: spirituelle Wesen, die eine menschliche Erfahrung machen, Gott, der sich in uns realisiert und verkörpert, eingetaucht ist in Zeit und Raum.

Dieselbe Art von Falle aus einer anderen Perspektive betrachtet stellt die Suche nach der Ursache des »Bösen« wie auch die Suche nach der Ursache des »Guten« dar. Wir konstruieren lineare und nicht-wechselseitige Zusammenhänge von Ursache und Wirkung, um das Böse zu bannen und das Gute wiederholbar zu machen. Das ist schlicht und einfach Aberglaube.[29] Nehmen Sie z. B. folgende Situation: Jemand leidet von jeher unter Geldmangel. Nun entdeckt er, dass sein Großvater seinen Hof versoffen hat und in bitterer Armut gestorben ist. Es könnte nun sein, dass mein Geldmangel eine mir natürlich nicht bewusste Loyalitätsbekundung gegenüber meinem Großvater ist oder ein Einspringen für meinen Vater, der das versäumt hat. Klingt doch logisch! Ich mache also die Probe aufs Exempel und gebe meinem Großvater in einem Übergaberitual den Geldmangel zurück. Und siehe da, mein Geldmangel verschwindet. Wenn ich nun daraus schließe, dass Geldmangel aus Verstrickungen herrührt oder dass umgekehrt Rückgabe von Mangel finanziellen Wohlstand erzeugt, erschaffe ich durch diesen Kausalitätsglauben einen neuen Aberglauben, eine gedankliche Gebundenheit. Genauso gut könnte ich behaupten, dass Kopfschmerzen Aspirin-Mangel bedeuten. Keine

---

29 Wittgenstein: »Der Glaube an den Kausalnexus ist der Aberglaube.« (1990, S. 48)

jemals erfolgreiche oder heilende Handlung ist in solcher Weise zu verallgemeinern. Ursachensuche oder die Analyse eines Leidens oder Mangels bringt uns manchmal auf gute Ideen, aber der Erfolg einer guten Idee sagt uns nicht, dass wir von der richtigen oder einzigen oder auch nur der wichtigsten Ursache ausgegangen sind. Die lineare Konstruktion von Ursache und Wirkung ist etwas grundsätzlich anderes als die buddhistische Karma-Lehre, die von der *wechselseitigen* Bedingtheit *aller* Dinge und Vorgänge spricht. Die Großvater- und andere persönliche Trauma-Geschichten sind faszinierend, verführerisch zu erzählen, doch mit dem Glauben an *eine wesentliche* externe Ursache für das Leid in unserem Leben geben wir unsere Verantwortlichkeit und damit auch unsere Selbstmächtigkeit auf. Wir erkaufen unsere Unschuld mit Ohnmacht. Dabei erfahren wir vielleicht Mitleid und Hilfe, können aber unsere Leidensgeschichte nicht beenden. Im Gegenteil, ein weiterer Aberglaube und Kausalnexus etabliert sich: »Ich muss leiden, um Zuwendung und Hilfe zu bekommen.« Das stellt eine Gedankenkonstruktion dar, die uns immer mehr Anstrengungen abfordert, um die entsprechenden Teufelskreise aufrecht zu erhalten. Der Hypnotherapeut Ben Furman (1999) fand das folgende Graffiti auf einem Auto und machte daraus ein ganzes Buch: *Es ist nie zu spät, eine glückliche Kindheit zu haben.* Wie das? Weil auch der unerträglichste Teufelskreis ausläuft, auslaufen muss, wenn wir ihm keine Nahrung mehr geben. Verankern Sie in Ihrer Übung also eine negative Erfahrung zeitlich in der Vergangenheit und räumlich in einem bestimmten Kontext und kehren Sie sofort in die Gegenwart und zu dem zurück, was Sie beabsichtigen. Wenden Sie sich körperlich von der nun verankerten alten Erfahrung ab.

Überprüfen Sie dann, indem Sie sich körperlich zu Ihrem Selbst hinwenden, ob diese Störungen Ihnen nicht mehr im Wege stehen und sich Ihre Selbst-Beziehung entsprechend verändert hat, das heißt lebendiger geworden ist. Sie werden genau spüren, ob die Quelle der Störung an dem neuen Platz zur Ruhe gekommen ist und ihre störende Energie verloren hat, ob sie also dort gelandet ist, wo sie hingehört, oder ob es noch etwas mehr an Verankerungsarbeit braucht. Was wir Therapie nennen, ist Verankerungsarbeit: Mustern und Störungen ihren Platz geben, wo sie frei verfügbar sind, aber nicht mehr unter Zwang, Angst oder Suchtbedingungen vollzogen werden *müssen*. Dies alles, um sich dem schöpferischen Leben (wieder) zuzuwenden. Denn nur dazu dient die Verankerung des »Bösen« in unserem Leben, um es lassen zu können und sich mit Freuden der Gegenwart zuzuwenden. So kann sich etwas wandeln und ins Leben integriert werden. Das ist Vergebung, wir kommen später darauf zurück.

Kurz gesagt: Das Böse, Störende, Verschleiernde, Ängstigende oder Ablenkende kommt am eigenen Ort zum Frieden. Es verliert seine negative Macht, die wir ihm gegeben haben, wie ein Schwungrad, das ausläuft, wenn keine neue Energie zugeführt wird. Die Zeit des Auslaufens bemisst sich nach dem Maß der Energie, mit dem wir es davor genährt haben. Nach einer Zeit des Lassens und der Abstinenz werden Sie ohne Zwang oder Sucht hinschauen können und entdecken, wie sich das ehemals »Böse« erst in eine Quelle von Erkenntnis und später in eine von Kraft und Liebe wandelt. Dies sind innere Prozesse, die durch *Lassen* entstehen.

Prinzipien des Übungsweges

1. Verliere dein Ziel nicht aus den Augen, nämlich eine bessere Kommunikation mit dir selbst: Selbstliebe, Selbstrespekt, Selbstgewahrsein, Selbstmächtigkeit und innerer Frieden. Kriterium für das Erreichen des Ziels ist die **Zunahme von Lebensfreude und -lust**.
2. Verkörpere oder symbolisiere alles, was störend auftaucht, und gib ihm den ihm angemessenen Platz. Eine einfache Form der Symbolisierung ist das Wort. Die stärkste ist die Verkörperung. Kriterium dafür, ob der richtige Platz gefunden wurde, ist das **Gefühl der Befreiung** beim sich Wegdrehen. Dies ist nur körperlich überprüfbar, nicht gedanklich!
3. Realisiere die polare und hierarchische Zusammengehörigkeit von Ich und Selbst. Bevor du mit einer Ich-Selbst-Aufstellung aufhörst, geh noch einmal auf die jeweils andere Seite (Ich und Selbst) und überprüfe, ob auch auf dieser Seite Einverständnis herrscht. Das ist Selbstrespekt. Die Wahrnehmung einer gewissen **Ebenbürtigkeit von Ich und Selbst** (von Gott und Mensch); sie ist ein weiteres Kriterium für diesen emanzipatorischen Prozess des Menschseins.

Ich und Selbst repräsentieren sehr verschiedene Rollen unseres Seins: Gott bzw. das Selbst als seine Repräsentation in unserem Inneren symbolisiert das Ganze, unsere Unendlichkeit, Unbegrenztheit und Größe. Der Mensch, die Schöpfung überhaupt und in uns das Ich symbolisiert das Teil-Sein, die Endlichkeit und Einzigartigkeit, die

4 Die Deprogrammierung des Ich

autopoietische Selbstmächtigkeit und das heißt Willensbildung und Gestaltungsfähigkeit.

Auf dem Ich- und dem Selbst-Platz können Sie zwei ganz unterschiedliche Erfahrungen machen: die Einheitserfahrung Gottes und die Gegenübererfahrung Gottes.[30] Die Einheitserfahrung ist die Verschmelzung mit dem Ganzen, die unio mystica, die als Fülle- und Leere-Erfahrung beschrieben wird, aber eigentlich nicht wirklich beschrieben werden kann. Sie werden sie genau in dem Ausmaß spüren und erfahren, wie der *Geist* es Ihnen erlaubt, das heißt, wie es Ihrem höchsten Wohl dienlich ist.

Die Gegenübererfahrung, die Ich-Du-Erfahrung, entsteht im Selbst, wenn Sie ihr Herz für das konkrete Ich öffnen und bedingungslose Liebe hinüberströmen lassen. Im Selbst sind Einheitserfahrung und Gegenübererfahrung eins.

Im Ich formt sich die Gegenübererfahrung des Göttlichen verbal als Gebet, als Bitte, Frage, Dank und Klage dem Selbst gegenüber. Nichtverbal erleben wir es einfach als Geben und Nehmen, als Stimmigkeit im Teil-Sein gegenüber dem Ganzen und in der Erfahrung, dass wir in unserer speziellen, persönlichen Funktion am richtigen Platz sind.

Auf der Ich-Seite ist es das Spiel mit Gut und Böse, das uns weitet und weiterbringt. Alle Egofunktionen, alle Abwertung, Ausschluss, Verdrängung, Abtrennung (Sünde) und Unterbrechung können wir als Konstrukte des Bewusstseins erkennen und spielerisch, das heißt nicht anhaftend, nutzen und reframen[31]. Denn im Spielen mit diesen Verhaftungen und erdrückenden Mustern lockern sich die Anhaftungen, und wir hören auf, an sie zu glauben. Repression und Angst, Krankheit, Schmerzen und Tod, das Ich identifiziert sich nicht mehr mit ihnen, erkennt sie als Leila, göttliches Spiel, und fürchtet sich nicht mehr vor der freien Existenz, klammert sich nicht mehr an Eigenschaften und Identitäten, weder gute noch böse. Kriterium für diese Lösung ist das **Spiel.**

Als störende oder gar krankmachende Unterbrechung der Ich-Selbst-Beziehung können wir einerseits die übertriebene Fürsorge, eine festhaltende, besitzergreifende oder eifersüchtige Zuwendung,

---

30 Diese wunderbar einleuchtende Formulierung fand ich bei Monika Renz (2003).
31 Unter Virginia Satirs »reframing« verstehe ich, alles in seinem Rahmen gut zu heißen. Das war ihr Therapie- und Lebensprinzip (vgl. Satir 1996).

die oft als Liebe benannt oder verkannt wird, und andererseits die übertriebene Gleichgültigkeit, eine abwehrende und ausschließende Abwendung von sich selbst oder anderen, sehen. Sigmund Freud nannte diese beiden Prozesse »Abhängigkeit« und »Gegenabhängigkeit« und hielt sie für gleichermaßen neurotisch. »Hollywood« nennt sie prägnant und suggestiv Liebe und Hass und stellt damit klar, was gut und was böse ist. Aber beide Arten der Beziehung zu sich selbst (und zu anderen) sind Verstrickungsformen, nicht frei lassend und nicht frei gebend.

Im Buddhismus wird mit dem Begriff der »Anhaftung« mehr der Aspekt der Abhängigkeit als der Gegenabhängigkeit betont, was zur Folge hat, dass den Buddhisten oftmals Gleichgültigkeit und Apathie vorgeworfen wird. Im Christentum wird mit dem Begriff der »Sünde« (Sonderung) der Aspekt der Gegenabhängigkeit betont und daher Fürsorge und Nächstenliebe forciert, was zur Folge hat, dass Christen oft übertriebene Liebe und Einmischung zugeschrieben wird. Man könnte auch sagen: Die Buddhisten üben mehr den Weg der Unterscheidung des Vermischten, die Christen mehr den Weg der Verbindung des Getrennten. Dies hat sich eher im Laufe der Geschichte so eingespielt, denn in beiden Traditionen gibt es selbstverständlich auch den jeweils anderen Weg.

In Folgenden werde ich den Begriff der Anhaftung für beide Arten der Abhängigkeit verwenden, weil mir der Begriff der Sünde, wie auch der der Liebe zu überlagert zu sein scheint. Mit einigen Begriffen aus dem Hinduismus oder dem Buddhismus kommen wir hier im Westen den Wurzeln des Christentums näher als mit denen, die aus manchen Bibelübersetzungen stammen, aber fast gänzlich in moralisierende Klischees abgeglitten sind.

Mir ist es hier sehr wichtig, auf den enormen Energieverbrauch hinzuweisen, der durch diese beiden geistig-emotionalen Prozesse der Vereinnahmung und Identifikation oder des Ausschlusses und der Abwehr entsteht.

Wie unser Charakter entsteht

Im Ursprung, vor aller Differenzierung (und das ist keine chronologisch zeitliche Aussage) gibt es weder das Ich noch das Selbst. Ein erstes Modell für ihre Einheit und virtuelle Unterschiedenheit wäre

4 Die Deprogrammierung des Ich

ein Kreis als Symbol für das Ganze mit seinem dimensionslosen Mittelpunkt, dem freien Ich (Abb. 4).

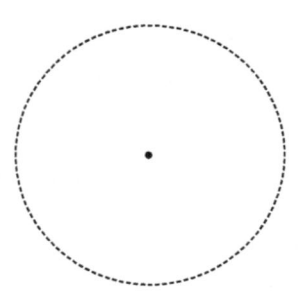

Abb. 4: Das Ich und das Selbst, das Einzelne und das Ganze sind wie der Kreis und sein Mittelpunkt

Beide gehören zusammen, und doch ist der Kreis mehr als der Punkt. Der Kreis ist nicht das Ganze, er symbolisiert nur das Ganze. Ein bekanntes Beispiel, in dem ein Kreis das Ganze symbolisiert, ist das indianische Medizinrad.

Das Selbst repräsentiert das Ganze für das Ich (Abb. 5). Wenn ich zu meinem innersten Selbst Beziehung aufnehme, erkenne ich das Ganze, berühre ich das Ganze (dargestellt durch die senkrechte gestrichelte Linie ins Unendliche). Dies kann ich aber nur als freies Ich tun.

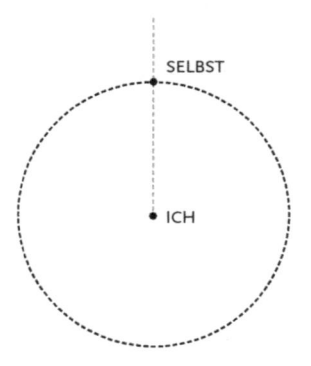

Abb. 5: Ich und Selbst in freier Kommunikation

Das freie, dimensionslose Ich entwickelt in seiner konkreten Form alle möglichen »Fähigkeiten« und »Unfähigkeiten« (Ängste), die es allmählich als positive oder negative Eigenschaften wie Besitztümer bewertet, für sich in Anspruch nimmt und an sich reißt (Abb. 6). Das heißt, es identifiziert sich mit einigen dieser Muster und Fähigkeiten besonders stark.

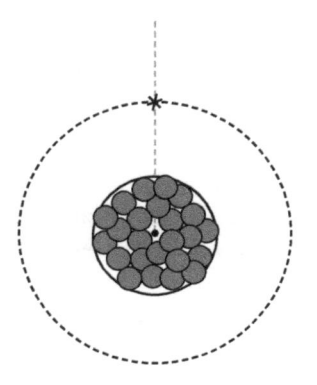

Abb. 6: Das Ich im Gefängnis seiner Anhaftungen: das Ego als Ersatz-Selbst

Diese Muster sind in der Abbildung als kleine graue Kreise dargestellt, da es sich um Kreisprozesse handelt, mit denen wir uns mehr oder weniger identifizieren und die wir als Besitz, als Eigenschaften betrachten, die uns gehören – die Anhaftungen. Manche halten wir für gut und sind stolz darauf, andere halten wir für schlecht und sind ängstlich bedacht, sie zu verstecken oder anderen Menschen in die Schuhe zu schieben. Natürlich sind das alles redundante, das heißt durch ständige Wiederholung eingeübte, innere Kreisprozesse, bestehend vor allem aus Gedanken und Vorstellungen, den damit erzeugten Gefühlen und aus diesen Gefühlen motivierten Handlungen. Diese schaukeln sich als zirkuläre Prozesse innerhalb unserer Selbst-Kommunikation auf, was schließlich als einigermaßen konsistenter und verlässlicher Charakter mit einer gewissen Kontinuität erscheint. Das Ganze entwickelt sich (Fachausdruck: emergiert) im Zusammenspiel zwischen der Gesellschaft und dem einzelnen, werdenden Individuum. Allmählich nennen wir diesen relativ kleinen Kreis von Eigenschaften und Fähigkeiten unser Selbst und grenzen uns damit von anderen, aber auch vom Ganzen ab. Dieses klebrige Konglomerat wird in der Literatur oft als Ego, Selbst oder Persönlichkeit bezeichnet (hier beginnt schon sprachlich die Vermischung). Ich werde es hier das Ego nennen, um es klar vom freien Ich (der dimensionslose Mittelpunkt) und vom Selbst als Realisierung des Ganzen im Einzelnen

4 Die Deprogrammierung des Ich

zu unterscheiden. Auch hier wieder eine Unterscheidung, die an die Stelle einer Bewertung treten soll. Die Entstehung des Ego ist ein notwendiger Zwischenprozess. Nur ein Ich, das stark und entwickelt ist, können wir loslassen. Nur über Fähigkeiten, die man beherrscht, kann man frei verfügen. Dieser Prozess schafft erst dann Leiden, wenn er sich verhärtet oder verklebt, indem wir an den positiven Mustern verkrampft festhalten und die negativen ängstlich abwehren. Diese Verhärtung und Verklebung stellt den natürlichen und notwendigen Zwischenschritt dar, damit wir Selbstbefreiung erlernen und Freiheit als Aktivität erleben können, wie jeder Elternteil von pubertierenden Jugendlichen beobachten und hautnah erfahren kann. Der Fachausdruck dafür heißt Ego, und das dadurch benannte kleine Muster-Konglomerat ist nicht unser Selbst, sondern unser »Ersatz«-Selbst (unser Charakter). Der Klebstoff dafür heißt Angst. Die Angst, etwas scheinbar Positives, Sicheres zu verlieren, oder die Angst, von etwas scheinbar Negativem überwältigt und vernichtet zu werden. Also in beiden Fällen Angst vor Selbst-Verlust.

Und wie wir uns wieder lösen werden

Die therapeutische oder spirituelle Aufgabe besteht nun selbstverständlich darin, genau dieses Ersatz-Selbst loszulassen, das heißt Schritt für Schritt die einzelnen Anhaftungen wieder zu frei verfügbaren Fähigkeiten und Ressourcen werden zu lassen, die nicht mehr

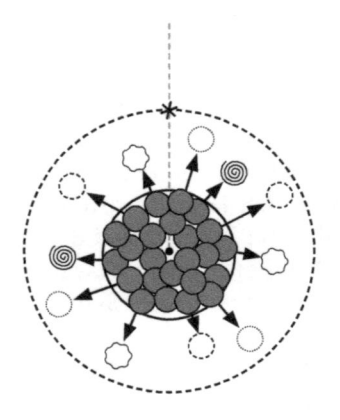

Abb. 7a: Befreiung vom Ersatz-Selbst

ängstlich gehütet oder abgewehrt werden müssen, sondern einem freien Ich zur Verfügung stehen, das sich ihrer bei Bedarf und je nach Situation bedienen kann, aber nicht muss (Abb. 7a).

Matthias Varga von Kibéd hat diesen Befreiungsprozess im Vorwort zu diesem Buch sehr schön beschrieben, denn all unsere sogenannten Eigenschaften, ob wir sie nun positiv bewerten wie Mut oder Intelligenz usw. oder negativ wie Angst oder Sucht usw. sind keine Eigenschaften, sondern Handlungen, die wir als Gastgeber einladen können, eine Zeit lang bei uns zu wohnen.

Wir erkennen und entlarven sie als Aktivitäten. »Alles ist Aktivität«, sagt der Zen-Meister Richard Baker-Roshi (2004b). Die Formulierung unserer Charaktereigenschaften als Substantive lässt sie substanzhaft wie Dinge erscheinen, die man besitzen kann (im positiven Fall) oder von denen man besessen ist (im negativen Fall). Kurzfristiger und scheinbarer Vorteil dabei: Auf das Positive können wir stolz sein, über das Negative können wir uns als Opfer beklagen. Befreiung heißt: in diesem Augenblick zu allem Ja sagen, was geschieht. Alles ist Aktivität. Darauf wurde auch schon in Tabelle 2 hingewiesen.

Das ist der Befreiungs- oder Erlösungsprozess. Das neue Selbst ist ein buntes Universum von Fähigkeiten, Erkenntnis-, Kraft- und Liebesquellen, die dem freien Ich und jedem anderen gleichermaßen zur Verfügung stehen. Hier gibt es keinen Besitz und keine Eifersucht. Es gibt nur Unterschiede in unserer Aufnahmebereitschaft. Wir können uns in ein und derselben Situation aus Angst blockieren oder uns im Vertrauen öffnen. Wir können großen energetischen Aufwand betreiben durch Sicherungen, z. B. durch Anhäufen von innerem oder äußerem Besitz. Für einen Reichen in diesem Sinne, so sagte Jesus, ist es schwer, das Himmelreich zu erlangen. Und genauso predigte Buddha, dass wir nur im Loslassen aller Anhaftungen Leid-Freiheit erlangen können. Dieses Ansinnen macht natürlich Angst, je nachdem, wie sehr wir uns mit unserem Charakter-Mantel identifiziert haben.

Der Befreiungsprozess lässt auch unser Selbst-, Gottes- und Weltbild (Abb. 7b, äußerster Kreis) nicht ungeschoren. Hier sprengt eine Befreiungsaktion den Kreis und erweitert das Bewusstsein.

4 Die Deprogrammierung des Ich

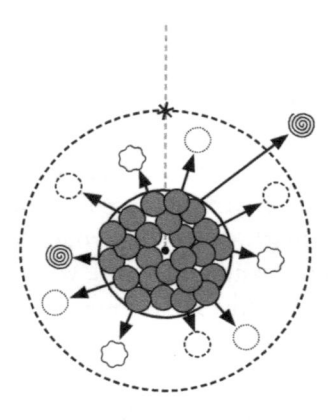

Abb. 7b: Die Befreiung/Erlösung sprengt auch das Weltbild

Eine Panikattacke zum Beispiel

Julia leidet unter Panikattacken. Die Diagnose Panikstörung ist ein Sammelbegriff für alle möglichen schwersten, körperlich empfundenen Probleme, verbunden mit größter existenzieller Angst. Psychologisch ist sie oft auf Überlastung und Ausbeutung des Körpers und/oder des inneren Kindes zurückzuführen. Die Personmitte, das Ich (es hat die Verantwortung für den Körper!), hat es über längere Zeit versäumt, dem Körper und seinen Gefühlen genügend Raum und Zeit zu geben, sich stattdessen unter Leistungsdruck gesetzt, um inneren und äußeren Ansprüchen und Forderungen nachzukommen. (Mindestens) ein »innerer Antreiber« hat die Regie übernommen, während das eigentlich verantwortliche Ich, die Regie und die Verantwortung für das eigene Leben, z. B. für die Zeiteinteilung, abgegeben hat und dies über längere Zeit. Nun wehrt sich der Körper mit Todesangst und panikartigem Schrecken über Schmerzen, Druck und Dysfunktionen der verschiedensten Organe.[32]

Bei Julia zeigt sich das mit den Symptomen einer Schilddrüsenentzündung, die aber aus Sicht des Facharztes in keiner Beziehung zu den klinischen Befunden stehen. (Diese Diskrepanz von Schmerz- oder Leidwahrnehmung der Patienten und stellbarer medizinischer Diagnose ist typisch bei Panikstörungen.) Als sie den Druck, den Kopfschmerz und das dauernde Weinen nicht mehr aushält, kommt sie zu mir in die

---

32 Vgl. dazu Christine Essen (1998)

Praxis. Sie berichtet von ihrer Angst, sich selbst vollkommen verloren zu haben und aus dieser Schwärze, Panik und körperlichen Schwäche nicht wieder herauskommen zu können. Als Intervention halte ich meine rechte Hand etwa drei Schritte entfernt von ihr in Augenhöhe vor sie hin und bezeichne diese als Bild für ihr Selbst. »Du hast dich selbst in diesen Situationen aus den Augen verloren, weil sich die Schwärze und die Panik dazwischen geschoben haben«. *Ich demonstriere ihr das mit der linken Hand, die ich zwischen sie und meine rechte halte.* »Wir geben der Schwärze jetzt einen neuen Platz. Sie gehört nicht zwischen dich und dein Selbst. Sie gehört woandershin.« *Ich ziehe die linke Hand weg, sodass die rechte Hand sichtbar wird.* »Dein Selbst bleibt hier. Und wir geben der Schwärze, oder was immer das ist, einen anderen Platz«. *Ich lasse die rechte Hand sinken und gehe mit der linken erhobenen Hand ein paar Schritte im Raum.* »Wohin gehört die Schwärze? Gib sie weit genug weg, sodass du sie ohne Panik anschauen kannst, aber verbanne sie nicht aus dem Raum.« *Julia folgt meiner Hand mit den Augen und dann (in Reaktion und Ausrichtung) auch mit dem ganzen Körper, mit meiner Hand folge ich ihren Augenbewegungen, bis Julia wie angekommen zu sein scheint. Ganz plötzlich wird ihr nun bewusst, was das Weggezogene für sie bedeutet:* »Das ist die dunkle Höhle, in der ich als kleines Kind zurückgelassen bin.«

In anderen Fällen, in denen das nicht so klar ist, stelle ich die vier Fragen, die dazu dienen sollen, die schlimmen Erfahrungen an einem anderen Platz als dem Selbst zu verankern, sodass sie dauerhaft vom Selbst unterschieden werden können. Ich werde sie hier kurz wiederholen (ausführlicher in Kapitel 2):

1. Was fühlst du, wie reagiert dein Körper, wenn er sich dorthin ausrichtet, dorthin schaut?
2. Wer oder was taucht dort auf? Personen, Personengruppen, Situationen, Bilder, Glaubenssätze, Ideologien.
3. In welchem Zeitraum haben diese Personen oder Gefühle in deinem Leben eine besondere Rolle gespielt, in welche Zeit gehört das?
4. Welchen realen oder vorgestellten Gewinn hattest du davon?

Die Beschäftigung mit dieser Perspektive darf nicht zu lange dauern, damit die Klientin nicht wieder in ihre Problemhypnose schlüpft oder von ihr gleichsam wieder eingeholt wird. Also bitte ich die Klientin, dieses Geschehen an diesem Ort und in dieser Zeit zu lassen und sich mit dem Blick und der körperlichen Ausrichtung wieder ihrem Selbst zuzuwenden. Die vier Fragen haben nicht eine traditionelle psychotherapeutische Aufarbeitung oder gar Analyse des Problems zum Ziel, sondern dienen der Verankerung des Problems in Ort und Zeit, in die es gehört und vor allem der Unterscheidung vom Selbst.

> *Bei Julia geht der Prozess nun sehr schnell vorwärts, vielleicht auch, weil sie solche Unterscheidungen davor schon mit anderen Themen kennengelernt und geübt hat. Ich bitte sie, sich wieder dem Selbst zuzuwenden und zu schauen und zu spüren, ob dieses sich für Sie nun verändert hat. Sie atmet auf. Es dauerte nur ein paar Sekunden, und Entspannung breitet sich über ihr ganzes Gesicht, über ihren ganzen Körper aus. Die Panik ist weg, vorbei, auch der Druck auf die Schilddrüse und der Kopfschmerz. Auf meine Anleitung hin geht sie dann zur Probe auf den Selbst-Platz. Auch hier Entspannung, Freude und Lächeln. Nach einiger Zeit deutet das Selbst auf »die dunkle Ecke« und sagt zum Ich: »Da ist ein kleines Kind, bitte hol noch dein kleines Kind aus der Ecke heraus«. Julia geht vom Ich-Platz aus dorthin. Eben dort liegt – ungeplant – ein kleiner Teddybär. Den nimmt sie und drückt ihn sich an die Brust, geht wieder zum Ich-Platz und wendet sich sofort dem Selbst zu. Sie stopft den Teddybär unter ihr T-Shirt, sodass er auf ihrem Herz und der Schilddrüse zu liegen kommt. Sie ist ganz erstaunt, dass das keinen Druck macht. Auf meinen Wunsch hin geht sie noch einmal auf den Selbst-Platz. Dort bindet sie sich den Teddybären mit den hängenden Ärmeln ihres umgebundenen Pullovers vor den Bauch. »Das ist ein herrliches Gefühl«, sagt sie. Ganz ruhig bemerkt sie nun, dass die dunkle Ecke des Raums jegliche Bedeutung für sie verloren hat.*

Dies ist ein Ergebnis, entstanden ohne Aufarbeitung der direkten Problemgeschichte, nur durch minimalen Aufwand, das Kind dort herauszuholen, wo es nicht hingehört. Und denen, die dorthin gehören – manchmal muss man sie nicht einmal benennen – ihren Platz zu lassen. Lassen ist eine tiefe Form von Liebe. Nach langer Vermischung oder Verwechslung dauert es zumeist eine Weile, bis Klienten das Lassen als Liebe verstehen können, haben sie doch zuvor die Identifikation und Vermischung als Liebe und Verbundenheit erlebt. Eigentlich brauchen wir uns um diese Wandlung gar nicht zu bemühen, das Umdenken und Umwahrnehmen kommt meist ganz von Selbst – wenn das Tun der »metanoia« vollzogen ist.

»Die Landkarte ist nicht das Land«, sagen die systemisch-konstruktivistischen Philosophen. Darauf wurde bereits in der Einleitung etwas ausführlicher hingewiesen. Man kann das Land selbst nicht erkennen. Was wir wahrnehmen, ist immer nur eine Konstruktion unseres Wahrnehmungs- und Denkapparates. Und nur diesen können wir erkennen, kontrollieren und verändern (metanoia)! Den radikalen Konstruktivisten wird manchmal vorgeworfen, sie behaupteten, es gäbe das Land/die Wirklichkeit nicht. Das stimmt so nicht, sie behaupten lediglich, und das mit großer Konsequenz, dass wir über unsere Wahrnehmungsorgane und Beobachtungsinstrumente keinen wissenschaftlichen, objektiven Zugang zu der eigentlichen Wirklichkeit haben. Ich übertrage das in unsere Ich-Selbst-Unterscheidung: Unser logisches Denken kann die Selbst-Wirklichkeit nicht begreifen. Dies ist Sache des Gewahrseins oder des Spürbewusstseins.[33] So verstehe ich auch den Satz Wittgensteins: »Worüber man nicht sprechen kann, darüber muss man schweigen« (1990, S. 85). Eine sehr schöne Definition von Meditation: über etwas schweigen!

Wenn also zwischen der Landkarte und dem Land, das heißt unseren Begriffen und der Wirklichkeit, ein kategorialer Unterschied besteht, sodass Landkarten durchaus sehr nützlich sein können, sie aber nicht mit dem Land zu verwechseln sind, so können wir sagen: Man kann das Land selbst nicht wirklich erkennen, man kann es aber betreten. Übertragen wir diese Metapher auf die Begriffe Ich und Selbst, so geht es beim Zugang und Umgang des Ich mit dem Selbst in erster Linie um eine Art von Praxis und Übung und weniger um begriffliches oder gar objektives Verstehen. Das Selbst ist nur zu spüren, man muss hingehen, um es zu erkennen. Das Selbst-Land, die Selbst-Wirklichkeit kann man nicht objektiv abbilden, man kann sie nur sein. Insofern trifft einer der führenden und radikalsten Konstruktivisten Heinz von Foerster den Nagel auf den Kopf, wenn er zur Überraschung der Anwesenden einen Vortrag mit dem paradoxen Satz beginnt: »Die Landkarte ist das Land!« (von Foerster u. Pörksen 1998, S. 82). Beide Wirklichkeiten sind im Sein identisch, in ihren Funktionen aber verschieden. Genauso verhält es sich mit Ich und Selbst.

---

33 Peter Schellenbaum (1994) beschreibt Spürbewusstsein als »leib-seelisches Spüren« der Energiesignale, die zu Lebendigkeit und Heilung führen (S. 107 f.). Und der Wissenschaftler Tor Norretranders (1997) setzt dieses Spürbewusstsein als ganzheitlichen und nicht objektivierenden Zugang zur Welt auf den verschiedensten Gebieten der modernen Wissenschaft ein.

4 Die Deprogrammierung des Ich

Bei unserer künstlichen, aber äußerst nützlichen Trennung von »Ich« und »Selbst« sollten wir uns immer wieder klarmachen, dass es sich nur um Namen handelt, die auf das hinweisen, was wir in der Verkörperung dann wirklich erfahren. Wir re-konstruieren zwei diametrale Aspekte unserer Erfahrungswelt, und das Wesen dieser beiden Aspekte kann sehr unterschiedlich empfunden und benannt werden, nicht nur als Verbundenheit und Getrenntheit, sondern auch z. B. als Liebe und Freiheit oder als Bezogenheit und Individuation, als Einheit und Vielfalt oder als Leere und Form (siehe Tab. 1).

Während ich diese beiden archetypischen Dynamiken und Sichtweisen für mich persönlich verkörpere, kann ich mir bewusst sein, dass ich, während ich vielleicht meine persönlichen Konflikte bearbeite, gleichzeitig auch die allgemeinen Konflikte der Menschheit (zwischen Liebe und Freiheit, zwischen Einheit und Vielfalt usw.) aufrufe, erkenne und weiterbringe. Wenn ich das wirklich praktiziere, so ist das keine bloße Wiederholung uralter Menschheitsprobleme, sondern eine Neuinszenierung und Erweiterung unser aller Bewusstsein. Ich finde und erfinde mich.[34] Ich entdecke und aktualisiere zunächst die Gewohnheit, meinen Ich-Aspekt abzuwerten oder überzubewerten oder andererseits das Selbst zu leugnen, einzuverleiben oder zu vergöttern.[35] Und arbeite dabei, unterstützt vom Selbst, ständig an einem immer besseren Zusammenspiel von Eigenwert und Zugehörigkeit.

Die bisherige Erfahrung zeigt, dass es dabei immer um die Wahrnehmung einer Art Ebenbürtigkeit zwischen »Ich« und »Selbst« geht, obwohl das Ich nur ein Teil ist und das Selbst die Ich-nahe Repräsentation des Ganzen, also eine übergeordnete Ebene repräsentiert. Sie sind auch hierarchisch aufeinander bezogen. Ken Wilber versucht, mit dem Begriff der »Holarchie« diese Beziehung zu charakterisieren. Sie ist gleichzeitig hierarchisch und holistisch, das einzelne Ich enthält das Ganze und ist doch dem Ganzen als Teil »unter«geordnet. Also geht es darum, wahrzunehmen, dass unsere endliche Wirklichkeit (unsere Erscheinung und Form, d. h. unsere Persönlichkeit) der verborgenen ewigen Wirklichkeit nicht nur »unter«geordnet ist, sondern auch in Freiheit und Verantwortung gegenübersteht, sich mit ihr entwickelt

---

34 Vgl. Heinz von Foerster und Ernst von Glasersfeld (1999)
35 Günter Mattitsch (in Vorb.) beschreibt drei grundsätzliche Formen des Leidens zwischen Ich und Selbst, 1. die (neurotische) Abwehr, 2. die (psychotische) Konfluenz und 3. die heute überwiegende (narzisstische) Selbstbemächtigung, wodurch wir die Wirklichkeit der Ebenbürtigkeit (1), der Verschiedenheit (2) und der Transparenz (3) zwischen Ich und Selbst abzuwehren versuchen.

und sie enthält. Das Verborgene formt sich im Erscheinenden, und das Erscheinende hat nur die Aufgabe, das zu begreifen, das heißt seine eigene Würde und Größe zu erkennen.

Der Prozess der Erleuchtung: Kreativität

Ich nehme also am Schöpfungsprozess teil, an der Schöpfung meiner Selbst. Kreativität ist daher die beste, vielleicht die einzige Form, meinem Leben Sinn und Bedeutung zu geben. Jeden Augenblick erschaffe Ich-Selbst mich neu.

Kreativität geschieht in vier Phasen:

1. Vorbereitung
2. Inkubation
3. Plötzliche Einsicht
4. Manifestation

Die Vorbereitungsphase ist gekennzeichnet durch Wünschen, Beten, Bitten oder andere Ausdrucksformen, die unserer Sehnsucht oder Vision Raum geben. In der Phase der Inkubation wird experimentiert, es werden Wahlmöglichkeiten eröffnet oder entdeckt. Künstler (und das sind wir in diesem Prozess alle) wechseln in dieser Phase zwischen Aktivität und Passivität. Das kann als quälend und/oder sehr schön empfunden werden. Die Optionen vermehren sich in dieser Phase manchmal bis zur Unerträglichkeit, und das Aushalten dieser Unentschiedenheit ist Hingabe. Ich lade die göttliche Allmacht oder das universale Bewusstsein ein, sich zu zeigen und mich mit sich zu nehmen. Was dann geschieht, wird sehr verschieden beschrieben, ohne dass man es wirklich fassen kann: als ein großes Geschenk, als ein plötzlich aufleuchtendes Verstehen, eine Erleuchtung, eine Befreiung oder Erlösung, ein Quantensprung auf eine andere Ebene, Freude, universale Liebe, Einssein usw. Immer ist der Ausdruck für dieses Geschehen poetisch und voll Jubel und Dankbarkeit. Der Übergang von der Phase der Inkubation zur Phase der plötzlichen Einsicht kann diskontinuierlich und überraschend vor sich gehen. Im kreativen Prozess werden beide Fähigkeiten und Bewusstseinszustände gebraucht und miteinander verbunden: entschiedenes Handeln und Experimentieren, also das formgebende Ich, und ebenso Hingabe, Stille und Warten, also die Bedingungslosigkeit des Selbst.

4 Die Deprogrammierung des Ich

Beim Ich-Selbst-Verkörpern dürfen wir kontinuierlich zwischen freiem Experimentieren und gleichzeitigem Spüren pendeln. So entwickeln sich unsere »Aufstellungen« zu künstlerischen Performances. Im Wahrnehmen und Handeln erfahren wir, wie Finden und Erfinden zusammengehören. Die Wirklichkeit jedes Systemteiles und des Ganzen entsteht in jedem Augenblick neu und kommt ans Licht. Die Beziehung des Teiles zum Ganzen zeigt sich als Zugehörigkeit (Berechtigung), Bedeutsamkeit (Sinn) und Unterschiedenheit (Gegenständlichkeit).

Die Erfahrung und Realisierung dieser Wahrheit ist meines Erachtens das eigentlich Heilende und Befreiende an aller repräsentierenden Inszenierungsarbeit: Unser Selbst erschafft sich in jedem Augenblick neu, und diese Selbstschöpfung hat kein Ende. Es gibt keine endgültige Lösung irgendeines heilsamen (therapeutischen) Prozesses. Das Ergebnis einer selbstschöpferischen Praxis ist ein dynamisch sich weitendes Fließgleichgewicht des Bewusstseins. Und jedes Mal werden wir dabei (noch etwas) lebendiger und bewusster; und dies erleben wir alle gemeinsam, niemand ist ausgenommen. Und keiner von uns macht das ohne den anderen. »Und was ich mir herausnehme, sollst du dir auch herausnehmen«, dichtet Walt Whitman (1968, S. 45).

Wenn Sie eine Ich-Selbst-Verkörperung wagen, treten die inneren Wünsche, Sehnsüchte, Konflikte oder Ängste ans Tageslicht Ihres Bewusstseins, die gerade jetzt aktuell sind. Dies geschieht in einem Tempo und Rhythmus, der Ihren Bedürfnissen entspricht und Sie nicht überfordert, – dafür sorgt das Selbst in seiner bedingungslosen Liebe. Druck, Überforderung, Furcht oder Bestrafung gehören nicht in die Ich-Selbst-Beziehung. Sie werden genau und individuell den Schritt gehen, der gerade dran ist, auch ohne dass er vorher zur Sprache gebracht oder geplant werden musste.

Das ist manchmal sogar etwas enttäuschend; wir hätten so gerne irgendwann einmal eine Plattform erreicht, ein Plateau von Gesundheit, von Heilung, von Erlöstheit, von Erleuchtung, und stattdessen erfahren wir immerfort Weitung, Entwicklung – noch mehr Lebendigkeit. Es gibt keine »endgültigen« Lösungen. Die Lösung ist immer eine Rückkehr zum Leben, ein Einstimmen in die auf Heimkehr gerichtete Bewegung des Ganzen. Wenn Ihnen Therapeuten, Heiler oder Gurus anderes versprechen und in Aussicht stellen, glauben Sie ihnen besser nicht! Glauben Sie auch mir nicht! Fragen Sie einfach

Ihre eigene innere Stimme, Ihr Selbst. Es wird Ihnen Hinweis und Auskunft geben. Es kann am besten einschätzen, ob ein Versprechen oder eine Zielvorstellung für Sie persönlich passend und realistisch ist. Das Selbst ist nicht daran interessiert, dass wir irgendwelche Ziele erreichen, sondern dass wir viel vom Leben haben: viel Austausch, viel Tiefe und Höhe, viel Bewusstheit und Gewahrsein, viel Lebensfreude und viel Lebenslust, viel Selbstmächtigkeit und viel, viel Kraft und Energie. Die Selbsterschaffung und Weitung hat kein Ende.

Die Lektion oder auch das Geschenk, das wir in jeder Ich-Selbst-Verkörperung bekommen, ist die Erfahrung des unmittelbaren Gewahrseins, des inneren Wissens, der Gegenwärtigkeit und der Eigen-Kompetenz (der Selbstmächtigkeit). Indem wir spürend mit allem verbunden sind, sind wir doch überraschend wenig fremdbestimmt. Freisein und Hingabe begegnen sich. Autonomie und Liebe gehen Hand in Hand.

Dann begreifen wir, dass das Glück nicht in einer Freiheit als Unabhängigkeit liegt, sondern in der Befreiung, nicht in irgendeinem Seins-Zustand, sondern in Lebendigkeit, dann haben wir alles begriffen, was es zu begreifen gibt, dann sind Ich und Selbst gleich. Dann gibt es keine Trennung als Zustand mehr, weil jede Trennung ein vollkommener Vollzug von Verbundenheit ist und jede Verbindung einer Trennung ihren Sinn gibt.

Es fehlt nichts: Die Erneuerung einer Ehe durch Selbstliebe

Bei Krisen in Familie, Partnerschaft, Teams und Organisationen denken wir in unserer westlichen Konsumgesellschaft meist zunächst einmal, dass etwas fehlt, dass irgendeine Ressource von außen zugeführt werden müsse. Das kann natürlich sein. Aber übersehen wir nicht allzu leicht unsere eigenen Kompetenzen, unsere verschütteten und nicht in Anspruch genommenen Quellen, die ein lebendiges System zur Verfügung stellt, einfach weil die Behebung von Mangel scheinbar so leicht von außen bedient wird? Warum sollten wir selbst tun, was es zu kaufen gibt. Dass der Preis dafür nicht nur in Geld besteht, sondern auch in Selbstmächtigkeit, merken wir erst spät oder gar nicht. Wir wenden uns lieber an die Experten, statt erst einmal bei uns selbst und den vorhandenen Ressourcen oder inneren Kräften zu suchen. Das lernen wir schon in der Kindheit und tun es als Erwachsene fast automatisch. Auf diese Weise können solche Ressourcen verkümmern, einfach weil sie nicht in Anspruch genommen und geübt werden. Und wenn wir uns auf der anderen Seite selbst als Experten gebärden, verhalten wir uns genau so systemkonform und nicht etwa schöpferisch.[36] In der »autopoietischen« Beratungstätigkeit scheint es mir von zentraler Bedeutung zu sein, die Erfahrung von Mangel und den manchmal bittenden Ruf nach Hilfe von außen: »Da fehlt etwas oder jemand!« auszuhalten und ihm nicht nachzukommen. Ich möchte Ihnen zum Thema Helfen und Mitleid ein Beispiel aus meiner Praxis erzählen.

Veronika bat um eine Aufstellung, weil sie sich fragte, wie sie ihren Mann noch unterstützen könnte, für sich zu sorgen und nicht länger im Selbstmitleid und Jammern zu versinken. Sie habe es satt, »ihm seine Mutter zu ersetzen« und fände ihn zunehmend weniger attraktiv und anziehend als Mann. Ich schlug vor, ihr Ich, ihr Selbst und ihren Mann aufzustellen, sie stimmte dem zu und suchte für diese drei Repräsentanten aus, die sie aufstellte. Die erste Phase der Aufstellung verbrachte das Ich damit, zu unterscheiden, was es vom Selbst und was es vom Mann wollte. Schließlich stand das Selbst rechts neben dem Ich und bot ihm seine (freilassende) Liebe an, das Ich aber schaute weiter auf den Mann, der ihm gegenüberstand. Offenbar erwartete sie im Ich-Zustand Liebe und Anerkennung nur von ihm. Die Selbstliebe hatte keine Chance. Sofort fing der Mann herzzerreißend an zu jammern und zu klagen. Ich stellte nun auch dem Mann einen Repräsentanten seines eigenen Selbst zur Seite, um beiden, Frau und Mann, klar vor Augen zu führen, dass auch der Mann diese innere Ressource zur Verfügung hat. Das Ich des Mannes nahm aber keinerlei Notiz von seinem Selbst, geschweige denn dessen Hilfe, Trost oder Zuspruch für seinen Schmerz in Anspruch. Damit wurde klar, dass der Mann seine Frau als Helferin bevorzugte anstatt Selbstliebe, Selbstwahrnehmung und Selbstmächtigkeit zu entwickeln. Veronikas Ich war damit überfordert und geschmeichelt zugleich, wie es vielen in ihren Ehen und Partnerschaften geht. Als ihrem Ich das bewusst wurde, war es nur noch eine Frage der Zeit, bis es sich entschied, ihm nicht ein weiteres, »hundertstes Mal« die eigenen Selbstkräfte zu ersetzten, die nunmehr so deutlich an seiner

---

36 Vgl. hierzu sehr eindrücklich das Buch von Marianne Gronemeyer: Die Macht der Bedürfnisse (2002)

Seite repräsentiert waren. Veronikas Ich wandte sich voll und körperlich ihrem Selbst zu. Und, oh Wunder: Das Jammern des Mannes verebbte fast sofort. Er verstummte und wandte sich seinem eigenen Selbst zu. Tränen flossen ihm über die Wangen. Im Augenblick dieser Abwendung von seiner Frau und der Zuwendung zum eigenen Selbst erlebte er die Trennung und die Trauer über den Verlust seiner eigenen Mutter und konnte diese »nachholen« und Abschied nehmen. Er richtete sich auf, trat einen Schritt zurück und drehte sich ganz langsam von der Frau und vom Selbst weg zum Fenster – die Spannung war im Raum für uns alle sehr stark spürbar–, dann wandte er sich entschieden und aufrecht seiner Frau wieder zu, blickte sie an und wartete.

Veronikas Ich-Stellvertreterin hatte inzwischen aus dem Blick ihres Selbst tiefe Verbundenheit und bedingungslose Liebe erfahren, ausgetauscht und realisiert. Ihr Selbst an der rechten Hand haltend, blickte sie nun auf ihren Mann und erkannte seine neu gewonnene Kraft und Aufrichtigkeit.

In diesem Moment bat ich Veronika, an die Stelle ihrer Ich-Repräsentantin zu treten, um ihre neue Selbstkräftigung zu testen und zu spüren. Sie nahm sich viel Zeit dazu, bis sie auch äußerlich sichtbar ganz-körperlich »verstanden« hatte. Sie sagte zu ihm (von mir angeleitet) unter Hinweis auf ihr Selbst: »Dies ist mein Selbst, es kommt für mich an erster Stelle.« Auch das Ich des Mannes sagte unter Verweis auf sein Selbst zu Veronika: »Dies ist mein Leben, das kommt für mich an erster Stelle.« Ich fragte den Stellvertreter des Mannes: »Willst du, Werner, unter diesen Bedingungen noch einmal auf Veronika zugehen?« Er antwortete nach kurzer Besinnung laut und deutlich: »Ja!« Ich fragte die Frau: »Willst du, Veronika, unter diesen Bedingungen noch einmal auf Werner zugehen?« Sie antwortete nach kurzer Besinnung laut und deutlich: »Ja!« (Dieser Ausgang ist durchaus nicht selbstverständlich. Ich habe auch schon erlebt, dass beide Teile erleichtert auseinandergingen und sich freigaben.)

Viel wurde bei der Beschreibung dieser Szene weggelassen, z. B., dass Veronika auch in die Rolle des Selbst schlüpfte, um auch die aktuelle Qualität der Selbstliebe im Spürbewusstsein zu erleben und – wenn sie will – auch zu formulieren. Dies Beispiel sollte vor allem deutlich machen, wie unaufdringlich und freilassend Selbstliebe heilen und zurechtrücken kann. Manchmal kämpft man jahrelang darum, dass der Partner sich ändert, und er tut es nicht, obwohl die wahre Hilfe direkt neben ihm steht. Aber er oder sie bleibt beim alten Muster. Und schließlich erkennt man, dass man genau dasselbe tut, dass man die eigene innere Quelle selbst nicht in Anspruch genommen hat um der Sicherheit eingefahrener Muster willen. Oft erkennt man dabei gleichzeitig, wie man sich diese Muster von der Struktur her (mit anderen Inhalten und anderen Personen) schon in Kindertagen angeeignet hat. An diesem Punkt der Bewusstwerdung ist es dann ein Leichtes, das Alte loszulassen und sich für das Neue zu entscheiden. Allerdings wird hier die Ich-Kraft der Entschiedenheit gebraucht. Dann tritt der Erfolg, die Verwandlung, das Wunder augenblicklich und unübersehbar ein. Endlich darf die Selbstliebe in Aktion treten und wirken, worauf sie oft jahrelang gewartet hat.

In dieser Art Hingabe erlangen wir eine Form von Autonomie, wie ein Fisch im fließenden Wasser. Autonomie und Hingabe müssen sich also in menschlichen Beziehungen nicht widersprechen. Es entsteht eine neue Art der Beziehung, in welcher Verbundenheit an die Stelle von Abhängigkeit tritt und Freiheit an die Stelle von Kampf. Das Gewahrsein unseres Selbst und seine Unterscheidung von allen menschlichen Beziehungen ermöglichen heile menschliche Beziehungen jeder Art. Wenn wir aus den Identifikationen mit Menschen heraustreten und uns auf das größere Ganze einstellen, dessen Glanz in unseren Herzen ist, erlangen wir Autonomie und Begeisterung füreinander, in unserer Partnerschaft, mit unseren Kindern oder Eltern, am Arbeitsplatz und in allen anderen Gemeinschaften, ja, mit allen Wesen! Und dies ist heutzutage überlebensnotwendig für die ganze Erde.

Autonomie und Abhängigkeit müssen sich also nicht widersprechen. Schöpferisches Tun und Leben widerstehen der Umwelt nicht, sondern kooperieren mit ihr und verändern sich selbstverständlich mit ihr. Das Leben spielt zwischen Trennung und Versöhnung, und es ist so einfach und erfüllend, mitzuspielen.

Um die unbedingte und liebevolle Verbindung mit dem Ganzen brauchen wir uns nicht zu sorgen, deshalb ist die Art und Weise, wie das Selbst auftritt, oft so unscheinbar und unaufdringlich. Es verschwindet nahezu im Hintergrund, wie es der Repräsentation des Hintergrundes zukommt, bis es schließlich in Schweigen und Stille aufgeht. Dies zu erleben kann unendlich erlösend sein. Es übersteigt jede zuvor erhoffte oder erdachte Lösung.

All diese Erkenntnisse und Erfahrungen zu machen erlaubt die künstliche und kunstvolle Externalisierung und Trennung von Zusammengehörigem z. B. von Ich und Selbst, welche die Dualität als Wirklichkeitskonstruktion der Nondualität gegenüberstellt. Ich habe Dualität als Wirklichkeitskonstruktion bezeichnet, weil sie Form schafft, um Erfahrung zu ermöglichen: bedingtes Bewusstsein. Nondualität ist nicht Wirklichkeitskonstruktion, sie übersteigt alles Erfahrbare und jede Form, und indem sie alles übersteigt, schließt sie alles ein: nicht erfahrbares, nicht bedingtes Bewusstsein.

5. Vergebung – das Aufgeben des Opferdaseins

> *Wenn wir einen Menschen hassen,*
> *so hassen wir in seinem Bild etwas,*
> *was in uns selbst ist.*
> Hermann Hesse

Vergebung ist das wirksamste Mittel zur Heilung unserer Beziehungen und damit unserer Seele. »Vergebung« heißt, die Idee und das Gefühl aufzugeben, Opfer einer anderen Person oder Macht zu sein, und sich stattdessen als Gestalter des eigenen Lebens zu betrachten und zu fühlen. (Selbstmächtigkeit ist ein Aspekt der Selbstliebe.)

Wie kommen wir eigentlich dazu, dass wir uns in irgendeiner Hinsicht als Opfer und ohnmächtig fühlen? Wahrscheinlich liegen die Wurzeln des Opferdaseins in der Unterdrückung spontaner Reaktionen auf Verletzung. Kinder weinen oder schreien, wenn sie verletzt werden. Wenn wir aber den Ausdruck des Schmerzes »herunterschlucken«, verschließen wir unser Hals-Chakra und entwickeln stattdessen innerlich Gefühle und Gedanken von Ressentiment, Ohnmacht, Verteidigung, Wut, Rache usw., unterstützt durch Bilder und Vorstellungen, in denen jemand oder etwas anderes eindeutig schuld und wir selbst eindeutig unschuldig, also Opfer, sind. Diese ganze Konstruktion von Gefühlen, Bildern und Gedanken in Bezug auf bestimmte Situationen ist gemeint, wenn hier von »Opfertum« oder »Opferdasein« die Rede ist. Es handelt sich dabei zunächst um eine innere Aktivität (die eine äußere ersetzen soll) mit dem Ziel, mit einer Verletzung fertig zu werden, indem wir uns mit Gedanken und Vorstellungen quasi reinzuwaschen versuchen. Wir versuchen, eine Situation zu bereinigen, indem wir uns immer wieder einreden und versichern und begründen, dass wir unschuldig sind. Wieder und wieder müssen wir dann auch anderen gegenüber unsere Unschuld beteuern und werden so zu bekennenden Opfern oder, wie der Kulturphilosoph Robert Pfaller es ausdrückt, »zu überzeugten und leidenschaftlichen Kämpfern für die nachtragende Sache« (2008, S. 155). Diese Form der Bereinigung von Verletzungen funktioniert aber so nicht. Im Gegenteil, sie hält die Wunde offen und erschafft erst ein (dauerhaftes) Trauma, wir verletzen uns mit diesen internalisierten

5 Vergebung – das Aufgeben des Opferdaseins

Abwehrreaktionen selbst. Es ist, wie wenn wir einen Stachel, der in unsere Handfläche eingedrungen ist, nicht so schnell wie möglich herausziehen, sondern die Faust ballen und ihn dadurch noch tiefer ins Fleisch drücken, während wir wütend oder kopflos nach Schuldigen suchen. Das Suchen und Finden von Schuldigen hat natürlich nur dann Sinn, wenn wir dem erwählten Schuldigen den Stachel und die Wunde vorweisen können. Niemand, den wir beschuldigen, sein Opfer zu sein, ist beeindruckt, wenn wir nicht leiden. So hängen Beschuldigung und Leiden eng zusammen. Es gilt, aus diesem Teufelskreis auszusteigen. Und das ist mit Vergebung gemeint.

Dass man auch anders auf persönlichen und politischen Verlust reagieren kann, hat mir mein Lehranalytiker Willy Ferdinand gezeigt, dem ich hiermit in großer Dankbarkeit ein Denkmal setzen will: Er war neunzig Prozent kriegsversehrt von der russischen Front zurückgekehrt und trotzdem der lebensfrohste Mensch, den ich kenne! Man kann also vergeben! Wir abendländischen Christen könnten uns diesbezüglich ja auch an Jesus Christus erinnern, der noch während ihm das größtmögliche Unrecht geschah seinem Vater im Himmel Vergebung nahegelegt hat.

Vergebung ist also eine höchst politische Notwendigkeit. Und sie ist etwas, das wir für uns selbst tun. Solange wir uns einbilden, jemand anderem vergeben zu müssen, sind wir weiter in dem Teufelskreis gefangen. Vergebung ist die Aufgabe von Opfertum und Leid, ein innerer Vorgang, die Bereinigung eines Irrtums, der nur scheinbar etwas mit anderen zu tun hat, auch wenn wir uns das noch so lange vorgestellt und eingebildet haben. Die innere und danach auch äußere Tätigkeit des Beschuldigens durch Gedanken, Vorstellungen und Gefühle, das Sich-selbst-rein-waschen und andere abwertende Aktivitäten, sind vielleicht das Eigentliche, das uns verunreinigt und Leid erzeugt. Und das Lassen dieser Aktivität ist Vergebung. Eigentlich ist also Vergebung die Aufgabe eines komplexen inneren Irrtums oder positiv ausgedrückt: die Erkenntnis, dass es die Trennung von schuldig und unschuldig in der Realität nicht gibt und dass »Schuld« und Schuldzuweisung gestaltete Konstruktionen sind.

Vergebung ist eine Sichtweise, die nirgends in der Schöpfung Schuld findet. (Gemeint ist »Schuld« im oben beschriebenen moralischen Sinn, nicht im Sinn von »Schulden«, das heißt von Verantwortung, Konsequenzen und Ausgleichsverpflichtung, worauf später noch eingegangen wird.) Wie bei allen menschlichen Konstruktionen erfordert die Aufrechterhaltung solcher Konstruktionen andauernde, vor allem gedankliche Anstrengung und impliziert moralisierende Abwertung von Verhaltensweisen anderer. Motiviert ist sie durch den Versuch, Macht über Mitmenschen zu gewinnen oder aufrechtzuerhalten. Beschuldigung ist eine folgenschwere Aktivität, ganz gleich, ob wir uns selbst oder andere beschuldigen und dabei uns oder andere als Opfer hinstellen. Die »Täter- und Opfer-Geschichten«, gedacht, geschrieben und ausgesprochen, waren und sind Ursache von Gewalt und Blutvergießen. Jede Konstruktion von Schuld, jede Feststellung einer Ursache für ein Übel ist oberflächlich beruhigend, hält aber in Wirklichkeit den Teufelskreis von Be- und Entschuldigung in Gang. Gefragt ist also radikales Umdenken oder »radikale Vergebung« (Tipping 2004). Vergebung in diesem Sinne heißt, zu erkennen und sich bewusst zu machen, dass es keine Schuld gibt und niemals gegeben hat, dass es also tatsächlich nichts zu vergeben gibt.

Wenn wir uns also, egal in welcher Beziehung, für Täter oder für Opfer gehalten haben, erkennen wir das als eigene Aktivität, zum Beispiel als seelisch-geistige Abwehrreaktion eines Schmerzes, und übernehmen dafür Verantwortung (statt sie anderen zuzuschieben). Durch einen solchen Akt der Bewusstmachung kann der tatsächliche Hintergrund einer physischen oder psychischen Verletzung vorurteilsfrei und voll Mitgefühl (anstatt beschuldigend) angeschaut, anerkannt und ernst genommen werden. Dadurch können Traumata ohne Verharmlosung und Abwehr einerseits und ohne weitere Kränkungen andererseits gehandhabt und in Frieden gebracht werden. Vergebung ist also eine Lösung zweiter Ordnung, die sich selbst überflüssig macht, eine Leiter, mit deren Hilfe wir eine neue Ebene erklommen haben und die wir danach umwerfen, weil wir sie nicht mehr brauchen.

Der innere Prozess der Vergebung und des Loslassens ist Basis und notwendige Bedingung für die Bewältigung äußerer Schäden und ihrer psychischen und sozialen Folgen. Ohne den seelischen Prozess der Vergebung gibt es kein Ende und keine Erlösung für Opfer und Täter, auch bei noch so viel Bemühung um Wiedergutmachung, Rechtsprechung oder Bestrafungen. Ohne das vergebende Umdenken ändert sich das strukturelle Gefälle zwischen Täter und Opfer und das spezifische innere Leiden beider Seiten nicht und kann sich so über viele Generationen fortsetzen und ausbreiten wie eine ansteckende Krankheit.

Manchmal erscheint Vergebung in besonderen und schweren Fällen nahezu unmöglich oder als Anmaßung und Gotteslästerung.

Und tatsächlich erschüttert radikale Vergebung die Fundamente unserer gesellschaftlichen Glaubenssysteme. Buddha und Jesus haben meines Erachtens genau hier angesetzt und dabei die lineare Auslegung des Gesetzes von Ursache und Wirkung angegriffen und infrage gestellt. »Es ist ein physikalisches Gesetz, kein spirituelles«, erläutert Colin Tipping in seinem sehr klaren und kompromisslosen Buch: *Ich vergebe. Der radikale Abschied vom Opferdasein* (2004, S. 98), und er schreibt weiter: »Dann werden wir erkennen, dass Karma nur eine andere Geschichte in unserem Geist in der Welt des Menschlichen ist. In der Welt der göttlichen Wahrheit gibt es so etwas wie Karma oder Ursache und Wirkung nicht. Es gibt nur Urgrund, und das ist Gott« (a. a. O., S. 99).

Exkurs über den Nicht-Opfer-Tod Jesu Christi

Vergebung der Sünden (Loslassen von der Idee, dass wir unfreiwillig von Gott getrennt wären) im urchristlichen Sinn bedeutet, dass es Gott gegenüber keine Schuld und keine Trennung gibt. Gott ist bedingungslos bei uns und für uns. Wenn wir uns oder jemand anderem Schuld nachtragen, können wir uns nicht mehr auf Gott berufen, nicht als Einzelne, nicht als Kirche und auch nicht als Kollektiv anderer Art. Das ist für mich das radikale Verständnis der Botschaft Jesu und seines Kreuzestodes. Eine revolutionäre und nicht-mythologische Kreuzestheologie wird den Tod Jesu Christi am Kreuz als Hingabehandlung in Gewaltlosigkeit interpretieren und nicht als Opfer-Tod, denn er geschah freiwillig und ohne jemanden zu beschuldigen und gleicht einer Aufhebung des Gefälles zwischen Opfer und Täter, zwischen Gläubigern und Schuldnern, zwischen Gott und Mensch. Der freiwillige, also *Nicht-Opfer-Tod* Jesu zeigt, dass Vergebung und Ausgleich auch in schwerwiegenden Fällen möglich sind und dass jedes Trauma und Verbrechen transformiert werden kann durch Verzicht auf Schuldzuweisung und durch Übernahme der Verantwortung aufseiten des Opfers und des Täters. Vergebung ist radikale Negation von Ungleichheit. Es ist an der Zeit, den Tod Jesu Christi am Kreuz nicht mehr mythologisch durch eine lineare, sondern durch eine rekursive Täter-Opfer-Beziehung zu interpretieren.[37]

---

[37] Marianne Gronemeyer (2002) sieht in der Gewaltlosigkeit (Jesus, Martin Luther King, Mahatma Gandhi) die radikalste Form politischen Widerstandes. Sie nennt diese Form des politischen Widerstandes »Ohn-Macht«, um den radikalen Ebenen- oder Paradigmenwechsel im Umgang mit Macht anzudeuten, der sich darin ausdrückt.

Jesus stellte das Moral- und Machtgefälle zwischen Gott und Mensch durch seine Botschaft, durch sein Leben und durch seinen Nicht-Opfer-Tod radikal infrage. Nach dem Verständnis von Paulus und Luther hat er uns durch sein freiwilliges In-den-Tod-gehen unser Opfertum ein für alle Mal abgenommen, indem er uns eine Alternative gezeigt hat. Vergebensrituale und -übungen vollziehen nach, dass es nicht Gott ist, der uns strafend verfolgt, sondern ausschließlich wir selbst. So ist jede Vergebung Selbstvergebung.

Mit dieser Erkenntnis wird klar, dass jede Verletzungserzählung ein Moral- oder Machtgefälle begründet, einen Unterschied konstruiert, der niemandem wirklich nützt. Eine archetypische Verletzungserzählung ist die bekannte Geschichte der Brüder Kain und Abel (Gen 4). Sie spiegelt unser kollektives Denken bis heute. »Täter-Opfer-Geschichten« schließen sich diesem archetypischen Denkmuster an, das mit Schuld- und Unschuldszuweisungen Macht- und Abhängigkeitsverhältnisse begründet.

Ein einfaches Modell psychischer Verletzung

In diesem Kapitel werden Ihnen mehrere Übungen zur Vergebung vorgestellt, mit deren Hilfe sie sich von einem beliebigen Ressentiment, Ärger oder Verletzungsgefühl befreien können, wenn sie wollen. Zuvor möchte ich hier den Begriff der Verletzung ausweiten und zum Begriff der »überstarken Bindung« verallgemeinern. Er soll all das beinhalten, was Freud Abhängigkeit und Gegenabhängigkeit genannt hat. Also negative Anhaftungen und Verstrickungen, die unsere Verbundenheit leugnen, wie »Täter-Opfer-Beziehungen«, und auch »positive« Anhaftungen und Verstrickungen, wie Sucht, übertriebene Verehrung oder zu lange symbiotische Beziehungen. Verletzung ist somit alles, was unsere Freiheit einschränkt oder unsere Selbstliebe und Selbstachtung untergräbt. All dies kann vergeben, losgelassen und dekonstruiert werden.

Um von einer überstarken Beziehung (Abb. 8) zwischen Person A und Person B zu lassen, bzw. sie in eine freigebende und respektvolle Beziehung (Abb. 9) umzuwandeln, muss die Person, die sich befreien will (beispielsweise A), ihre Erwartungen an B, die sie aus ihrem Opfertum ableitet, von B lösen und die Erfüllung dieser Erwartungen aus dem eigenen Selbst nehmen, das heißt aus einer Quelle, die bedingungslos zur Verfügung steht. Die Erwartungen, deren Erfüllung sich A von B gewünscht hat, oder das, was A dringend gebraucht hätte, genau das zieht A wie einen Schleier von B ab und vergibt. Das ist das Ende der Abhängigkeit und Gegenabhängigkeit.

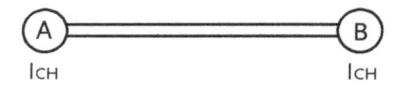

Abb. 8: Personen A und B in überstarker Bindung

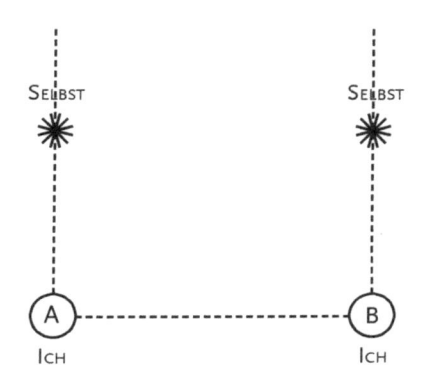

Abb. 9: Personen A und B in freier Beziehung

Ein Vergebens-Ritual

Diese Übung enthält die wesentlichen und grundsätzlichen Schritte jeder Heilung von Verletzungen und jeder Befreiung von überstarken Bindungen, seien sie negativer oder positiver Art. Kurz und prägnant zusammengefasst besteht sie aus zwei Schritten: Sie nehmen erstens eine Kränkung oder Verletzung zum Anlass, um herauszufinden, was Sie stattdessen gebraucht hätten. Und zweitens holen Sie sich genau das von einer bedingungslos gebenden Quelle, z. B. Ihrem Selbst (also nicht von dem Menschen, der Sie verletzt hat), und zwar so viel und so lange, bis Sie die betreffende Ressource ganz-körperlich in sich spüren und sich der immerwährenden Anwesenheit der Quelle sicher und gewiss sind. Am Ende werden

5 Vergebung – das Aufgeben des Opferdaseins

Sie erkennen, dass der Anlassgeber Sie nur auf einen Durst hingewiesen und zur wahren Quelle gedrängt hat. In Kapitel 6 (Abschnitt »Vom Wünschen, Wollen, Bitten, Beten«) wird noch ausführlicher auf diese grundlegende Abfolge hingewiesen, die jeder Heilung, jeder Befreiung und jedem nachhaltigen Erfolg vorangeht. Um diese zwei Schritte zu vollziehen, können die folgenden Differenzierungen sehr unterstützend sein.

Was wir als Verletzung oder Trauma bezeichnen, besteht eigentlich aus drei Vorgängen, die blitzschnell ablaufen und erst nachträglich in einen Ursache-Wirkungs-Zusammenhang gebracht werden:

1. Ein äußerer physischer oder psychischer Schmerz. Das ist nach Buddha der »erste Pfeil« unserer Existenz. Der erste Pfeil trifft uns von außen. Unangenehm aber unvermeidlich.
2. Aber dann fügen wir dem noch ein paar »zweite Pfeile« hinzu, die wir selber werfen. Z. B. kann ich mich alleingelassen, zurückgestoßen, missbraucht oder betrogen fühlen. Gefühlsmäßige Interpretationen des Geschehenen, die ich aus wer weiß welchen Köchern gezogen habe.

    Zweite Pfeile werden dann nötig und möglich, wenn wir uns die spontanen natürlichen Reaktionen unseres »inneren Kindes« (Weinen, Schreien, Schimpfen, Trampeln, Schlagen usw.) nicht erlauben. Mit ihnen verletzen wir uns erst richtig selbst. Wir nehmen das Geschehene persönlich, erleben andere als schuldig und uns als Opfer. Aus Schmerz wird Leiden.
3. Hinzu kommen dann noch Beschlüsse, die dazu dienen, uns vor der Wiederholung solcher »Verletzungen« zu schützen, z. B. »Ich zeige mich dir nie wieder«, »ich mache alles allein«, »ich mache mich kalt«, »ich zahle es dir heim« usw. Isolation, Selbstmitleid, Depression, Wut und Rache legitimieren sich aus den vorher gemachten Vorwürfen, und wenn man genau hinschaut, sind sie mehr Selbstbestrafung als Schutz. Die primäre Wunde kann längst geschlossen sein, während ich sie in meinem Kopf offen halte, um die entsprechenden Gefühle, Symptome und Verhaltensweisen zu legitimieren.

Ich habe für die Entstehung des Leidens ein kleines Drehbuch entwickelt, das dazu dienen kann, das Loslassen einer Verletzung (die Vergebung) körperlich nachzuvollziehen.

1. Bild: Ein Ereignis: *Ein stechender Schmerz in meiner Hand. Ich habe mir einen Dorn eingezogen.*
2. Bild: Eine Interpretation: *Wer hat mich verletzt? Aus dem Dorn wird ein Angelhaken an einer Schnur.*
3. Bild: Eine Schutz- und Rache-Reaktion: *Ich verschließe die Hand zur Faust* (in Abwehr, Wut, Angst ...). Damit halte ich sowohl die Verletzung als auch die Verletzungsbeziehung zu der anderen Person fest. Wir beide wissen es möglicherweise gar nicht, aber ich bin durch meine sekundäre Reaktion an sie gebunden wie ein Fisch an einer Angelschnur. Ich tue das, um meine selbst erzeugten Verletzungsgefühle nicht mehr spüren zu müssen. Diese bleiben aber genau dadurch weiter wirksam. Das einzig Sinnvolle wäre, den Dorn so schnell wie möglich herauszuziehen, statt nach Schuldigen zu suchen.
4. Bild: *Vergebung heißt, die Hände zu öffnen und den Dorn sanft aus der eigenen Wunde herauszuziehen.* Jetzt kann ich die eigentliche Verletzung sehen. Sie kommt ans Licht des Bewusstseins und kann heilen. Im Vergeben und Loslassen kommt es also darauf an, uns unsere eigenen Reaktionen auf ein äußeres Ereignis (die zweiten Pfeile) bewusst zu machen und selbst die Verantwortung dafür zu übernehmen. Es gab weder Haken noch Schnur, nur einen Dorn, der herauszuziehen war. Die Wunde heilt auf ganz natürliche Weise von selbst.

Die folgende Vergebensübung können Sie wieder auf einen Tonträger sprechen (mit vielen Pausen), oder Sie laden sie sich aus dem Internet herunter, um sie in entspannter Haltung, möglichst ohne Ablenkung hören und nachvollziehen zu können. Sie können die Übung auf jede Verletzung, die sie jemandem nachtragen, anwenden. Sie wirkt sehr befreiend!

> Wähle eine Situation aus deiner Vergangenheit, in der du dich verletzt gefühlt hast oder von der irgendein Ressentiment übrig geblieben ist. Stell dir die Szene oder Situation einschließlich der Person, von der du dich verletzt gefühlt hast, und dich selbst in dem Alter von damals in einer solchen Distanz vor, dass du gut hinschauen kannst. Wenn es sich um eine schwere Verletzung handelt, die du noch immer kaum ertragen kannst, nimm mehr Abstand oder gib der Situation einen Rahmen, zum Beispiel einen kleinen Bildschirm, sodass du in sicherer Entfernung

bleibst, oder bitte dein Selbst mit seinem Gewahrsein für dich hinzuschauen. Du brauchst die ursprüngliche Erfahrung nicht emotional zu wiederholen, sondern schaue und spüre nur so lange hin, bis dir bewusst wird, was du damals eigentlich gebraucht hättest, Respekt, Schutz, eine Umarmung, Liebe, angeschaut zu werden, was immer. Imaginiere und spüre, was du dir in dieser Situation eigentlich gewünscht hast oder wonach du dich gesehnt hast.

Lass dir das nun zukommen, was du damals gebraucht hättest, jedoch nicht von der Person, von der du es erwartet, aber nicht bekommen hast. Wende dich an ein Wesen oder eine Kraft, von der du das Erwünschte ohne Einschränkungen bekommen kannst und von der du dich bedingungslos geliebt fühlst. Z. B. kannst du dich an dein Selbst, an Gott, einem Engel oder eine Ahnin wenden, an eine Instanz oder eine Wesenheit also, die das auch wirklich und ohne Vorbehalt geben kann.

Werde nun zu dieser Wesenheit, der Selbst-Qualität, das heißt, realisiere mit deinem ganzen Sein die Qualität der Verbundenheit mit Himmel und Erde und allen Wesen. Verwandle dich dabei vollständig in eine Art Nektar, der genau das beinhaltet, was dein verletztes Kind gebraucht hat, und lass diesen Nektar, diese Qualität dem verletzten Kind zufließen. Nähre dein Kind so lange, bis es vollkommen satt und zufrieden ist. Nimm wahr, wie es sich dem Nektar öffnet und wie es sich verwandelt, wenn es bekommt, was es braucht, und es annimmt. Wenn es dir schwierig vorkommt, dich in Nektar zu verwandeln, kannst du dir auch dein Selbst als Kanal für die Kräfte des Himmels und der Erde vorstellen, und während dein Herz sich langsam wie eine Blüte öffnet, verwandeln sich die Kräfte des Universums in deinem Herzen zu dem, was dein verletztes Kind braucht. Lass es zu deinem Kind hin strahlen und strömen.

Begib dich nun mit einem neuerlichen Platzwechsel in die Qualität des bedürftigen inneren Kindes und nimm aus der unendlichen Quelle des Selbst, was du gebraucht hättest in vollem Maße. Wie verändert sich dein Körper mit dieser Ressource ... wie ändern sich deine Gefühle, dein Selbstwertgefühl, wenn du von dieser Quelle trinkst ... wie ändern sich dein Verhalten und deine Beziehungen zu anderen Gleichaltrigen mit dieser Ressource? Trink von dieser Quelle, so viel du willst und so lange du willst. Die Quelle versiegt nie. Im Gegenteil, je mehr du trinkst, desto reichlicher und selbstverständlicher fließt sie. Stell dir nun vor, wie du älter wirst, während die Quelle bei dir bleibt. Sie wird zu deiner Lebensquelle.

Lass nun in deiner Fantasie die andere Person, von der du dich verletzt gefühlt hast, zum Kind werden. Was hätte dieses Kind gebraucht? Es wird dir etwas einfallen, auch wenn du diese Personen als Kind nie gesehen hast. Oftmals ist es dasselbe, was auch du gebraucht hättest. Lass es dem Kind zukommen, aber nicht von dir, sondern von irgendeinem guten Wesen, das du dir bei ihm vorstellst. Das Kind nimmt und bekommt, am besten auch von seinem Selbst – ohne dein Zutun. Was ändert sich, wenn es bekommt, was es brauchte, und zwar so lange und so viel es braucht? Wie verändert sich dieses Kind körperlich, wenn es all das bekommt, was es braucht? Wie entwickeln sich sein Selbstwertgefühl, sein Verhalten und seine Beziehungen zu anderen? Und stell dir vor, es wird erwachsen mit dieser Ressource, was ändert sich in ihrer oder seiner Einstellung einem Partner, einer Partnerin gegenüber, und wie geht er oder sie – sich der Quelle weiterhin bewusst – mit anderen um?

Lass jetzt diese Person und ihr Schicksal in den Hintergrund treten, und mach dir wieder bewusst, wie du selbst angeschlossen bist an deine ewige Quelle, Du-Selbst und dein inneres Kind, vollkommen geborgen und geschützt. Lass dir Zeit, in der Verbundenheit mit allem ganz anzukommen. Nun kannst du dir ohne Angst und in Gelassenheit der ursprünglichen Verletzungsszene gewahr sein, das heißt, sie als Ganzes betrachten, ohne Schaden zu nehmen. Mache dir aus der Geborgenheit der bedingungslosen Liebe, vom sicheren und guten Platz deiner Quelle, die Verletzungsgefühle von damals bewusst. Ja, du kannst jetzt voller Mitgefühl dein Herz für dich von damals öffnen. Lass deine Tränen fließen, wenn sie möchten.

Nun kannst du dich vielleicht besser erinnern: Welche Gefühle hattest du als Erstes? Hast du dich zum Beispiel alleingelassen oder im Stich gelassen gefühlt? Oder blamiert, betrogen, übergangen oder nicht gesehen, nicht gehört gefühlt? Oder hattest du das Gefühl, gebraucht oder missbraucht geworden zu sein? Schäme dich nicht für dich oder die Situation. Du kannst die natürlichen Reaktionen auf die Verletzung jetzt, wo sie ganz klar in deine Vergangenheit gehört, deutlicher nachvollziehen – sie dürfen gewesen sein. Vielleicht fallen dir bei dieser Gelegenheit noch andere Verletzungen und deren dazugehörige Gefühle ein und das, was du gebraucht hättest. Nimm auch sie aus der Perspektive der unendlich gebenden Quelle wahr. Sei so vollständig wie möglich. Du weißt, Bewusstwerdung ist Heilung, mehr braucht es nicht.

Aufgestautes und Verdrängtes kann jetzt in dein Gewahrsein gelangen und heilen. Es ist wie ein reinigender Strom. Allen primären Gefühlen und auch den sekundären Schutz- und Rachebeschlüssen von damals kannst du jetzt erlauben, aufzutauchen und abzufließen. Du kannst sie jetzt wahrnehmen, ohne darunter zu leiden. Mach dir klar, dass du dich nicht mehr zu schützen oder zu rächen brauchst, weil du an die ewige Quelle angeschlossen bist. Du verzichtest damit nicht auf die Möglichkeit, dich zu schützen, wütend zu sein oder dich zurückzuziehen, wenn es für eine Situation angebracht erscheint, sondern du verzichtest auf den Zwang, den Automatismus, in allen Situationen, die dich nur irgendwie an jene Verletzung erinnern, immer gleich mit dem alten Muster zu reagieren.

5 Vergebung – das Aufgeben des Opferdaseins

> Genieße den Zustand des Spürens ohne Leiden, das offene Gewahrsein. Die Buddhisten nennen diesen Zustand strömenden Friedens »Mitgefühl« (Metta), die Christen nennen es »Erbarmen« oder »Liebe«. Du kannst alles wahrnehmen. Nichts wird mehr beschönigt, nichts verdrängt. Genieße die Leerheit, wenn alles abgeflossen ist. Genieße das reine Sein …
> Als Letztes, und auch um diese Meditation zu beenden, schlage ich dir, wie angekündigt, den folgenden Test vor, mit dem du körperlich überprüfen kannst, ob du vergeben und losgelassen hast. Lass deine Hände sich so öffnen, als ließen sie los. Und sprich laut aus: »Ich lasse die Erwartung los, dass ich (Setze hier das ein, was du gebraucht hättest), je von dir (Setze hier den Namen der betreffenden Person ein) bekommen werde. Ich verzeihe dir das alles. Ich lasse dich los.«

Wenn Ihre Hände loslassen können und Ihr Mund diesen oder einen ähnlichen klaren Satz des Loslassens über die Lippen gebracht hat, ist diese Übung beendet. Sie können sie mit anderen eigenen Verletzungen jederzeit wiederholen, mit dieser Verletzung brauchen Sie das nie wieder zu tun, denn wenn Vergebung geschehen ist, geschieht das ein für alle Mal. Was übrig bleibt, ist klare Erinnerung ohne Bedauern. Sie sind aufgrund der Vergebung auf dem Heimweg zu sich selbst und können vielleicht schon ahnen, welche tiefe Erfahrung und Stärkung Ihrer Seele in dieser Situation zugekommen ist, welcher Schatz das war und ist, den Sie, wann immer Sie wollen, entdecken und zutage fördern können. Aus der vermeintlichen Verletzung ist eine wunderbare Erfahrung entstanden. Was gibt es da (noch) zu vergeben?!

Manchmal fehlen winzige Puzzlesteine, letzte Schritte oder Entscheidungen zur vollständigen Vergebung. Das merken Sie daran, dass diese Worte nicht über die Lippen oder Ihre Finger nicht ganz loslassen wollen.[38] Dann kann es sein, dass Ihnen noch nicht alle für Sie wichtigen Aspekte Ihrer Verletzung bewusst geworden sind oder auch, dass Sie auf die sekundären Reaktionen – manchmal halten wir sie für einen Gewinn – nicht verzichten möchten. Im letzteren Fall müssen Sie sich entscheiden, was Sie für den größeren Gewinn halten. Wenden Sie sich Ihrer Quelle noch einmal zu und vergewissern Sie sich, dass Sie von dort größere Wunder zu erwarten haben, als alles, was Sie sich jemals allein aufgebaut haben und aufbauen konnten. Und kaum haben Sie sich das oder einen anderen fehlenden Aspekt

---

[38] Alfred Adler sagte: »Manchmal lügt der Mund, oder der Kopf versteht es nicht, aber die Körperfunktionen sagen immer die Wahrheit« (Ansbacher 1972, S. 397).

Ihrer Verletzung bewusst gemacht, reagiert Ihr Körper und Sie können Ihre Hände öffnen und loslassen. Manchmal können wir auch nicht loslassen, wenn die »Verletzung«, mit der wir gearbeitet haben, eine Situation oder Person aus unserer früheren Vergangenheit betroffen hat. Lassen Sie diese Erinnerung zu, das reicht oft schon, dass sich Ihre Hände öffnen. Und zu guter Letzt gehört es manchmal gegenüber lebenden Personen zur Vergebung, einen angemessenen Ausgleich zu fordern, da es nur allzu bequem ist, aber der Selbstachtung abträglich, gedanklich zu vergeben, ohne sich auszusprechen und auseinanderzusetzen, wenn es noch möglich ist. (Auf den Zusammenhang von Vergebung und Ausgleich wird weiter unten noch eingegangen.)

Denken Sie daran, nicht Sie heilen eine Verwundung durch Vergebung, sondern sie heilt, so wie jede körperliche Wunde von selbst, wenn Sie der Heilung keinen Widerstand (sekundäre Reaktion, Festhalten an Opfertum und Unschuldskonstruktionen) entgegenbringen. Fritz Simon hat dieses Paradigma aller systemischen Therapie eindrücklich erläutert (1995).

Selbstbestrafung und Selbstvergebung

Wir haben bisher über den Fall gesprochen, dass wir die Gründe für etwas »Schlimmes« im Äußeren, bei anderen, gesucht und uns selbst als Opfer definiert haben. Viele von uns suchen und finden die Gründe vorzugsweise innen bei sich selbst. Dies Denken erzeugt und zeigt sich in Gefühlen von Schuld und Scham. Wir unterliegen dabei demselben Irrtum der Konstruktion von Schuld, wie vorhin beschrieben, nur dass wir Schuld bei uns selbst suchen und glauben, dass wir unsere Fehler durch schlechte Gefühle irgendwie ausgleichen sollten. Eine unsinnige Ausgleichshandlung, die darin besteht, dass wir uns selbst etwas dauerhaft verübeln. Wir versuchen sozusagen, das Übel durch Selbstbestrafung und Unglücklichsein wiedergutzumachen. Martin Buber nennt dies einen »hochdramatischen oder tragikomischen Akt« (1996, S. 209). Nach der urchristlichen Botschaft ist Selbstbestrafung eine Anmaßung. Sie ignoriert oder missachtet die göttliche Gnade. Das Gegenteil solcher Selbstvergiftung ist Selbstvergebung. Wir lassen dabei die Schuld los und übergeben die »Rache« an Gott. Es lebt sich unbeschwerter ohne dieses Aufrechnen. Der Himmel kann den Ausgleich viel besser übernehmen. »Er trägt unsere Schuld«, heißt es immer wieder im Alten und Neuen Testament von Jesaja bis Paulus.

Wir sollten weder unsere üblen noch unsere guten Taten zu persönlich nehmen, Scham und Hochmut sind Ausweich-Reaktionen, die niemals den gewünschten Frieden bringen, Konstruktionen unseres Geistes.

Martin Buber (1996, S. 207 f.) bezeichnet Selbst-Vergebung als dreifache Handlung: Selbsterhellung, Beharrung und Sühnung. *Selbsterhellung* bedeutet, dass alle Aspekte der Verletzung und die sekundären Reaktionen wie Scham, Wut, Selbstbeschädigung und Schuldgefühle ans Licht des Bewusstseins kommen können und wahrgenommen werden. Mit *Beharrung* meint Buber das Übernehmen von Verantwortung des Ich für die eigene Geschichte. Ich bin und bleibe immer der oder die etwas getan hat. Und unter *Sühnung* versteht er die Wahrnehmung der Ausgleichsverpflichtung. Die dreifache Handlung der Selbst-Vergebung besteht also im Bewusstwerden, Verantwortung übernehmen und Ausgleich schaffen.

Selbstvergebungs-Übung

Setz dich auf einen Stuhl, und denke an eine Situation, die du dir vorwirfst oder derer du dich schämst. Formuliere den Selbstvorwurf als Satz, und sprich ihn laut vor dich hin, damit du dir aller Nebengefühle, Gedanken und Bilder bewusst wirst, die damit verbunden sind. Dann stell dich hinter deinen Stuhl und sei dein Selbst, deine spirituelle Quelle bedingungsloser Liebe. Hör dir den Selbstvorwurf des Ich aus der Verbundenheit mit Himmel und Erde heraus an und antwortete mit Worten, Gesten, einem Gefühls- oder Energiestrom. Sprich z. B. wie liebevolle Großeltern, die Überblick haben, und ihrem kleinen Enkel, ihrer kleinen Enkelin gut zureden. Sprich mit deinem Ich freundlich und liebevoll, wie zu einem verzweifelten Kind, das sich im eigenen Kopf verirrt hat.

»Wenn du dir bewusst machst, was passiert ist – und das tust du gerade, indem du mit mir darüber redest –, kannst du daraus lernen und stark werden. Was ist geschehen? ... Wem hat das geschadet? ... Und was ist da wieder gutzumachen und was nicht?...« Umgib dein Ich mit Strömen und Worten bedingungsloser Liebe, Wahrnehmung und Kraft, Unterstützung, Kreativität und Humor.

Setze dich wieder auf deinen Stuhl und nimm in Empfang, was von deinem Selbst zu dir kommt.

Mit diesen Worten führt Ihr Selbst Ihr verzweifeltes, klagendes oder beschämtes Ich zurück zu Selbstliebe und Selbstmächtigkeit: 1. Das Selbst führt aus Schuld und Scham erzeugenden Fantasien in die

Konkretion. 2. Es macht aus Schuld Schulden, die man – manchmal eher symbolisch – begleichen kann. Und 3. Es führt aus Passivität in Aktivität!

So kann das Ich seinen Teil der Verantwortung für das Geschehen übernehmen, bis es kraftvoll und ohne Gewalt nach innen oder außen leben kann.

> Sei frei und fürchte dich nicht vor deiner Größe! Größe, Kraft, Liebe, Freiheit sind keine anstrengenden Aufgaben, sondern Gaben, und diese Gaben kannst du in deinem eigenen Selbst entdecken. Du musst nichts tun oder verwirklichen, nicht einmal einen Antrag ausfüllen. Du kannst einfach zuschauen und wahrnehmen, wie deine Größe sich selbst entfaltet, ausdrückt und ausrichtet. Hindere sie nicht! Auch geschieht Größe nicht auf dich begrenzt, sondern immer mit allen und in Beziehung. Größe ist ein Beziehungsgeschehen und kein individueller Besitz, den man festhalten, pflegen oder aufpumpen muss. Sei einfach bereit, dass alles geschieht, was du tatsächlich bist, in jedem Augenblick.

Für das, was hier Größe genannt wird, können wir auch Wirksamkeit sagen, Energie oder Leben. Wie können wir uns als mangelhaft empfinden, wenn es keinen Mangel gibt? Wir können uns ohne Bedauern und mit ganzer Kraft dem widmen, was zu tun ist. Wunden heilen langsam und von selbst. Selbstverständlich bleibt eine Narbe. Das Geschehen wird zu einer Erinnerung in der Vergangenheit, wie andere auch, und der Automatismus von Verdrängung und sekundärer Reaktion verschwindet. Bewusstsein und Freiheit nehmen zu.

Dein verletztes Kind zu deinem Verbündeten machen

Wenn Sie die Übung des Vergebens noch etwas vertiefen und konkretisieren wollen, schlage ich folgende Übung vor. Ich habe sie dem Buch von Tsültrim Allione *Den Dämonen Nahrung geben* (2009) entnommen und leicht abgewandelt.

> Stell dir vor, dass ein Teil von dir dich damals – in der Situation, die du dir vorwirfst – übermäßig beherrscht und in Besitz genommen hat, sodass du wie von einem Dämon besessen warst. Besessenheit ist ein alter Ausdruck für Anhaftung oder Sucht. Diese Energie hat dich dazu getrieben, etwas zu tun oder zu unterlassen, dessen du dich heute schämst. Stell dir diese Kraft wie einen Dämon vor. Vielleicht hast du schon einmal die

schreckenerregenden Gestalten der tibetischen Tankras gesehen oder moderne Science-Fiction? Deine eigenen Traum-Gestalten sind ebenso wunderbar geeignet. Frage dann den Dämon: »Was willst du?« Werde nun zum Dämon. Und lass eine Antwort kommen. Zum Beispiel: »Ich will Macht über dich/ich will dich manipulieren.« Begib dich dann wieder auf den Platz des Selbst und frage weiter: »Was brauchst du?« Die Antwort auf diese Frage, zum Beispiel: »Kraft« oder »Verbundenheit«, ist entscheidend für das, was jetzt zu tun ist: Du verwandelst dich/dein Selbst in süßen Nektar von Kraft oder Verbundenheit oder etwas anderem, was der Dämon braucht, und lässt es ihm zufließen, bis er satt ist. Beobachte, wie dieser sich verändert, körperlich und gefühlsmäßig, während er nimmt, was er braucht. Gib dich ihm so lange, bis er satt ist. Er wird sich in eine liebevolle oder kraftvolle Gestalt verwandeln. Vielleicht erlebst du auch, wie er verschwindet oder stirbt und als Verbündeter oder Engel aufersteht. Keine negativ bewertete Erfahrung, aus der nicht eine neue Kraft auferstehen wird! Wie auch immer, schaffe dir einen Verbündeten. Bitte das Wesen, das aus deinem dämonischen Teil erwachsen ist, dir zu bestätigen, dass es dein Verbündeter bzw. dein Schutzengel ist, und stelle ihm dann die folgenden Fragen, die du dir am besten einzeln beantworten lässt. Es ist sehr hilfreich, dir ein genaues Bild von deinem Verbündeten zu machen: Gestalt, Größe, Farbe und Augenausdruck. Vielleicht notierst du auch wörtlich seine Antworten.

Und das sind die Fragen: Wie wirst du mir helfen? Rollenwechsel/Antwort: Ich werde dir helfen, indem ich ... Wie wirst du mich beschützen? Antwort: Ich werde dich beschützen, indem ich ... Welche Versprechen kannst du mir geben? Antwort: Ich verspreche dir, dass ich ... Wie kann ich Kontakt zu dir aufnehmen? Antwort: Du kannst mich herbeirufen, indem du ... Woran werde ich merken, dass du da bist? Antwort: Du merkst das daran, dass ...

Vergegenwärtige dir einen Moment lang die Hilfe und den Schutz, die dir die verbündete Kraft gewährt, und nimm sie dann in dein Herz, werde eins mit ihr. Erlebe bewusst, was jetzt geschieht, und verbleibe eine Zeit lang darin: Eins werden, Hingabe, Verbundenheit und unendliche Leerheit. Welche transpersonale Qualität auch immer in dir entsteht, lass deinen Geist ruhen, ohne eine bestimmte Erfahrung herbeizuführen oder irgendetwas erreichen zu wollen.

Mit Selbstkraft auf eine traumatische Erfahrung schauen

Es scheint leichter zu sein, auf etwas Schweres oder Schlimmes hinzuschauen und es zu verarbeiten, wenn man sich vorher seiner inneren Kraft-Quelle, seinem Selbst anvertraut. Oft sind die schwersten Traumata danach gewandelt oder aufgelöst, ohne dass man daran direkt »gearbeitet« hätte. Deshalb überprüfe ich es jedes Mal, ob und in welchem Maße ein Aufarbeiten des Traumas noch notwendig ist. Wenn überhaupt, so wird es nach einer solchen Kräftigung wesentlich leichter sein. Ein Beispiel soll dies verdeutlichen.

Angesichts einer bevorstehenden Operation brechen für Hans, einen achtzigjährigen Mann, ihm bisher unbekannte Panikgefühle hervor, sodass er die Operation, die nicht lebensbedrohlich ist, Monat für Monat vor sich herschiebt. Im Gespräch mit mir wird ihm bewusst, dass er vor allem Angst vor Schmerzen hat, und er erinnert sich an die Situation, als ihm im Krieg ohne Narkose ein Bein amputiert werden musste. Wir repräsentieren drei Kräfte: sein Ich, sein Selbst und den Schmerz durch drei Stellvertreter.

Das Ich steht wie gebannt dem Schmerz gegenüber, sie schauen sich an – das Ich starr und bewegungslos, es atmet fast nicht. Das Selbst steht etwas abseits. Nach einiger Zeit geht das Selbst auf das Ich zu, stellt sich behutsam in sein Blickfeld. Langsam beginnt das Ich, das Selbst wahrzunehmen. Als das Selbst erkennt, dass es wahrgenommen wird, tut es einen weiteren Schritt auf das Ich zu und nimmt dessen Kopf sanft in beide Hände, deutet mit den Augen und mit den Händen die Möglichkeit einer leichten Seitwärtsbewegung an. Es lässt sich dabei Zeit, bis sich das Ich erst mit den Augen, dann mit dem ganzen Kopf zur Seite bewegt. Beide Repräsentanten berichten anschließend übereinstimmend davon als entscheidende und bewegende Szene. Selbst und Ich blicken schließlich ins Licht eines Fensters. Sie halten sich eng an den Händen, das Selbst steht zwischen dem Ich und dem Schmerz. Das Selbst sagt: »Schau ins Licht und ins Freie, das ist es, was dir bevorsteht, nicht der Schmerz ... Spüre meine Hand. Ich bin bei dir, was immer geschieht.« Sie gehen ein paar Schritte in die Richtung des Fensters. Der Schmerz bleibt stehen. Das Ich fragt das Selbst: »Bleibst du bei mir, auch wenn ich sterbe?« Selbst: »Ich bin bei dir, auch wenn du stirbst, ich bleibe.« Danach geht Hans zuerst in die Selbst-Position, kann sich mit dem Vertrauen auf diesem Platz identifizieren und sagt zum Ich noch einmal: »Ich bleibe, auch wenn du stirbst.« Erst dann geht er in die Ich-Position und kann dort die Entscheidung nachvollziehen, ins Licht zu sehen, eine freie Entscheidung und nicht mehr ein hypnotisiertes Hinstarren oder ein zwanghaftes Wegschauen vom Schmerz. Um diese Freiheit zu überprüfen, bitte ich Hans, aus der Ich Position auf den Schmerz zurückzuschauen, ohne das Selbst loszulassen. Es wird deutlich, dass er jetzt gelassen auch auf die Operation hinschauen kann. Er bleibt locker und entspannt und dreht sich nach wenigen Sekunden von selbst wieder zum Licht. Der alte Schmerz hat seine Kraft verloren. Die Repräsentantin des Schmerzes ist zur Stellvertreterin für eine »normale« Operation geworden. Die Überlagerung von Schmerz und Tod ist gewichen.

Von der Seele und wie sie mit Schuld umgeht

Bert Hellinger hat in seiner Arbeit und in vielen Büchern (z. B. 1994) gezeigt, wie unsere Seele sich *normalerweise* im familiären und sozialen Zusammenhang verhält. Wir tendieren dazu, transkulturelle Muster für nicht veränderbar zu halten, sie also wie Naturgesetze zu behandeln, während familiäre oder gesellschaftlich bedingte Muster leichter zu beeinflussen zu sein scheinen. Vielleicht ist ein anderer Unterschied noch wesentlicher: Sehen wir die Seele als einen Aspekt unserer Person, also als innerpsychische Struktur an, oder deutet sie wohl eher auf eine Beziehungs-Wirklichkeit hin? Martin Buber soll einmal auf einem Analytiker-Kongress ausgerufen haben: »Aber meine Herren, das Unbewusste ist doch nicht in uns, sondern zwischen uns.« Ähnlich könnte es mit der Seele sein. Dann wäre sie kein Aspekt des Ich, sondern des Selbst, also unserer Verbundenheit, ein lebendiges Beziehungsgeschehen und nur als solches veränderbar; genauer gesagt: wesensmäßig lebendig und immer in Veränderung begriffen.

Beschäftigen wir uns zum Beispiel mit seelischen Gesetzmäßigkeiten im Umgang mit Verletzung und Schuld: Matthias Varga von Kibéd (2007) weist darauf hin, wie Boszormenyi-Nagy und Bert Hellinger die Schuldfrage aus einer moralisierenden und ontologisierenden in eine ökonomische Sichtweise überführt und damit verhandelbar gemacht haben. Schuld ist demnach nicht mehr ein individueller Makel, sondern eine Störung des Beziehungsgleichgewichts zwischen Personen oder Personengruppen, die verändert, ausgeglichen, vergeben werden kann – oder auch nicht, wenn man das nicht will!

Die »Täter-Opfer-Beziehung« ist ein Abhängigkeitsverhältnis. Beide Seiten sind unfrei. Sie definieren sich in Bezug auf ein Verletzungsgeschehen, entweder als Verursacher und schuldig oder als Opfer und unschuldig, und halten diese Definition in Gedanken, Gefühlen und im Verhalten aufrecht. Dies ist ihre einvernehmliche

Konstruktion. Immer wenn sie sich dieser Definition gemäß verhalten, und nur dann, sind sie unfrei und abhängig. Das gilt gleichermaßen für Täter und Opfer. »Du bist schuld« oder »Du bist unschuldig« kann einem Kind suggeriert und eingeredet werden, bis es zu einer Selbstdefinition internalisiert ist, und kann auch opportun und sozial nützlich erscheinen, je nach Umfeld, in welchem man sich bewegt. In manchen Gruppen begründet Täterschaft eine gewisse Zugehörigkeit, in anderen wiederum Unschuld und Opfertum. Auch kann man sich unter Zwang dem sozialen oder gerichtlichen Urteil »schuldig« beugen, sich aber innerlich für unschuldig halten oder umgekehrt.

Um keine Verwirrung zu stiften: Es wird hier zwischen zweierlei Arten von Tätertum unterschieden. Die Täter, von denen in diesem Abschnitt die Rede ist, brauchen immer ein Opfer. Dieses Tätertum geht mit Schuldgefühlen, Hochmut und Ressentiments einher. Es gibt aber auch eine andere Art von Tätertum, welches kein unterlegenes Gegenüber braucht, sondern sich an eigener Kraft, Aufrichtung und Aktivität ebenso freut wie an den Aktivitäten anderer. Es geht mit Gefühlen von Selbstmächtigkeit, Energie und Stolz einher. Mehr darüber in Kapitel 7. In Tabelle 2 wurden »Ich« und »Selbst« als Täter, dieser zweiten Art beschrieben, als Aktivitäten und Wirkkräfte, die sich diametral unterscheiden und doch zusammengehören.

Den Unterschied, auf welche der beiden Arten von Tätertum jemand aktiv wird, erkennen wir an der Beimischung von Abwehr (Verteidigung, Hochmut, Ressentiments) im ersten Fall und an der Klarheit und Offenheit (Aufrichtigkeit, Stolz, Kooperation) im zweiten Fall. Der Kulturphilosoph Robert Pfaller beschreibt den Täter der ersten Art sehr schön als »überzeugten und leidenschaftlichen Kämpfer für die nachtragende Sache« (2008, S. 155). Und sein Hochmut »besteht genau darin, zu stolz zu sein, um Stolz an den Tag zu legen« (a. a. O., S. 151). Hinter seinen Worten und Handlungen erkennt man deutlich die Motive Konkurrenz und Abwertung.

Vergebung als Ausgleich und Befreiung geschieht, wenn es gelingt, diese Selbstdefinition (als Opfer oder Täter) für ungültig zu erklären, indem man sich nicht mehr danach verhält. Die Befreiung von dem Urteil »Ich bin Opfer und unschuldig« besteht allerdings in einer anderen Art von Umdenken als die Befreiung von dem Urteil »Ich bin Täter und schuldig«. Den einen Vorgang habe ich Vergebung genannt, den anderen Selbstvergebung. Sich der Definition »unschul-

5 Vergebung – das Aufgeben des Opferdaseins

dig« zu entledigen erscheint deswegen im ersten Moment schwierig, weil sie gewöhnlich eine ganze Reihe von sekundären Gewinnen mit sich bringt, von Mitleid und Aufmerksamkeit bis zu Macht und Erpressung. Auch die Definition »schuldig« zu stornieren erscheint zunächst schwierig, nicht nur deshalb, weil man dabei leicht als zynisch und verantwortungslos abgestempelt wird (ein neues Etikett), sondern auch deshalb, weil es schwer ist, mit einem eigenen Fehler ohne Selbstabwertung situationsgemäß umzugehen und betroffenen Beziehungen gerecht zu werden. Wenn wir als Täter unsere Schuld weniger moralisch und mehr ökonomisch verstehen, so sagen wir nicht mehr zerknirscht: »Ich bin schuld«, sondern aufrecht: »Ich stehe in deiner Schuld«. Dies scheint mir dem zu entsprechen, was die Bibel Umkehr (metanoia) nennt. Hier geht es nicht um einen dick aufgetragenen Gefühlsausbruch des Bereuens, sondern um eine Änderung der Sichtweise. Schuld wird nicht mehr als Eigenschaft, sondern als konkretes Beziehungsgeschehen gesehen.

Wenn Schuld in Schulden umdefiniert wird, können diese anerkannt, zurückgezahlt, erlassen oder beglichen werden. Der erste Schritt aber ist immer die Anerkennung, etwa der Satz: »Es tut mir leid.« Oder: »Wir anerkennen das Unrecht, das unser Volk Ihnen (allen) angetan hat.« Ohne diese Anerkennung der Schuld wird jeder Ausgleichsversuch entweder zu einer Farce oder zu einer Bezahlung, einem Geschäft. Beides ist entwürdigend. Eine schwere kollektive Schuld, wie etwa Massenmord, Krieg und Vertreibung, kann ohne ein Eingeständnis des Unrechtes auch nicht durch die Erbringung von noch so hohen Ausgleichszahlungen an die Opfer oder deren Nachkommen »wiedergutgemacht« werden. Im Zusammenhang mit einer ernst gemeinten, öffentlichen Anerkennung des Unrechts durch die Rechtsnachfolger der Täter kann eine materielle, symbolische Ausgleichsleistung aber angenommen werden und Frieden zwischen den Nachkommen beider Seiten stiften. Wenn aber Bezahlung ohne Eingeständnis des Unrechts von den Opfern vorgezogen wird, etwa nach dem Motto: »Auge um Auge, Zahn um Zahn«, kann sich eine Unrechtsgeschichte lange fortsetzen. Der Ausgleich durch Rache oder Bezahlung führt nicht zu Frieden, sondern zu einer Vervielfachung und »Verewigung« der Schuldbeziehung. (Auch auf dieser Ebene ergibt das Verbot, Zinsen zu nehmen, Sinn (Lev. 25, 36).) Vielleicht liegt hier eine der Ursachen dafür, dass der Friedensprozess im Nahen Osten weiterhin vorwiegend misslingt.

Matthias Varga von Kibéd hat dies theoretisch zusammengefasst (2007, S. 371):

> »Der eigentliche Ausgleich liegt in der Anerkennung der Ausgleichsverpflichtung[39].
> Die Ausgleichsleistung wird nur wirksam als Ausdruck dieser Anerkennung.
> Die Ausgleichsleistung selbst leistet nie den Ausgleich ...
> Der Schuldner hat das Recht auf Mahnung ...
> Verweigert der Schuldner nach erfolgter Anerkennung der Ausgleichsverpflichtung die Ausgleichsleistung, wird dadurch die Anerkennung hinfällig.«

Selbstbestrafung bewirkt keinen Frieden

Viele private und kollektive Symptome und Erkrankungen bis hin zum Suizid entstehen durch Übernahme von Schuld, die man nicht selbst auf sich geladen hat, die aber zum Beispiel bei den Eltern vermutet wird oder dort entstanden ist. Man versucht, für andere Sühne zu leisten, was eher schadet als hilft; es entsteht ein »Ausgleich im Übel«, wie Hellinger sagt. Es gehe hier darum, »den unbewussten Ausgleich im Übel durch den bewussten Ausgleich im Guten« zu ersetzen.[40] Ausgleich im Übel meint eine Ausgleichshandlung, -forderung oder ein Ausgleichsangebot, das zu einer Eskalation des Konflikts führt. Ausgleich im Guten führt zur Deeskalation, wenn er von der Gegenseite angenommen wird.

Ein Beispiel: Nachdem er seine Frau betrogen hatte, hatte Karl sich mit einer jahrelangen Depression bestraft, ein (unbewusster) Ausgleich im Übel, unter der natürlich beide Partner sehr litten. Ein therapeutisches Gespräch, das ihm die Depression als vom schlechten Gewissen diktierten Ausgleichsversuch bewusst machte, befähigte ihn zu einem bewussten Ausgleich im Guten. Dieser Ausgleich bestand darin, dass Karl sich seiner Frau offenbarte und seine Handlung von damals eingestand. Seine Frau hatte das geahnt und abwechselnd sich und ihm Vorwürfe gemacht. Jetzt konnte sie diese realistisch beurteilen und teils

---

39 In dem Begriff der »Ausgleichsverpflichtung« spiegelt sich die Umformulierung von »Schuld« in »Schulden«.
40 Vergleiche Bert Hellinger (1991): Schuld und Unschuld aus systemischer Sicht. In: Systema 5, S. 19-34

5 Vergebung – das Aufgeben des Opferdaseins

> *bestätigen, teils verwerfen. Sie fühlte sich von ihren Selbstvorwürfen entlastet und so gekräftigt, dass sie ihm vergab und nun frei war, sich für oder gegen einen Neuanfang zu entscheiden. Ihre Entscheidung für eine Fortsetzung der Beziehung mit ihrem Mann unterstrich sie, indem sie sich von ihm erbat, als symbolischen Ausgleich eine lang ersehnte Reise mit ihr zu machen. Das tat er sehr gern.*

Hier zeigt sich deutlich, was zu einem Ausgleich im Guten gehört: das Bewusstmachen einer verletzenden Handlung, ihre öffentliche Anerkennung, das Anbieten eines Ausgleichs, Vergebung als die Annahme eines Ausgleichs, und zwar eines symbolischen, nicht einer Bezahlung[41], und die Durchführung der Ausgleichshandlung. Dabei wird auch deutlich, dass man sich diesem Prozess bei lebenden Personen meist nicht durch symbolische Handlungen allein, etwa ausschließlich in einer Systemischen Aufstellung, entziehen kann.

Vergebung im positiven Sinn beinhaltet auch die Unterscheidung zwischen konkreter Situation und ihren Folgen, Konsequenzen und Erfordernissen einerseits und den moralischen Bewertungen, Definitionen und Urteilen andererseits, die von der realen Situation ablenken und stattdessen dauerhafte »Täter-Opfer-Bindungen« erzeugen. Vergebung geschieht für mich selbst. Wird sie für andere oder anderes vollzogen, ist sie oft verdorben und wie das Auswerfen eines weiteren Angelhakens. Vergebung ist innere Befreiung von der Konstruktion oder Definition von Schuld, egal wem diese Schuld zugeschrieben wird oder wurde, Befreiung von einer gefangen haltenden Bindung.

Die zentrale Botschaft des Urchristentums ist die Befreiung von der gesellschaftlichen Konstruktion des strafenden Gottes.[42] Die Lösung von dieser Beziehungsdefinition zwischen uns als Teil und dem größeren Ganzen, zwischen einem schmutzigen Ich und einem reinen und unschuldigen Selbst, haben wir Menschen zu allen Zeiten nötig. Wir kritisieren mit Recht die Kirche, die das Konstrukt eines strafenden Gottes wieder eingeführt hat. Aber selbst wenn es keine Kirche gäbe, würden wir eine strafende Autorität in uns selbst in Form

---

[41] Wir alle kennen diese Unterscheidung zwischen symbolischem Ausgleich und Bezahlung aus unserem Alltagsleben und halten sie auch ganz natürlicherweise ein. Wir wissen, wann und in welchen Situationen nachbarschaftliche Hilfe eine Bezahlung verdient oder erfordert und wann eine Flasche Wein oder ein Strauß Blumen, also ein symbolischer Ausgleich, angemessen ist.
[42] Darauf hat besonders eindrücklich und kongruent Neale D. Walsch hingewiesen (1999).

eines Über-Ichs bzw. des schlechten Gewissens erstehen lassen. Und eine gesellschaftliche Institution, die diese Selbst-Einschränkung äußerlich spiegelt, verwaltet und zelebriert, würde sich sicherlich bald einfinden.

Wenn unsere Vorfahren ein schlimmes Schicksal erlitten haben

Auch wenn unsere Vorfahren etwas Schlimmes erlitten haben, ist es trotzdem nicht dienlich für uns Hinterbliebene, sie rächen oder ihre Schmach teilen zu wollen. Wir verlängern das Unrecht, wenn wir glauben, es den Toten schuldig zu sein, rückwärts gewandt zu leben. Auch bei Naturkatastrophen, Krieg oder Genozid ist Überleben ein Geschenk und kein Verrat an der Gemeinschaft.

Besonders und gerade bei schweren Verletzungen, zum Beispiel bei Mord oder Verbrechen gegen die Menschlichkeit, müssen wir die Rache und den Ausgleich, d. h. die Art der Befriedung Gott überlassen. Ein Ausgleich kann dann nicht mehr allein zwischen Täter und Opfer geschehen, sondern gehört in die Beziehung beider zu einem Größeren. Es ist ein großer Unterschied, ob wir den Tätern des Holocaust in Identifikation mit den Opfern gegenübertreten oder als Stellvertreter des größeren Ganzen, das heißt eine nicht identifizierte Perspektive (die ich »Selbst« genannt habe) einnehmen. Statt die Täter moralisch zu verurteilen, was meist eine Folge von Hilflosigkeit im Umgang mit Trauma ist, können wir über Strafe, Konsequenzen, Ausgleich, Vergebung usw. nachdenken, im Wissen darum, dass die eigentliche Verletzung zwischen den betroffenen Seelen als Kollektiv und dem größeren Ganzen geschehen ist und die Konsequenzen daraus dort aufgehoben sind. Wir dienen dem Ganzen und keiner der Parteien, wenn wir uns aus dieser Perspektive mit Schuld und Trauma beschäftigen.

Wenn wir es mit Überlebenden von Katastrophen zu tun haben, können wir sie behutsam wieder dahin führen, das Leben als Geschenk zu nehmen, etwa mit der Bitte an die Vorfahren: »Bitte schaut freundlich auf mich und meine Nachkommen, wenn ich weiterlebe.« Auf diese Weise sehen wir sie in Frieden und in ihrer Kraft und ihr Schicksal als Quelle von Erfahrung und Segen. Sie anschauen und in Erinnerung halten ist gut und wichtig für uns selbst, ihnen ihre wie verloren gegangen scheinende Würde zurückgeben zu wollen ist Anmaßung und erzeugt (weitere) Verstrickung. Denn dabei halten wir sie im Opferstatus und unerlöst. Viel heilsamer ist es, sie im Frieden der göttlichen Gerechtigkeit zu sehen und um ihren Segen für unser Leben zu bitten.

Ich habe in vielen Beratungsprozessen erfahren, um wie viel hilfreicher es ist, von den Ahnen den Segen zu erbitten und zu nehmen, als ihnen in irgendeiner Weise aufhelfen oder etwas ausgleichen zu wollen. Ersteres stellt unsere Vorfahren an ihren Platz in der Ahnenreihe und sieht sie in ihrer Verbundenheit und in ihrer immer bleibenden positiven Funktion. Sie sind längst nicht mehr Opfer, sondern in Frieden, und wir halten ihnen nicht damit die Treue, dass wir sie anhaltend in ihrem Leid sehen oder selber leiden. Die Gewalt, die ihnen angetan wurde, soll ihr Leben und ihre Bedeutung nicht auch noch in unserer Erinnerung schmälern. Immer wieder erlebe ich in Aufstellungen, wie die Repräsentanten der Opfer sich aufrichten und sichtbar in Kraft und Würde kommen, wenn sie um ihren Segen gebeten werden, auch wenn sie vorher so aussahen und sich auch so erlebten, als hätten sie nichts weiter zu geben. Dass Opfertum mehr Kraft und Realität hätte als Versöhnung, das sollen wir weder bei anderen noch bei uns selbst glauben. Opfertum ist Aberglaube und eine Konstruktion, die so viel Macht ausübt, weil sie den Opfern Unversöhntheit unterstellt. Wie gut täte es hingegen dem Verhältnis von Völkern und Volksgruppen zueinander, wenn sie die Seelen der »Opfer« in Frieden und an ihrem Platz sehen und sie in öffentlichen Ritualen um ihren Segen bitten! Im systemisch-spirituellen Denken ist die Ausrichtung der Wahrnehmung unsere wichtigste Verantwortung.

Ebenso erleben wir es erlösend, wenn Eltern eines früh gestorbenen Kindes, aus dem Teufelskreis von Schuldgefühlen, Selbstbestrafung und deren Verdrängung herausfinden und dem Kind die Lebenszeit von einigen Wochen oder Jahren gönnen und der Seele des Kindes ihr einzigartiges Schicksal lassen. Das ist (Selbst-)Vergebung. Die Liebe zum Kind und zueinander kann wieder fließen.

Hilfreiche Sätze in solchen Vergebungsritualen bei Opfern und Tätern können sein: »Ich lasse dein Schicksal und deine Entscheidungen bei dir, ich lasse dich los. Bitte gib mir – jetzt oder später – deinen Segen und die Kraft, die du aus deinen Erfahrungen gesammelt hast.«

Persönliche und politische Verantwortung

Machen wir uns klar, dass alle jemals von unseren Handlungen betroffenen Wesen, unsere Kinder, unsere Mitmenschen und die Erde, ihre eigene spirituelle Quelle und Kraft haben, der sie mehr als uns anvertraut sind. Ich übernehme für meine Entscheidungen, die ja immer auch durch die Entscheidungen meiner Vorfahren geprägt sind, meinen Teil der Verantwortung und lasse ihren Teil der Verantwortung für ihren Umgang mit ihrem Schicksal bei ihnen. Diese Differenzierung befreit uns von der Polarisierung des »Alles-oder-nichts«-Denkens, und sie macht uns handlungsfähig. Übergib das verletzte Kind, die verletzte Partnerin, die verletzte Erde ihrer heilenden spirituellen Quelle und werde frei für verantwortliches Handeln im gegenwärtigen Kontext an deinem Platz.

Wer sich als Täter, d. h. schuldig fühlt, für den ist es außerordentlich wichtig, mit sich und dem, was er getan oder unterlassen hat, ins Reine zu kommen. Dass dabei Selbstbestrafung selten hilft, haben wir schon gesehen. Manchmal hilft eine Bestrafung der Gesellschaft, manchmal ist die Rache oder Strafe einem größeren Ganzen zu überlassen, so wie es übereinstimmend im Alten und dem Neuen Testament geschrieben steht (Deut 32, 15; Röm 12, 19). Vergebung oder Absolution für kollektive Verbrechen darf vielleicht nicht von Individuen erteilt werden. Es kommt darauf an, was geschehen ist und mit wem. In beiden Traditionen, der jüdischen und christlichen, ist darüber sehr viel reflektiert worden.[43] In seinem Buch *Die Sonnenblume* berichtet Simon Wiesenthal, wie schwer es ihm fiel und wie er es schließlich nicht vermocht hat, einem Nazi-Verbrecher am Sterbebett als Jude stellvertretend für dessen Opfer zu vergeben. Vergebung ist ein innerer Prozess, der nicht nur äußerlich geschehen kann. Sogar kurz vor seinem Tod hatte dieser Mann sich noch, ganz der katholischen Tradition verbunden, von außen abhängig gemacht und gehofft, dass ihm ein Jude – stellvertretend für seine jüdischen Opfer – Absolution erteilen könnte, so wie manche Christen glauben, dass Priester diese Stellvertretung Gottes übernehmen könnten. (Die Reformation hat diese Kompetenz ja allen oder niemandem zugeschrieben; heute würden wir sie als »Selbstkompetenz« beschreiben.) Niemand, der sich schuldig gemacht hat, soll sich abhängig machen von der Vergebung anderer. Vergebung kommt von innen, aus der transpersonalen Dimension unseres Selbst, von ganz innen oder von ganz außen. Wenn Sie möchten, wiederholen Sie die Vergebensübung oft, oder lesen Sie und praktizieren Sie die Vorschläge von Colin Tipping in seinen zwei Büchern über Vergebung und Selbstvergebung (2004 u. 2009).

---

43 Für die jüdische Tradition vgl. Daan van Kampenhout (2008, S. 99)

Vergebung ist ein andauerndes inneres Geschehen, die liebevolle Beziehung zu mir selbst im Denken, Fühlen und Handeln in Realisierung innerer Liebe. »Du wirst deinen Nächsten lieben wie dich selbst.«

6. Alle Heilung ist Selbstheilung

> *Bei der Kunst der Wunscherfüllung geht es also eigentlich darum,
> dass ihr lernt, mit eurem Größeren Selbst, eurem Potenzial, mitzuhalten.*
> Esther Hicks

Das Selbst ist formlos, grenzenlos, zeitlos, unterschiedslos, rein und leer. Es ist das Eine ohne ein Zweites. Da es keine Form oder Grenzen hat, kann es auch nicht erfahren werden. Unserem Verstand und unseren Sinnen ist es nicht zugänglich, und so halten wir es oft für nicht existent. Dabei ist es das Sein selbst, alles umfassend und von nichts umfasst. Es ist nichts, dessen man sich bewusst sein kann oder werden kann, es ist das Bewusstsein selbst. Es ist nichts, was man finden kann; weil es schon immer da ist, unser innerstes oder äußerstes Wesen, die Ursache allen Lebens und deshalb auch die Ursache aller Heilung und Entwicklung.

Das Ich hingegen ist die Wirklichkeit der Formen, die Raum und Zeit unterworfen sind und sich in ständigem Wandel befinden. Das Ego wiederum ist eine kleine Sammlung von Formen, die wir versuchen festzuhalten und der Sterblichkeit wenigstens eine Zeit lang zu entziehen, indem wir uns mit ihnen identifizieren. Dieser Irrtum ist die Ursache von allem Leid. Und nur indem wir zur Wirklichkeit des Selbst, in das reine, leere Bewusstsein, unsere wahre Heimat, zurückkehren, können wir Leid und Unfrieden dauerhaft beenden. Von dort fließt uns alle Heilung zu, und wenn es uns gelungen ist, uns selbst oder jemand anderen zu heilen, dann waren nicht wir es, die geheilt haben, sondern das allumfassende Bewusstsein, das manche Gott nennen und das unsere tiefste Wirklichkeit, unser Selbst ist.

Die alten Griechen haben es den »unbewegten Beweger« genannt, man könnte auch sagen, der Zeuge und Beobachter von allem, der natürlich, da er allumfassend ist, selbst nicht beobachtet werden kann. Wir können diese Wirklichkeit des Selbst also nicht erfahren, wie man irgendetwas anderes erfahren kann. Wir *sind* es ja. Wir können nur aus einer bestimmten Gefühlsqualität, die man auch Spürbewusstsein nennt, schließen, dass wir mit dieser Wirklichkeit in Kontakt sind, oder auch sie mit uns. Und das ist alles, was zur Heilung notwendig ist, wir lassen das Selbst wirken, ohne uns einzumischen.

Die sogenannten transpersonalen Zustände oder Gefühlsqualitäten sind schwer zu fassen oder zu beschreiben, man kann sie aber mit dem Spürbewusstsein wahrnehmen.

Gefühle sind immer durch irgendetwas bedingt, die »Gefühle«, die unsere Verbundenheit anzeigen, sind unbedingt, zeitlos, ortlos, unkonditioniert. Ein fließendes »Gefühl« von Frieden, Ruhen im Sein, Leichtigkeit, Weite, Liebe, Stille, Kraft, Glückseligkeit, eine Gewissheit der Zugehörigkeit und Verbundenheit mit allem, Grenzenlosigkeit, Ewigkeit, Wissen um alles, usw. Wir erkennen die Gottesnamen der Religionen wieder. Spuren des Göttlichen in uns, wenn wir dem unendlichen Selbst eine Zeit lang Raum geben. Wir können sie nicht herstellen wie Dinge oder auch wie Gedanken und Gefühle, wir können uns nur dem Selbst hingeben und auf seine Geschenke warten. Sie stellen sich immer ein und sind immer überraschend und neu.

Es folgt nun eine Meditation, mit der Sie den unendlichen Raum des Selbst betreten können. Wenn Sie heilen wollen, ein Problem lösen oder etwas in Ordnung bringen, vertrauen Sie das Problem diesem göttlichen Raum an, nur *das* kann wirklich heilen, erlösen, befreien. Sobald in Ihnen ein transpersonales Gefühl auftaucht, können Sie eine Hand oder ihr Bewusstsein zu dem leidenden Gebiet oder Teil Ihres Körpers hinführen und es für ein paar Sekunden mit der ewigen Kraft verbinden.

Raum-Meditation des unendlichen Selbst

Mit dieser Meditation[44] können Sie die unvorstellbare Größe Ihres Selbst auf Ihre Weise erkennen. Sprechen Sie den Text zunächst auf einen Tonträger, oder lassen Sie ihn sich vorlesen.[45] Machen Sie bitte bei den Gedankenstrichen jeweils ein paar Sekunden Pause. Bei der eigentlichen Meditation sollten Sie aufrecht und bequem sitzen. Sorgen Sie dafür, dass Sie in dieser Zeit ungestört sind. Sie brauchen sich die Dinge nicht unbedingt visuell vorzustellen, denken oder spüren genügt vollkommen.

---

44 In Anlehnung an die »Open Focus«-Übung von Lester Fehmi nach Frances Vaughan (1991), und an die Technik »Reines Bewusstsein« nach Kinslow (2008)
45 Auch diese Meditation kann im MP3-Format von der Website des Autors oder der des Carl-Auer Verlages heruntergeladen werden.

Stell dir vor oder denke dir den Raum zwischen deinen Augen,

- den Raum zwischen deinen Schultern,
- zwischen deinen Hüften.
- Stell dir vor, dass der Bereich zwischen deinen Fingerspitzen und deinen Schultern mit Raum erfüllt ist.
- Stell dir vor, dass deine Füße mit Raum erfüllt sind,
- dass der Bereich zwischen deinen Füßen mit Raum erfüllt ist,
- dass dein ganzer Bauch mit Raum erfüllt ist,
- dass der Raum zwischen deinen Füßen sich mit dem Bauchraum verbindet.
- Stell dir vor, dass dein ganzer Kopf mit Raum erfüllt ist,
- dass dein Kopf, dein Oberkörper, dein ganzer Körper einschließlich der Hände und der Füße mit Raum erfüllt ist.
- Und während du dir den ganzen Körper als Raum vorstellst, kannst du dir auch den Raum 360 Grad um deinen Körper herum vorstellen: den Raum hinter deinem Rücken, den Raum vor dir und an deinen Seiten,
- dazu den Raum über deinem Kopf und unter dir.
- Stell dir vor, dass sich die Grenzen zwischen deinem inneren Raum und dem Raum außen auflösen, sodass sich die Räume vereinen und ineinander übergehen.
- Mach dir nun auch alle Laute bewusst, die dir in diesem vereinten Raum zugänglich sind.
- Stell dir vor, dass du, während du den Raum und die Laute beachtest, gleichzeitig auch alle sonst noch vorhandenen Gefühle, Spannungen, Empfindungen oder Schmerzen wahrnimmst
- und dass alle diese Empfindungen und Wahrnehmungen von Raum durchdrungen sind.
- Dass du, während du den Raum, die Laute, die Gefühle und anderen Körperempfindungen wahrnimmst, gleichzeitig auch alle Gedanken und Bilder registrierst, die jeweils auftauchen.
- Dass sich nun dein Bewusstsein auch auf alles Empfinden oder Erleben ausdehnt, das du vielleicht bisher weggelassen hast,
- sodass du dir jetzt gleichzeitig deines ganzen Daseins gewahr wirst, alles dessen, was du bist,
- und dass alles, was du bist, gegenwärtig ist,
- und dass dein ganzes Erleben von Raum durchzogen und durchdrungen ist.
- Kannst du dir nun vorstellen, dass dein Raum-Erleben immer lebendiger und gegenwärtiger wird?
- Und dass dieser Raum auch immer mehr seine Begrenzungen verliert, sich immer mehr ausdehnt und nicht nur deine nähere Umgebung umfasst, sondern auch die weitere Umgebung, ja die ganze Erde?
- Dehne den Raum deines Bewusstseins über die Erde hinaus aus, auf das ganze Sonnensystem, auf das ganze Universum.

6 Alle Heilung ist Selbstheilung

- Dein Bewusstsein dehnt sich immer weiter aus, die ganze Schöpfung ist in ihm enthalten.
- Und während die Ausdehnung deines Bewusstseins immer weitergeht, wird die Schöpfung immer kleiner, bald nicht größer als eine Nadelspitze aus Licht, die von deinem grenzenlosen Bewusstsein gehalten wird.
- Und nun stell dir vor, wie die ganze Schöpfung, diese einzelne Nadelspitze aus Licht, zu einem Ende kommt.
- Was übrig bleibt, ist reines Bewusstsein. Sei nun einige Minuten ganz still im Bewusstsein des Raumes und der Leerheit des Bewusstseins, so gut du kannst.
  ....
- Und obwohl du weißt, dass du diesen unendlichen Raum nicht wirklich erfassen oder erfahren kannst, kannst du ihn doch irgendwie spüren. Du kannst deine Unendlichkeit nicht erkennen, aber du kannst sie sein.
- Und wenn du ein wenig bei dieser Vorstellung bleibst, wirst du auch bemerken, wie dich ein Wohlgefühl zu erfüllen beginnt, eine Qualität, die du vielleicht als Stille erlebst oder als Weite und Unbegrenztheit, in der sich dein Körperschema aufzulösen scheint, oder als Freude und Begeisterung, als Kraft, Glückseligkeit oder bedingungslose Liebe, als etwas Strömendes und gleichzeitig wie ein »Zu Hause angekommen sein«. Dieses Gefühl entspringt dem Verbundensein mit allem, was ist. Es ist nicht die Unendlichkeit, die können wir nicht wahrnehmen, aber es ist deine Resonanz auf die Unendlichkeit.
- Lass sich diese transpersonale Gefühls-Qualität ausbreiten und den gesamten unendlichen Raum, der du bist, erfüllen.
- Und dieses Wohlgefühl, dieses Spüren in Bewusstheit, wie immer es gerade jetzt in dir auftaucht und sich ausbreitet, kannst du sogar in deine begrenzte Existenz, deine persönliche Form, das Ich, mit hineinnehmen. Gib ihr einen Namen oder eine Farbe oder einen Ort, einen Duft, einen Klang oder ein anderes Symbol, sodass du sie erinnern und immer wieder in deinem Herzen aufrufen kannst, so oft du willst.
- Nimm dieses »Gefühl« als Brücke oder Tor, durch das du in das grenzenlose und bedingungslose Bewusstsein eintreten kannst, in dein eigentliches Selbst, dein tiefstes Wesen, und wenn du möchtest, es auch wieder verlassen und in dein begrenztes Ich, deine zeitlich und räumlich eingegrenzte Person eintreten kannst, ganz nach Belieben.
- Werde dir jetzt wieder deines Körpers bewusst, der ganz mit deinem Bewusstsein erfüllt ist.
- Alles in diesem Raum ist in deinem Bewusstsein.
- Nimm deinen Körper wahr, der in deinem Bewusstsein dasitzt.
- Bewege irgendetwas z. B. die Finger oder die Zehen. Auch die Bewegungen geschehen im großen Bewusstsein.
- Auch das Ein- und Ausatmen und das Öffnen der Augen, alles.

- Du bist darin eingebettet und aufgehoben, auch wenn du nicht daran denkst.
- Kannst du umherschauen, ohne zu fokussieren, und gewahr sein, dass alles, was du siehst, mit Raum erfüllt ist?
- Was empfindest du dabei? Mach dir das Gefühl bewusst, mit dem du jetzt gerade auf den erfüllten Raum reagierst, deine innere Resonanz auf das Gewahrsein der Unendlichkeit.
- Welche Farben, welcher Klang, welches Gespür entsteht in dir jetzt, und jetzt, und jetzt? Frieden, Leichtigkeit, Weite, Liebe, Stille, Kraft?
- Es spielt keine Rolle, wie sich das reine Bewusstsein in deinem Geist und Körper widerspiegelt, diese »Gefühle« resultieren daraus, dass du dir des unendlichen Bewusstseins gewahr bist.
- Eigentlich hast du jetzt drei Bewusstseinszustände erforscht:
- Leerheit, den nicht erfahrbaren unendlichen Raum,
- das tief innere Gewahrsein strömenden Friedens und bedingungsloser Zugehörigkeit
- und die konkrete Anschauung der Dinge und deines Körpers in Gegenwärtigkeit.
- Spiele ein wenig mit dem Wechsel dieser drei Ebenen.
- Wenn du willst, kannst du zu allem, was du wahrnimmst »Danke« sagen oder: »Das bin ich«.
- Mach dir keine Gedanken über Richtig und Falsch. Bleibe in der Resonanz auf die Gegenwart Gottes, bleibe in der ewig fließenden Gegenwart des Lebens.
- Tue nun einmal spielerisch so, als könntest du dich z. B. durch irgendwelche Gedanken aus dem Raum der zeitlosen Gegenwart entfernen, und kehre dann wieder zurück aus dem Denken in den Schoß des unendlichen Bewusstseins. Sei frei zu wechseln.
- Auch die Rückkehr in den Strom des Seins soll dich nicht anstrengen, du brauchst nichts zu tun. Du benötigst keine Technik, um das reine Bewusstsein zu finden. Es hat dich schon längst gefunden. Dies Gewahrsein blitzt von selbst immer wieder in dir auf. Und mit der Zeit wird es sich ausbreiten auf alles, was du tust, spürbar als Freude und Liebe, Leichtigkeit, Dankbarkeit und Kraft.
- Versuche nicht, es herzustellen, es ist und bleibt ein Geschenk.

Und das ist nun die dazugehörige »Technik« des Heilens: Verbinden Sie das, was krank ist oder was nicht in Ordnung ist, mit dem formlosen Selbst, dann kommt es in Ordnung und in Frieden, und zwar in den Frieden, der höher ist als alle Vernunft und dessen Gestalt und Form wir nicht vorhersehen und nicht herstellen können. Aus der Leere kommt die unendliche Schöpferkraft der Erneuerung, wir zapfen das schöpferische Potenzial des gesamten Kosmos an. So schlau können wir gar nicht sein, so viele Faktoren können wir gar nicht bedenken, als dass wir mit der göttlichen Weisheit konkurrieren könnten, die jenseits aller Bedingungen besteht.

Frank Kinslow schreibt in seinem Buch *Quanten Heilung*: »Das reine Bewusstsein bringt die Dinge in Ordnung, nicht wir. Denn es wird nicht beeinflusst von unseren persönlichen Bedürfnissen, Sehnsüchten, Vorurteilen, Hoffnungen, Ängsten, Zielen, Fehlschlägen oder irgendetwas anderem, das uns im Kopf herumschwirrt. Wir Menschen sehen ein unglaublich winziges Scheibchen von dem, was war, was ist und was sein wird. Unser Problem besteht darin, dass wir unserer Ansicht nach eine recht gute Vorstellung davon haben, was in jeder einzelnen Situation am besten ist. Die Wahrheit ist: Wir haben keine Ahnung« (2008, S. 59). Das Ich-Bewusstsein ist begrenzt und bedingt. Das reine Bewusstsein der Selbst-Ebene besteht jenseits von Raum und Zeit und umfasst viel mehr Ausdrucksformen unserer Existenz, als wir je mit unseren Verstandeskräften wahrnehmen können. Also, wie ein arabisches Sprichwort sagt: »Vertraue auf Gott, und binde dein Kamel fest«.

Was ist nun vom Ich her zu tun, wie sieht das Festbinden des Kamels aus? Die Aufgabe des Ich ist das Äußern des Wunsches, das Abgeben einer Absichtserklärung (wir werden über das Wünschen, Beten und Bitten noch sprechen). Auch wenn wir nicht wissen können, was das Beste für uns ist, so müssen wir doch unsere Absicht erklären mit unseren Worten und Bildern, so wie sie unserem begrenzten Bewusstsein zur Verfügung stehen. Denn die göttliche Kraft ist vor allen Dingen bedingungslos freilassend. Freilassende Liebe ist ihr Wesen, ihre implizite Ordnung. Also wartet das Selbst/die Anwesenheit Gottes auf unser Wünschen, Bitten oder Beten. Auch wenn unser Bitten begrenzt ist und die Erfüllung unserer Bitten diese regelmäßig weit überschreitet und uns so zufriedenstellt, wie wir es nicht für möglich gehalten hätten. Nur unser Bewusstsein schränkt die Wunder ein, die für uns bereitstehen. »Werdet wie die Kinder«, sagte Jesus, »bittet in vollkommener Unschuld«. So wie ein Kind seine Mutter oder seinen Vater bittet, so sollen wir uns an Gott wenden. Ohne diese Unschuld, ohne Demut passiert gar nichts. Das ist die eigentliche Transformation des Bewusstseins, die Umkehr von Wahrnehmung und Denken, wie wir sie oben beschrieben haben (metanoia). Wir geben unsere Wünsche hin an den Strom des unendlichen Bewusstseins, vertrauen uns ihm an. Wohin der Strom der Heilung, der alles umschließt, uns führt, können wir nicht beeinflussen. Sich der heilenden Kraft des Universums anzuvertrauen kann nicht heißen, alle Hilfen, die sich innerhalb dieses lebendigen Ganzen entwickelt haben, auszuschlagen, sondern sie wach und frei zu prüfen und das anzunehmen, was tauglich ist, ob es nun von einem Arzt, Coaches oder Psychotherapeuten angeboten wird. Wer weiß, mit welchen inneren und äußeren Überraschungen und Wundern das unendliche Bewusstsein aufwartet, wenn Sie sich ihm erst einmal »überantwortet« haben.

Eine konkrete Handlungsanweisung zum Heil-und-ganz-werden könnte folgendermaßen lauten: (A ist dabei der, der etwas wünscht oder braucht. B hat die Rolle des Heilers. Da beides Rollen sind, können Sie auch beides gleichzeitig sein, also auch sich selbst heilen.)

Formulieren Sie als A Ihren Wunsch oder Ihr Anliegen konkret, positiv und im Präsens. (Zum Beispiel: »Ich bin schmerzfrei und entspannt in meiner linken Schulter.« Oder: »Mein Gefühl zu meiner Frau ist leicht und freudig.« Oder: »Ich arbeite effektiv und mit Würde.«)

Betreten Sie nun als B den unendlichen Raum des Bewusstseins und warten Sie in Stille auf das Eintreten irgendeiner transpersonalen Gefühls-Qualität. »Das warme Gefühl, das wir in unserer Übung haben, ist Erleuchtung«, sagt Shunryu Suzuki (2001, S. 96).

Verbinden Sie konkret mithilfe eines Fingers oder in ihrer Vorstellung den schmerzhaften oder kritischen Punkt für ein paar Minuten mit diesem Spürbewusstsein. Nicht zu lange, denn es handelt sich hier nicht um eine Übertragung von Energien oder Heilkräften, sondern um ein Bewusstmachen ihrer Anwesenheit. Da ist kein Platz für eigene Anstrengung, nur für Dankbarkeit. Eigentlich handelt es sich nicht um einen Prozess des Heilens, sondern um ein Ritual, in dem wir nachvollziehen, was für uns schon immer bereitsteht. Wir können den Wunsch hegen, jemandem zu helfen, wir können aber nicht wissen, welche Hilfe für sie oder ihn die beste ist. Der Strom der Heilung fließt, wo er will. Wir können nur den Hilfesuchenden an die Hand nehmen und uns der größeren Intelligenz des Selbst anvertrauen.

Fragen Sie dann A (oder Ihre A-Seite), ob und was sich verändert hat.

Das Zusammenspiel von Gut und Böse

Betrachten wir nun noch einmal das Wünschen, Wollen, Bitten und Beten vor dem Hintergrund der Meditation des bedingungslosen allumfassenden Bewusstseins, des raumlosen Raumes. Wir haben ja darüber im zweiten Kapitel schon gesprochen. In der Meditation haben wir erfahren, dass aus der Hingabe an den leeren, unbedingten Raum ganz unmittelbar und ohne erkennbaren Anlass umfassend positive Gefühlsqualitäten hervorgehen. Diese »Gefühle«, die uns allmählich ganz erfüllen, Körper, Seele und Geist, sind die eigentlichen Schlüssel aller nachhaltigen Veränderung und Heilung. Hier treffen sich Ich und Selbst, Erde und Himmel, dass manifeste Körperliche und das nicht manifestierte Ewige. Was wir da spüren, ist der Klang ihrer Begegnung. Und aus dieser Begegnung entsteht neue Wirklichkeit. Ausschließlich. Das Ich kann nichts tun ohne das Selbst und das Selbst kann nichts tun ohne das Ich. Die Versuche des Ich, die Welt oder sich selbst aus eigener Kraft zu ändern, enden nur in Klischee, Gewalt oder bestenfalls in Symptombehandlungen ohne Nachhaltigkeit. Das Selbst wiederum wartet in unendlicher liebevoller Geduld auf die Heimkehr des Ich und erlaubt ihm lächelnd, alle Abgründe der Vergeblichkeit und der Selbstentfremdung auszuloten. Es weiß ja: Alle Abgründe, Widerstände und Umwege dienen dazu, uns immer noch bewusster zu machen, was wir eigentlich brauchen, unsere Herzenswünsche, die Richtung deutlich zu machen, in die unser innerstes Wesen fließt. Wenn wir einstimmen in diesen Strom haben wir alle Macht und alle Schöpferkraft auf unserer Seite, und das Schwimmen gegen den Strom dient nur der besseren Erkenntnis der Richtung, in die es heimwärts geht.

Hier ist es nun an der Zeit, Martin Bubers Sätze über das »Gute« und das »Böse« aus Kapitel 2 zu ergänzen.

»Zwei Triebe sind in der Schöpfung des Menschen gegeneinander gesetzt. Der Schöpfer hat sie dem Menschen als dessen zwei Diener mitgegeben, die ihren Dienst aber nur im echten Zusammenwirken vollziehen können. Der ›böse Trieb‹ ist nicht weniger notwendig als sein Geselle, ja notwendiger noch als er, [...] wie die Hefe im Teig, [...] unter beiden ist eben der böse der grundlegende. Dass er aber der böse heißt, kommt daher, dass der Mensch ihn böse gemacht hat [...]. Die Aufgabe des Menschen ist daher nicht, den bösen Trieb in sich zu vertilgen, sondern ihn wieder mit dem Guten zu vereinen [...]. ›Liebe JHWH deinen Gott mit deinem ganzen Herzen‹ (Deut 6, 5) und das bedeutet: mit deinen beiden geeinten Trieben [...].

Diese bedeutsame Lehre kann nicht verstanden werden, solange man Gut und Böse, wie üblich, als zwei einander polar entgegengesetzte Mächte oder Richtungen auffasst. Ihr Sinn erschließt sich uns, wenn wir sie als wesensgleich erkennen, den ›bösen Trieb‹ als die Leidenschaft, als die dem Menschen eigentümliche Kraft also, ohne die er weder erzeugen noch hervorbringen kann, die aber, sich selbst überlassen, richtungslos bleibt und in die Irre führt, und den ›guten Trieb‹ als die reine Richtung, das heißt als die unbedingte Richtung, die auf Gott zu. Die beiden Triebe einen, das will sagen: die richtungslose Potenz der Leidenschaft mit der einen Richtung versehen, die sie zur großen Liebe und zum großen Dienst tauglich macht. So und nicht anders kann der Mensch ganz werden« (1986, S. 33–36). »So kann Gut und Böse kein Gegensatzpaar wie rechts und links, wie oben und unten sein. ›Gut‹ ist die in die Richtung der Heimkehr gestreckte Bewegung. ›Böse‹ ist der Wirbel der richtungslos kreisenden Möglichkeitskraft des Menschen, ohne die nichts gerät, durch die, nimmt sie die Richtung nicht an und bleibt sie verfangen, alles missrät [...]. Als Zustand der einzelnen Seele ist das Böse das krampfige Ausweichen vor der Richtung [...] aus Leidenschaft oder aus Trägheit« (1962, S. 261). Das heißt, zum Leid bringenden Bösen wird die Möglichkeitskraft des Menschen erst, wenn wir die Wahl zur Verwirklichung verweigern und richtungslos im Wirbel verharren. »Die Vertiefung und Bestätigung der Entscheidungslosigkeit ist die Entscheidung zum Bösen« (1986, S. 28). Wir können uns das bildlich so vorstellen (Abb. 10a):

Abb. 10a: Buber: Die Richtung des »Guten« wird mit der Unterbrechung durch das »Böse« erkennbar.

Wenn alles fließt und alles eins ist, kann es keine Erkenntnis geben, weder vom Fließen noch von der Richtung des Fließens. Erkennen und Bewusstsein entstehen erst, wenn es irgendwo einen Widerstand, einen Standpunkt, eine Unterbrechung gibt. Dies wird mit der mythologischen Gestalt des Widersachers ausgedrückt. Deshalb nennt Martin Buber es wohl das »Böse«. Es hat aber wenig zu tun mit dem, was wir als böse bezeichnen. Als böse erleben und bewerten wir etwas, was sich in die Gegenrichtung zum universalen Ganzen bewegt. Als gut erleben wir das (Denken, Handeln, Fühlen, Sprechen usw.), was mit der Richtung des »Guten« übereinstimmt. Aber in Wahrheit gehören gutes und böses Verhalten zusammen, bilden zusammen den »Wirbel« beziehungsweise die Kreisbewegung unserer Möglichkeitskraft, die das Strömen und seine Richtung erst erkennbar macht. Erst innerhalb dieser Kreisbewegung zeigt sich das, was wir normalerweise als gut und böse bezeichnen. Und als zusammengehörig erkennen wir es erst aus der Perspektive des Ewigen.

Ich habe die Perspektive des Ewigen nicht das »Gute«, sondern das »Selbst« genannt, um zu betonen, dass es die eigentliche Wirklichkeit jedes Menschen ist, unser an sich nicht erfahrbarer, raum- und zeitloser Wesenskern und Hintergrund, unser innerstes und gleichzeitig äußerstes »Sein«. Was Buber das »Böse« nennt, habe ich in seiner individuellen Ausprägung das »Ich« genannt, unsere Unterscheidungs- und Entscheidungskraft, empfunden als Getrenntheit und Freiheit. In Zengärten wird mit diesen Möglichkeiten gespielt (Abb. 10b u. c):

Abb. 10b: Einheitserfahrung. Ich befindet sich im Gleichstrom mit Selbst, ohne sich aufzulösen. Das Strömen des Ganzen wird deutlich, ohne gestört zu werden. Hingabe.

Abb. 10c: Gegenübererfahrung. Durch die veränderte Ausrichtung des Ich wird die Richtung des Ganzen noch deutlicher. Ist diese Richtungsänderung frei gewählt, wird sie nicht als Leid erfahren. Böse und Leid bringend wird sie durch beharrliche Verweigerung der Ausrichtung, durch Festhalten an der Entscheidungslosigkeit und Ablehnung der Verantwortung für die Ausrichtung.

Durch diese Art der grafischen Darstellung aus der japanischen Philosophie des Ortes (Latka 2003) wird deutlich, wie sich das Ich durch seine Ausrichtung mehr oder weniger im Widerstand erschöpfen kann oder sich in Hingabe an die Kraft des Selbst dieser Kräfte bedienen kann. Es wird sich dann mehr und mehr mit dem Selbst und seiner Ausrichtung anfreunden, seine Unterscheidung vom Selbstfluss als spielerisch-frei gewählt betrachten, um sie dann im Tod ebenso freiwillig aufzugeben – im größeren Ganzen »aufgehoben« und daheim.

Es wird in diesem Modell aber auch deutlich, wie jede Unterscheidung, und sei sie noch so drastisch und »böse«, der Erkenntnis und dem Selbst-Bewusstheit des universalen »Guten« dient.

Esther und Jerry Hicks (2009) schreiben dazu sinngemäß Folgendes: Je mehr sich unser physisches Ich in »Schwingungsübereinstimmung« mit unserem nicht-physischen Selbst befindet, desto positiver fühlt es sich an. Und negative Gefühle sind Zeichen dafür, dass wir im Jetzt mit der Ausrichtung und der Evolution unseres innersten Wesens nicht in Übereinstimmung sind. Anders gesagt: Negative Gefühle (einschließlich Traumata und Verletzungen) unterbrechen (und zeigen dadurch) die Richtung der Evolution, in die unser innerstes Wesen, seine Wünsche und sein Wollen unterwegs sind. Wenn wir uns mit dem Strömen unseres Selbst in Übereinstimmung bringen, werden auch unsere Wünsche und unser Wollen effektiv. Wir schwimmen mit dem Strom und nicht dagegen an.

Der Impuls zur Umkehr und zur Hinwendung zu unserem innersten Potenzial liegt bei uns, wir sind in dieser Hinsicht frei. Wir können uns unserem innersten Wesen zuwenden oder eine Zeit lang Widerstand leisten. Die Qualität unseres Gefühls verrät uns, was wir gerade tun. An unseren Gefühlen erkennen wir unsere Ausrichtung. Und unsere gedankliche Ausrichtung können wir bestimmen. Wenn wir uns auf Negatives wiederholt einlassen oder konzentrieren, egal ob es in der Vergangenheit oder der Zukunft liegt, egal auch, ob wir es bekämpfen, fürchten oder erwarten, werden wir Gefühle der Unzufriedenheit, Angst, Wut oder Traurigkeit erzeugen. Daran erkennen wir die Richtung, in der unser Geist gerade unterwegs ist, unsere vielleicht unbewussten Beweggründe und Zielvorstellungen. Fühlen wir Wohlgefühl (d. h. rein, klar, gegenwärtig und in Zustimmung mit allem, was uns widerfährt), so sind wir in Übereinstimmung mit den Bewegungen unseres Selbst, aus denen Leben, Heilung und Bewusstsein entstehen können. Und unser Selbst ist in Übereinstimmung mit der Evolution des Lebens und der Ausdehnung des Universums, das ist sein Wesen!

Dieser ganze Vorgang kann vereinfacht so ausgedrückt werden: Denken wir an Negatives, so erzeugen wir negative Gefühle, und es widerfährt uns, worauf wir mit unseren Gedanken ausgerichtet sind. Richten wir uns auf Positives aus, so entstehen dadurch positive Gefühle, durch die wir auch eine positive Wirklichkeit kreieren. Oder: »Was der Mensch sät, wird er auch ernten« (Gal 6,7). Dabei gehören Gedanken und Gefühle zusammen. Mit unseren Gedanken, Vorstellungen und Bildern erzeugen wir unsere Gefühle. Sie kommen nicht von außen, wir sind (mit unseren Gefühlen!) nicht Opfer äußerer Geschehnisse. Wir geben den äußeren Geschehnissen die Bedeutung, die sie für uns haben. Und diese selbst erzeugten Gefühle geben unseren Gedanken und Bildern Energie, das heißt Realität. Dabei gilt: Je stärker und nachhaltiger die Gefühle, desto greifbarer manifestiert sich das, was wir gedacht hatten. Dieser rekursive Zusammenhang scheint eine universale Gesetzmäßigkeit darzustellen. Er drückt sich bis hin in Veränderung unseres Nervensystems aus, wie die moderne Hirnforschung mit ihren bildgebenden Verfahren herausgefunden hat (Hüther 2005). Oberflächliches Denken hat keine neuen Bahnungen im Gehirn zur Folge, aber Gedanken, die mit tiefen Gefühlen einhergehen, sehr wohl. Entstehen durch wiederholte angstbesetzte Gedanken und Bilder negative Bahnungen, können solche Bahnungen durch

Gedanken, die mit Begeisterung, Liebe oder Freude einhergehen, wieder gelöscht und zu ganz neuen neurophysiologischen Strukturen umgewandelt werden. Wie wir in unserem Kopf tatsächlich physische Veränderungen herbeiführen können, so können wir es auch im Äußeren. Wie innen, so außen. Gedanken und Bilder können Gefühle erzeugen, und starke Gefühle erzeugen Wirklichkeit.

Nehmen wir ein anderes sehr gebräuchliches Beispiel: Auch Diagnosen, zum Beispiel körperliche Krankheitsbilder, sind Gedankenformen, die Wirklichkeit erschaffen, sofern und soweit wir ihnen emotionale Energie (Angst oder Hoffnung) geben. Es kommt nicht darauf an, ob Sie gegen eine Diagnose ankämpfen oder sie akzeptieren. Beides sind schöpferische Tätigkeiten, die sie in unserem Körper oder anderswo zur Wirklichkeit werden lassen. Auf der Ebene des Bewusstseins nehmen wir allmählich die Experimente Heisenbergs und die heutigen Erkenntnisse der Quantenmechanik ernst, die zeigen, dass die Eigenschaften eines Objekts in der Quantenmechanik durch Messung (Diagnosestellung) nicht festgestellt, sondern hergestellt werden (Görnitz 2009).

Esther und Jerry Hicks nennen diesen Zusammenhang »das Gesetz der Anziehung« (2008). An ihre Erfahrungen und Vorschläge zum Thema Wünschen lehne ich mich an, wenn ich den Prozess des Wünschens in drei Schritten zusammenfasse.

Aber vorher noch einmal zur Klarstellung: Nicht aus dem rechten Beten, dem richtigen Wünschen und Bestellen oder dem positiven Denken entsteht die Veränderung, die Heilung, das Wunder, sondern aus der Begegnung des Personalen mit dem Transpersonalen, aus der Begegnung von Himmel und Erde, von Ich und Selbst. Beide ziehen sich magnetisch an und sehnen sich nacheinander (die Quantenmechanik nennt diesen Vorgang »Verschränkung«; vgl. Abb. 2: Das Siegel Salomos), jedes sehnt sich nach dem anderen, wir nennen das manchmal Liebe. Und dabei geht es nicht um unterschiedslose Vermischung, sondern um klare, strahlende Begegnung. Neues Leben entsteht daraus!

Vom Wünschen, Wollen, Bitten, Beten

Wir können mindestens drei Schritte ausmachen, die für das Manifestieren unserer Wünsche wesentlich sind. Sie können es gleich am Beispiel eines Ihrer Wünsche durchspielen:

1. Mangelbewusstsein: Identifiziere, was dir fehlt. Das heißt, mache dir den Mangel klar, steh zu deiner Angst, deinem mangelnden Vertrauen. Werde deiner Bedürftigkeit gewahr. Formuliere, was du nicht willst, z. B.: »Ich bin krank«, »Ich habe immer so viel Angst beim Aufwachen«. Halte dich aber mit diesem ersten Schritt nicht lange auf. So faszinierend das Opferdasein ist, lass es trotzdem beiseite, sobald es dir bewusst geworden ist. Investiere nicht mehr Energie, Zeit und Anstrengung in das Mangeldenken, sondern:
2. Formuliere, was du stattdessen willst. Formuliere es positiv, im Präsens und konkret, z. B.: »Mein Körper ist kräftig und gesund«, »Ich bin beim Aufwachen voller Liebe zu mir selbst und freue mich auf die Begegnungen mit anderen«. Finde eine Formulierung, bei der dein Herz lacht. Die Formulierung darf alle positiven Gefühle in dir wachrufen, die du dir nur wünschst, z. B.: »Mein Körper ist kräftig und gesund, ich bin voll Freude.« Am besten wählst du gleich ein unbedingtes, ein transpersonales Gefühl. Wir haben oben ein paar davon aufgezählt. Freude ist meist bedingungslos. (Stolz im Sinne von Hochmut ist bedingt, bezieht sich also auf etwas, was du mit eigener Anstrengung erreicht zu haben glaubst.) Wünsch dir Gefühle, die bedingungslos sind, weil sie vom Himmel oder »von Selbst« kommen. Entwickle eine konkrete Vision, die dich auf allen Sinneskanälen anspricht. Du musst das, was du willst, sehen, hören, fühlen und vielleicht auch riechen und schmecken. Stelle dir vor, Gott oder das Universum schenkt dir über Nacht und ohne dein Zutun die Erfüllung deiner Träume weit über das Maß, das du dir vorstellen konntest. Du weißt nur, die Erfüllung ist da, das Wunder ist geschehen. Wie fühlst du dich danach, wie siehst du aus, wie klingt es in dir und um dich herum? Was ändert sich ganz äußerlich in deinem Alltag? Stell dir das konkret vor und formuliere es laut, bis Freude, Dankbarkeit, Staunen, Ehrfurcht oder ein anderes klares und eindeutiges Gefühl entsteht. Bis du dich so fühlst, als hättest du es bereits erhalten. Du kannst auch mit anderen darüber reden, wenn du willst. Sie werden dir helfen in deinen Formulierungen genau zu sein, damit du nicht wieder einmal Mangel anziehst. Wenn du zum Beispiel sagst: »Ich wünsche mir einen gesunden Körper«, statt: »Ich habe einen gesunden Körper«, ziehst du vielleicht verstärktes Wünschen und Sehnsucht an, anstelle von Gesundheit. Formuliere mithilfe deiner Freunde deine Wünsche im Präsens, konkret und positiv, damit du genau das Gefühl findest und auch erlebst, das zu deinen Wünschen passt. Du kannst auch deine Zeitvorstellung in die Vision mit hineinnehmen. »Mein Körper ist am Ende des Jahres kräftig und gesund. Ich bin voller Lebensfreude.« Und füge eine Formulierung der Bekräftigung hinzu, z. B.: »So ist es!« oder »Amen«. (Das biblische Wort Amen hat genau diese Bedeutung.) Veröffentliche deinen Wunsch, deine Bitte. Veröffentlichung heißt hier: laut aussprechen, sodass andere es hören. Manchmal ist auch das Auf-

schreiben oder Aussprechen sich selbst gegenüber ausreichend. Das kannst du für dich ausprobieren.
3. Der dritte Schritt ist der Schritt der Hingabe. Du sollst nun diese vielleicht mühsam erarbeitete Vision, diese wunderbare Formulierung deines Herzenswunsches, die Begeisterung in dir ausgelöst hat, aufgeben. Du darfst dein Schicksal mit allem, was du dir wünschst und woran du hängst, dem göttlichen Geist anvertrauen. Das ist der Sprung vom Ich ins Selbst. Nur die universale Intelligenz, mit der das Selbst verbunden ist, kann das Wunder vollbringen. Nur sie kennt alle Variablen deines Problems. Nur sie weiß, was für dich am besten ist. Nur in der Verbundenheit, der Selbst-Qualität stehen uns die göttlichen Quellen der Allwissenheit, Allliebe und Allmacht zur Verfügung. Das sind die Kräfte, die fähig und bereit sind, neue Wirklichkeit zu manifestieren. Unser Selbst ist das Tor zu diesen Kräften. Hingabe heißt, dieses Tor mit dem freien Ich zu durchschreiten, wobei jedes Mal etwas mehr Anhaftungen verloren gehen und das Ich immer freier wird, bis es irgendwann einmal ganz eins mit dem Selbst und ganz im freudigen Gegenüber zu ihm ist.

Ich fasse diesen dritten Schritt zusammen: Einen Wunsch äußern heißt, ihn dem größeren Ganzen zu übergeben, ihn hinzugeben. Hingabe können wir den Akt der Neuausrichtung nennen (metanoia), weg von den Angst-Konstruktionen hin zur Wahrnehmung des Selbst. Dies ist nichts weniger als ein Paradigmenwechsel. Wir kommen dadurch aus der Sphäre eigener Anstrengung in die Sphäre des Wunders. Ein Akt des Loslassens, der Stille und des Vertrauens. Die Verantwortung für diesen Perspektivenwechsel liegt allein beim Ich. Das Ich ermächtigt das Selbst, alles zu tun, was notwendig ist, seine Wünsche in ihrer Tiefenstruktur, in ihrer eigentlichen Qualität zu erkennen und zur punktgenauen Erfüllung zu bringen. Das ist die Bedeutung des Hara: Selbstermächtigung. Ich springe sozusagen in die Kraft umfassender Verbundenheit und Einheit, und dann bleibt nichts anderes zu tun, als zu danken. Ich verlasse mich darauf, dass das universale Bewusstsein meine sehnsüchtige Bitte, meinen dringenden Wunsch (ich habe ihn ja mit allen Kräften, von ganzem Herzen und mit allen mir zur Verfügung stehenden Emotionen ausgedrückt) in sich aufgenommen hat und beantworten wird, viel besser und umfassender, als ich es mir vorstellen kann. Der Heilige Geist übernimmt die Übersetzungsarbeit. »Denn wir wissen nicht, worum wir in rechter Weise beten sollen, der Geist selber tritt jedoch für uns ein mit einem Seufzen, das wir nicht in Worte fassen können. Und Gott, der die Herzen erforscht, weiß, was die Absicht des Geistes ist« (Rom 8,26). Es braucht nun nicht mehr, als zu danken, und wer in der Dankbarkeit bleibt, kann nicht enttäuscht werden. So richten wir uns mit unseren Wünschen, Bitten und Absichten (Kräfte des Ich) auf unser universales Wesen, unser Selbst hin aus, durch das wir Zugang zu aller Macht, aller Liebe und allem Wissen haben.

Heiler, die von ihrem Selbst gelernt haben, hören auf, Anwendende zu sein, und werden zu Teil-Nehmenden, die in einem »ansteckenden« Zustand innerer Ruhe verweilen. Sie erwarten nichts, weisen nichts zurück, wollen nichts, erhoffen nichts; weder übertragen noch empfangen sie irgendetwas. Sie sind schlicht präsent. Der Rest geschieht von selbst, ohne ihr Zutun. Das Größere bedarf nicht meines Beistands. Heilwerden ist dann weniger Energieübertragung als vielmehr das Geistige, das aus Teilnahme und ganz viel Loslassen (Negation) besteht, ein Still- und Leerwerden.

Die triadische oder Herzenswunsch-Aufstellung

Im Modell der triadischen oder Herzenswunschaufstellung werden drei Kräfte repräsentiert, die drei Dimensionen unseres Lebens: die horizontale Raum-Zeit Achse, die vertikale Achse der Spiritualität und die Diagonale: die Person (Abb. 11).

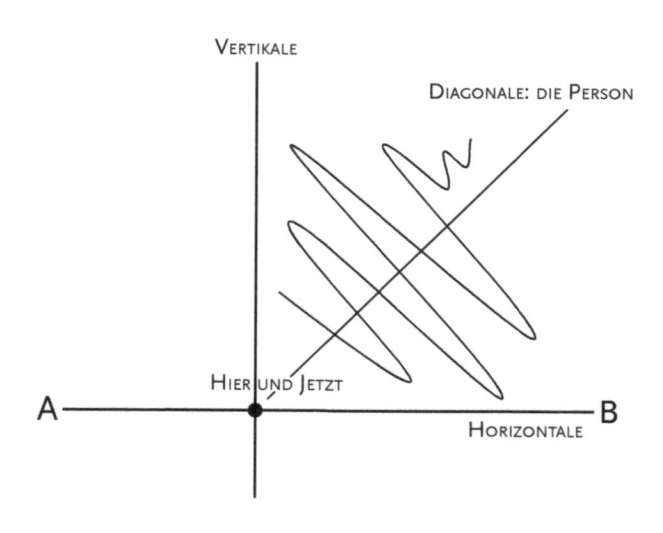

Abb. 11: Triadische oder Herzenswunschaufstellung

A bezeichnet den Ausgangspunkt oder die Personen (Gruppe), von denen wir uns entfernen werden, wenn wir unser Ziel B erreichen und uns unsere Herzenswünsche erlauben. Das sind Personen aus unserer Vergangenheit, denen wir dabei in gewisser Weise unsere Loyalität aufkündigen müssen. Um diese Personen zu identifizieren, eignet sich die Frage: »Wem wirst du unähnlicher, wenn du Ziel B erreicht hast, wer hat sich dies nicht erlaubt?« Dieses Freimachen von Loyalität zu Menschen, Gruppen oder Ideologien kann schmerzhaft sein, handelt es sich doch um das Aufgeben (»Vergeben«) von tief eingegrabenen und meist unbewussten Erwartungen an sich selbst und andere. Es ist wichtig, diesen Vorgang (neben der verbalen Bearbeitung) zu verkörpern, zu vollziehen. Die Horizontale beinhaltet das Ziel, ein Ziel, für das es sich lohnt, etwas aufzugeben: das Wunder.

Finden Sie einen Namen für die Vertikale (das Selbst, Gott, das Leben, das Universum, ...). Wem werden Sie danken, wenn Ihr Wunsch in Erfüllung gegangen ist? Sie brauchen eine Ausrichtung für Ihre Dankbarkeit, wenn Ihre Wünsche in Erfüllung gegangen sein werden, nicht unbedingt einen Namen.

Schritt für Schritt weitet sich unser Bewusstsein (wie das Universum) und integriert Raum und Zeit mit dem Ewigen (in Abb. 11 repräsentiert dies die angedeutete Spirale.).

Die Horizontale ist eine Bewegung, eine lineare Struktur mit Anfangs- und Endpunkt. Die Repräsentation eines Ausgangspunktes und des Zieles dient der Orientierung zur Ausrichtung und Entschiedenheit dieser Bewegung. Kraft und Entschiedenheit werden durch die Vertikale vermittelt, die die Horizontale immer in der Gegenwart schneidet. Kraft und Entschiedenheit in Raum und Zeit entstehen durch Präsenz. Präsenz ist das, was die spirituelle Dimension bereitstellt und bewirkt, anders gesagt: Präsenz ist Spiritualität, die Bewusstheit aller Ressourcen ohne Bedauern, Gier oder Angst. Es ist ganz wichtig, diese transpersonale Dimension sichtbar werden zu lassen und zu repräsentieren. Es wird klar, dass dies kein Mensch oder keine menschliche Gruppierung tun kann, der/die auf der Horizontalen angeordnet ist, sind oder waren, sondern die Kraft des ganz Anderen, des Größeren. Die Verwechslung oder Vermischung des Erwartungshorizontes mit einer menschlichen Gestalt oder Instanz stellt das Problem und die separate Repräsentation beider Dimensionen schon die halbe Lösung dar. Kein Mensch wird Sie so bedingungslos lieben und akzeptieren, wie es Ihr Selbst ganz selbstverständlich tut.

Bleibt nur noch die Repräsentation der Person (Ich) in ihrer Aufgabe, beides zu vermitteln: Himmel und Erde, die ewige Gegenwart mit den Entscheidungen und Handlungen in Raum und Zeit, in Aktivitäten bzw. Praxis.

Deine persönliche Herzenswunschaufstellung

Nun kannst du auch für dich selbst deinen Herzenswunsch finden, formulieren und auf einem Platz im Raum verkörpern. Der Herzenswunsch ist die jeweils aktuellste Version des Selbst. Insofern kannst du diese Verkörperung auch einfach »das Selbst« nennen. Mit der Formulierung des Herzenswunsches richtet sich dein Ich auf das Selbst aus. Für diese neue Ausrichtung musst du dich wahrscheinlich von einer alten Ausrichtung trennen: Repräsentiere also z. B. den Elternteil (oder beide), der oder die sich den Herzenswunsch nicht erlaubt haben – dem du also wie »untreu« wirst, wenn du ihn dir erlaubst – an einer deutlich anderen Stelle als dein Selbst. Stell dich dann auf den Ich-Platz, und tue alles, um dich von Mutter oder Vater zu verabschieden. Die einfachste Form ist: »Ich danke dir für das Leben. Dein Schicksal und deine Entscheidungen lasse ich bei dir«. Wende dich dann voll und ganz deinem Selbst und deinem Herzenswunsch zu. In diese Ausrichtung zu gehen ist wie ein Test. Wenn diese Hinwendung noch nicht voll und ganz gelingt, wenn du mit irgendeinem Gedanken oder einen Körperteil an den Eltern hängst, kannst du zum Beispiel die Vergebensübung oder ein anderes Hilfsmittel in Anspruch nehmen, bis du ganz frei auf deinen Herzenswunsch zugehen und dir dessen Erfüllung von deinem Selbst, deiner innersten Quelle schenken lassen kannst.

7. Anfängergeist und Spiel

> *Glücklich und auf ewig unzufrieden.*
> Esther Hicks

Ich beginne dieses Kapitel mit einer Parabel, deren Herkunft mir unbekannt ist. Ein Freund hat sie mir erzählt, und ich erzähle sie weiter, wie sie mir im Gedächtnis geblieben ist. Nennen wir sie:

Die göttliche Erfindung des Rollenspiels

Im Ursprung sind wir alle mit Gott verbunden und überaus glücklich. Alle Materie ist aus dieser Verbundenheit durch Verdichtung entstanden. Alle Wesen waren wie Lichtwesen, sie waren durchsichtig und konnten sich gegenseitig durchdringen. Freiheit und Liebe bildeten keine Alternative.

In allen wehte der (heilige) Geist. Und da der Geist immer auf Neues aus ist, gab er (oder ist Geist eine Sie, oder beides, oder keines von beiden?) den Lichtwesen eine Idee für ein Spiel ein: »Wie wäre es, wenn wir so täten, als gäbe es Unterschiede«, sagten sie zueinander.

Sie fanden die Idee toll und einigten sich auf folgende Regeln: Jedes Wesen kann jedem anderen unterschiedliche Eigenschaften und Fähigkeiten zuschreiben oder andichten, und dieses hat dann die Aufgabe, diese zu spielen. Zum Beispiel sagte eines zum anderen: »Du tust so, als wärst du eine Frau, die rote Haare hat und Flöte spielen kann.« »Du spielst einen Löwen und hast scharfe Zähne, eine dichte Mähne und kannst laut brüllen.« »Du bist ein Mann, der sich vor Löwen fürchtet. Wenn du einen siehst, läufst du davon.«

Das Spiel machte ihnen so viel Spaß, dass sie es immer weiter trieben, und nach einiger Zeit vergaßen sie, dass es nur ein Spiel war. Wenn sich zwei Wesen begegneten und sich über ihre Zuschreibungen austauschten, klang das dann so: »Ich bin ein Mann und kann gut Schiffe bauen und segeln.« »Ich bin mutig und stark.« »Ich bin ängstlich, weil ich mich vor Löwen fürchte.« Darüber vergaßen sie ganz, ihre Rollen zu wechseln, und blieben so, wie es ihnen gesagt worden war.

Die Rollenpakete nannte man bald Identität und gab ihnen zur besseren Identifizierung Namen. Sie waren zwar bald recht umfangreich und schwer, aber dafür verlässlich. Man durfte allerdings nicht mehr damit spielen. Nur im Kopf schaffte man sich ein wenig Erleichterung, indem man die Rollen, die man inzwischen Eigenschaften oder Charakter nannte, in gute und schlechte teilte und sich von den schlechten distanzierte. Aber bald hielt man das auch nicht mehr für ein Spiel, und alles war verdorben.

Seit einiger Zeit gibt es nun Leute, die laut sagen: »Lasst uns wieder Rollen tauschen. Klammert euch doch nicht an eure guten Rollen, als wären sie ewig, und an die schlechten, als wären sie unverzeihlich. Es ist doch nur ein Spiel, das wir selbst uns ausgedacht haben.«

Und immer mehr von ihnen begannen wieder, zu spielen wie Kinder, sich an allem zu freuen und ihre ursprüngliche Transparenz und Verbundenheit wiederzugewinnen.

Die universale Bedeutung des Rollenspiels für die Entwicklung des menschlichen Bewusstseins und seine Befreiung hat vor allen Dingen Jakob Moreno erkannt. Virginia Satir und Bert Hellinger haben dies aufgegriffen und weiterentwickelt. Dabei ist leider manchmal das Spielerische in den Hintergrund getreten. Und dies ist ein zentraler Punkt, wie aus der obigen Parabel hervorgeht.

Gib einfach die Idee auf, dass sich irgendetwas wiederholt

Von Shunryu Suzuki, einem Zen-Meister aus Japan, ist zu Lebzeiten ein einziges Buch mit einigen seiner Unterweisungen erschienen. Es heißt: *Zen-Geist – Anfängergeist* (2001). Shunryu Suzuki schlägt darin vor, alles als neu, frisch und einmalig zu betrachten, alles was uns begegnet, alles was wir selbst tun und was wir sind, alles ist lebendig. Nichts wiederholt sich. Wiederholung ist eine Scheinrealität. Zwanghafte Muster sind Konstruktionen unseres Geistes. Mit dieser Einstellung wird das Leben interessant, wie es für Kinder und für Alte ist. Und immer mehr Angst fällt von uns ab. *Ingeborgs Mutter ist 88 Jahre alt geworden. Sie sagt zu Ingeborg: »Stell dir vor, wie spannend das Leben ist. Ich war noch nie 88.«*

Die letzte Selbstdefinition Gottes in der Bibel lautet: »Siehe, ich mache alles neu« (Offb 21, 5). Diese zentrale Aussage über den Schöpfer wurde im ersten Kapitel schon einmal erwähnt. Nicht auszudenken, wenn das stimmt, dass Gott oder das Leben alles neu macht! Dann ist die eigentliche Realität lebendig! Dann ist Gott der universale Anfänger in allem, und, wie er, auch sein Ebenbild, der Mensch: Ich-Selbst. So lebendig, wie Wasser oder ein Gesicht. (Lebendig und bewusst, das ist der Sinn der Person-Metapher für Gott.)

Je länger ich darüber nachdenke, desto einfacher und klarer wird es: Das Leben strömt durch uns hindurch in Erneuerung, Bewahrung und Zerstörung – die drei Aspekte Gottes, wie der Hinduismus es beschreibt. Oder als Vater, Sohn und Heiliger Geist, die drei Hauptrollen Gottes, die er ständig wechselt, wie wir Christen es erleben (und manchmal vielleicht nicht wahrhaben wollen). Die Geisteshaltung, die dem angemessen ist, heißt Anfängergeist oder Präsenz, und sie drückt sich in Liebe und Kreativität aus. Jeder Tag eine Inszenierung und auch jede Arbeit eine kunstvolle Inszenierung.

Präsenz vertreibt die Angst. Präsenz ist etwas, das man tun kann, vielleicht sogar das Einzige, das wir tun können. Kein hehres, schwer erreichbares Ziel, sondern das Naheliegendste der Welt, Anfängertum im Wahrnehmen, Denken und Tun. Angst hat in der Präsenz einfach keinen Platz. Gib einfach die Idee auf, dass sich irgendetwas wiederholt. Das, was wir in diesem Buch »Selbst« genannt haben, ist nichts anderes als die Qualität und Wirklichkeit der Präsenz. Mit dem »Ich« konstruieren wir zeitliche Kontinuität von räumlich begrenzten Dingen. Dies brauchen wir zum Forschen, zum Planen und für Begegnung. Es ist natürlich auch sehr gut geeignet, Sorgen, Ängste, Süchte und Zwänge zu erfinden.

Von unseren Eltern erwarten wir bedingungslose Liebe, als wären sie das Selbst. Das können sie aber nur ansatzweise für uns sein, weil sie ja »menschlich« und in vieler Weise begrenzt sind. Wir müssen sie nehmen, wie sie sind. Das heißt z. B., zu sagen: »Ich erwarte von dir, Mutter, nicht mehr, dass du mich ohne Einmischung liebst.« Oder: »Ich erwarte von dir Vater nicht mehr, dass du mich ohne deine Vorurteile wahrnimmst.«

Wir haben aber das Recht auf unverfälschte Wahrnehmung und bedingungslose Liebe, ohne sie könnten wir nicht leben. Aus Unwissenheit und Gewohnheit erwarten wir diese von unseren Eltern oder später von unseren Partnern, weil und solange wir nicht wissen, dass die Quelle von Wahrnehmung und Liebe, von Kraft und Lebensfreude in uns selbst liegt. Unsere Eltern haben diese Quelle eine Zeit lang vertreten. Und auch unser Partner ist nur Mensch und kann bei bestem Willen und Bemühen nicht die Liebe unseres Lebens sein!

7 Anfängergeist und Spiel

In der indischen Mythologie gibt es die folgende Erzählung, hier etwas an unsere Tradition angepasst:

> *Als Gott die Welt erschaffen hatte, wohnten die Menschen noch alle bei ihm in seinem himmlischen Reich. Aber Gott wollte, dass sie sich auf die Erde begaben, die er für sie bestimmt hatte.*
> *»Was können wir tun«, fragte der Erzengel Gabriel, »damit sie nicht immer gleich hierher zurück zu uns in den Himmel kommen? Sie sollen doch dort leben, wo sie hingehören – auf der Erde.«*
> *Gott und die Engel berieten.*
> *Michael sagte: »Wir müssen den Himmel verschließen.«*
> *»Aber wo lassen wir den Schlüssel?«, fragte Gabriel.*
> *Michael: »Wir müssen ihn verstecken. An irgendeinem Ort, wo die Menschen ihn nicht finden.«*
> *Einer der Engel schlug vor: »Wir könnten den Schlüssel im Meer versenken.«*
> *Darauf Gott: »Ich kenne die Menschen, sie werden ihn finden.«*
> *Ein anderer Engel: »Dann verstecken wir ihn im Schnee der höchsten Berge.«*
> *Gott: »Sie werden ihn finden.«*
> *Der Engel Hesekiel, ein Science-Fiction-Spezialist: »Wir schießen ihn in den Weltraum.«*
> *Gott: »Sie werden ihn finden.«*
> *Darauf meldete sich Gabriel: »Ich hab's. Wir verstecken den Schlüssel im Herzen der Menschen.«*
> *Darauf Gott: »Ja, lasst uns das tun, sie finden ihn leichter im Meer und im Weltraum als in ihrem eigenen Herzen – doch wenn sie ihn dort finden, dann sollen sie ihn auch benutzen dürfen.«*

Die Sehnsucht nach dem Himmel, nach der unbedingten Liebe, der nie versiegenden Leidenschaft und der Begeisterung für alles, was ist, kann und wird erfüllt werden. Der Schlüssel dazu liegt nur in uns selbst.

Selbstmächtigkeit und Hingabe

Die wesentlichen Ereignisse und Wendungen in unserem Leben sind uns von außen gegeben. Das fängt damit an, wo und wann wir geboren werden. Ob wir zum Beispiel in Kriegs- oder Friedenszeiten geboren wurden, hängt nicht von uns ab und ist doch wesentlich für unser ganzes Leben. Bildungsweg, Krankheiten, Beruf und Partnerschaft, Unfälle, Katastrophen, friedliche Zeiten, unser ganzes Leben und unser Lebensende, wie wenig können und konnten wir davon bestimmen! Stattdessen lenken wir uns mit einem Ersatzgefühl von Freiheit ab, indem wir darüber nachdenken, ob wir Spaghetti oder Kartoffeln kochen sollen. Dem Schicksal gegenüber gibt es nur eine Freiheit: Zustimmung oder Widerstand. Volle, eindeutige, sehende Zustimmung erzeugt Frieden, Dankbarkeit und Liebe. Erzeugt Selbstmächtigkeit, denn wir werden eins mit dem allmächtigen Strom des Lebens. In diesem letzten Schritt der Hingabe verbrennen wir unsere kleinen Anhaftungen, unser »Ego«. (Als Ritual: Schreiben Sie Ihre Wünsche auf kleine Zettel, verbrennen sie und übergeben die Asche dem Wind, dem Wasser oder der Erde.) Nur die volle Zustimmung zum Schicksal bringt Glück.

Das Manifestieren von Wünschen ist also eine Sache der Hingabe, und die geschieht im Alltag, in Praxis und Übung. Meditieren ist Praxis der Hingabe. Abwaschen ist Praxis der Hingabe. Überall, wo Sie ganz dabei sind, sind Sie hingegeben wie ein Kind beim Spielen. Es übt ein und dieselbe Sache wieder und wieder, und es fängt mit den einfachen Dingen an, wiederholt sie mit steigendem Wohlbehagen. Deswegen nennen Zen-Meister alles »Übung«. Fangen Sie also auch beim Manifestieren mit kleinen Wünschen an. Zum Beispiel: »Heute begegne ich mehreren Menschen, die mich anlächeln«. Oder: »Mir kommt heute eine blendende Idee zu meinem Körperproblem«. Oder: »Ich habe heute Abend eine Antwort auf die und die Frage«. Schreiben Sie also Ihren Wunsch auf, veröffentlichen Sie ihn, das heißt, übergeben ihn dem Universum beziehungsweise Gott, und überprüfen Sie am Abend, welche Antwort »Gottes«, welche Resonanz aus der Verbundenheit gekommen ist. Wenn keine Antwort gekommen zu sein scheint, beschweren Sie sich beim Selbst, oder fragen Sie noch einmal nach. (Nehmen Sie sich selbst in ihren Wünschen, Bitten oder Fragen ernst.) Gehen sie dann auf den Selbst-Platz, das heißt körperlich in die Verbundenheit (das ist Übungssache), und achten Sie im Zustand der Verbundenheit auf die Resonanz gegenüber ihrer Frage oder Beschwerde. Weitere Unterstützung für den gesamten Prozess des Wünschens, Betens, Glaubens und Manifestierens finden Sie in den Büchern von Esther und Jerry Hicks (2009) und Colin C. Tipping (2007).

7 Anfängergeist und Spiel

Wir übergeben damit unser Anliegen, ganz gleichgültig, ob es sich um Heilung, Transformation, Manifestation oder Erlösung handelt, an die göttliche Allmacht. »Allmacht, Allliebe und Allwissenheit« sind die alten Bezeichnungen für Seine/Ihre bedingungslose Macht, Liebe und Wahrnehmung, kurz die fortdauernde und unbedingte Anwesenheit des *Geistes* in allem, was ist. Es sind auch die drei Hauptattribute unseres Selbst: bedingungslose Liebe, grenzenloses Gewahrsein und unkonditionierte Selbstmächtigkeit. Sie sind im Unterschied zu den Gottes-Namen, die seine Unendlichkeit mit der Vorsilbe All- bezeichnen (Allmacht usw.), negativ formuliert: bedingungs-los, grenzen-los, un-konditioniert. Das hat auch einen guten Grund, wie bereits Nagarjuna (typisch buddhistisch) erkannt hat. Diese un-endliche Liebe, Macht und Weisheit ist nicht einfach vorhanden, also nicht direkt zu erfahren, zu erfassen oder zu begreifen. Sie ist schon gar nicht manipulierbar oder für unsere privaten Interessen einzusetzen. Die schöpferischen Kräfte des Universums entziehen sich unserer direkten sinnlichen Wahrnehmung und jeder Art von Kontrolle. Und mit der Hingabe unserer Wünsche (Schritt drei) erkennen wir das an. Die negativen Formulierungen, die wir auch bei Meister Ekkehard und der negativen Theologie finden, bedeuten, dass die göttlichen Attribute immer alles überschreiten.[46] Deshalb erleben wir, wenn wir uns dem Leben wirklich hingeben, ständig einen atemberaubenden Ebenenwechsel, ständiges Sterben und Auferstehen. Und kaum haben wir eine neue Ebene erreicht, ein gewisses Plateau von Gesundheit, Glück, Erkenntnis oder Liebe, schon heißt es: »Und auch dies nicht, und selbst das nicht«.[47] Seien wir ehrlich, haben wir irgendetwas von Gesundheit, Glück, Erkenntnis oder Liebe selbst erzeugen, festhalten, in den Griff bekommen oder versichern können? Waren es nicht immer himmlische Geschenke? Unser Zugang zum Leben, der ihm wirklich entspricht, muss ein Zugang in Vertrauen und Hingabe sein. Wenn wir unsere Themen übergeben, ist das wie ein Sprung in die Leere. Wir haben nichts mehr in der Hand und keine Kontrolle mehr über die Zukunft. (Die hatten wir sowieso nie.) Nur indirekt

---

[46] Im Islam gibt es 99+1 (Allah) göttliche Namen, wobei die Zahl 99 symbolisch für die Unendlichkeit steht. Ihre Nicht-Gegenständlichkeit wird hier durch die Vorsilben Al oder Ar ausgedrückt, also durch den Verweis auf ihre Unendlichkeit. Hier seien nur die ersten vier genannt: Al-Rachmān: der Allerbarmer, Al-Rachīm: der Allgütige, Al-Malik: der Souveräne, Al-Quddūs: der Allheilige

[47] Das ist die berühmte Formulierung von Matthias Varga von Kibéd zur Negation des Tetralemmas nach Nagarjuna (2005).

zeigt Hingabe Wirkungen: Wir erleben die tiefen Gefühle von Freude, Friede, Stille, Begeisterung, Einssein usw. in jedem Akt der Hingabe sozusagen als Begleiterscheinung. Ja, wir können daraus geradezu im Nachhinein schließen, dass diese oder jene Handlung oder Nichthandlung in Übereinstimmung mit dem unendlichen Strömen des Lebens geschah. Aber auch diese transpersonalen Gefühle sind nicht festzuhalten, sie fließen durch uns hindurch und unterstützen unsere Übung und spirituelle Praxis, die darin besteht, uns diesen Zeichen der Anwesenheit Gottes immer wieder hinzugeben, sie zu wählen und zu genießen, uns von ihnen durchströmen zu lassen und sie uns mehr und mehr bewusst zu machen. Diese Wahl ist die (vielleicht einzig mögliche) Aktivität des Ich, seine Freiheit.

Wir erkennen nun, dass es beim erfolgreichen Wünschen, Heilen und Manifestieren niemals nur um unser vorläufiges Interesse gehen kann, sondern immer auch und in erster Linie um das Interesse des größeren Ganzen und in Übereinstimmung damit. Wenn wir die kreative Kraft des Universums nutzen wollen, sollten wir nicht gleichzeitig gegensteuern. Wie ein Segelboot, das immer den Wind nutzt, aber dabei doch einen Freiheitsgrad von 360° erreicht. In diesem Sinne bestimmt der Mensch tatsächlich die Richtung seiner Entwicklung und der Evolution autopoietisch mit. Und in diesem Sinne könnte man auch sagen, dass es bei all unseren Wünschen immer um Heilung und Manifestation des größeren Ganzen geht, um Begegnung und Mitschöpfertum mit Gott, dem Lebendigen, und dass es nicht um Bedingungen geht, die erfüllt werden müssen, sondern um Bewusstheit.

Wenn Sie eine solche Entscheidung treffen und sich ihrer Tragweite nur ein wenig bewusst sind, werden Sie nicht nur Vorfreude empfinden, sondern auch »Furcht und Zittern«, weil Ihnen klar wird, dass es um vollständige Hingabe geht, auch um Sterben, um Auflösung. Die Begegnung mit der Unendlichkeit ist zwar Heimkehr aus der Getrenntheit, aber wir wissen nicht, was mit all den Erfahrungen und Begegnungen geschieht, die auf dem Boden und Grund der Getrenntheit möglich waren und realisiert wurden. Wir bringen unsere Erfahrungen dem Schöpfer dar wie ein Geschenk, aber im Grunde können wir uns nicht vorstellen, dass er etwas anderes damit macht, als sie in seiner Unendlichkeit aufzulösen. Und nicht einmal das können wir uns vorstellen. Aus diesem Paradoxon entsteht unser Zittern und Beben.

7 Anfängergeist und Spiel

Also geht es beim Formulieren unseres endlichen vorläufigen Ich-Zieles, unserer Wünsche oder Visionen im Grunde nur darum, in Bewegung zu kommen, aus der Stagnation des Punktes A aufzubrechen und mit dem Ziel B eine vorläufige Richtung zu haben. Und zwar nicht in Angst, sondern in Begeisterung, nicht getrieben, sondern gezogen, das heißt vom *Geist* bewegt und erfüllt. Dann erreichen wir die höchstmögliche Effektivität.

Nehmen wir noch einmal Abbildung 11 zur Hand, die uns schon zur Erläuterung der Herzenswunschaufstellungen gedient hat. Wir sind mit aller Kraft, Emotionalität und Entschiedenheit unseres Ich von A aufgebrochen und auf der Horizontalen nach B unterwegs. Der *Geist* trifft vertikal und plötzlich auf diese Bewegung. Daraus muss – das ist ein physikalisches Gesetz – eine ganz neue (und möglicherweise auch unerwartete) Bewegung entstehen. Ganz klar macht uns dieses Bild, dass man das Neue mit allem Elan anstreben muss, aber nicht vorhersehen kann. Ja, wenn wir so richtig in unserem Wünschen, Beten, Schaffen und Beabsichtigen, also der horizontalen Bewegung von A nach B, sind, dann empfinden wir die spirituellen Geschenke, die uns überraschend aus der Vertikalen treffen, oft erst einmal als schwerste Störung und unangenehme Unterbrechung unserer Planungen. Wir kommen ins Schleudern, es wirft uns aus der Bahn. Leider können wir das nicht vermeiden, solange wir leben und in Bewegung sind. Also bleibt uns nichts anderes übrig, als möglichst schnell einzustimmen und zu danken. Im Ich treffen wir immer wieder die Wahl zu den höchsten Zielen und den erfüllendsten Visionen, die unserem Bewusstsein zugänglich sind. Das Selbst ist voll mit dabei – wir erkennen das an unserer Begeisterung –, um uns dann von ganz anderer Seite und ganz neu zu überraschen.

Was hat solche radikale Hingabe mit Selbstmächtigkeit zu tun? Ist Hingabe nicht das Gegenteil von Selbstmächtigkeit? Lassen Sie uns einen kurzen Ausflug in das Gegenteil der Hingabe an die göttliche Lebendigkeit machen: Eigenmächtigkeit (Ich-Mächtigkeit) als Illusion der Machbarkeit des Paradieses mit unseren begrenzten Mitteln und ohne die Hilfe der anderen Dimension. Die Menschheit ist gerade dabei zu erkennen, wohin uns diese Idee führen kann. Die Eigenmächtigkeit ohne Demut als Berücksichtigung des Ganzen ist ein kollektiver Irrweg. Sie führt zur Expertokratie und damit zur Entmündigung des Einzelnen, also in das Gegenteil von Selbstmächtigkeit.

Marianne Gronemeyer wird nicht müde, uns in zahlreichen Schriften das Knappheitsdenken in Wirtschaft, Politik, Pädagogik und Psychotherapie vor Augen zu führen: Die Macht zur Befriedigung unserer Bedürfnisse liegt in den Händen weniger Ressourcenverwalter und lässt Konsumenten und Patienten an ihrer Selbstmächtigkeit zweifeln. Wer traut sich noch, für sich selbst zu sorgen, angesichts von so vielen Experten und Spezialisten und ihrer medialen Allgegenwart? Wer wird an die eigene seelische Kompetenz und die Quelle inneren Wissens denken, wenn eine erfahrene Therapeutin zugegen ist, die unsere Bedürfnisse, Sorgen, Ängste und Defizite nutzt, um sie umgehend, umfassend und kompetent mit ihren Produkten und Produktionen zu versorgen. Wir Konsumenten zahlen dafür; nicht nur mit Geld, sondern dazu noch mit unserem Selbstwertgefühl, unserer Selbstmächtigkeit, Kreativität und inneren Zufriedenheit und merken es nicht. Das Mangelbewusstsein wird durch viele Arten von Ersatzbefriedigung zirkulär bestätigt.

Aber inmitten dieser Flut von Stimmen, Bildern und Überredungen findet sich die leise und unaufdringliche aber konstante und liebevolle Quelle inneren Wissens, unser Selbst. Und allmählich fällt alles Entfremdende von uns ab, wie die verdorrten Schalen einer sich öffnenden Blüte.

Wir wachen aus der Selbstentmündigung auf wie aus einem Traum. Und das Erste, wozu uns das neu erlangte Bewusstsein unserer Freiheit und Selbstmächtigkeit befähigt, ist Widerstand. Wir erkennen Mangelbewusstsein als Irrtum und können nicht mehr weiter unbewusst mitmachen.

Unser innerstes Wissen, unser Selbst, macht uns aufmerksam, wenn wir dieser Ideologie begegnen. Und wenn sie noch so verbreitet ist und noch so alt und ehrwürdig daherkommt, sie ist und bleibt ein Glaubenssystem, dem wir uns nicht anschließen müssen.

Wenn wir unser Selbst fragen, unsere Aufmerksamkeit gesammelt auf unser Inneres Wissen richten, wird es uns einen mittleren Weg unserer öffentlichen Verantwortung zeigen, einen mittleren Weg der Erneuerung. Während wir zu immer mehr Selbst-Gewahrsein, Selbstmächtigkeit und Gewahrsein unserer Umgebung erwach(s)en, werden uns auch gleichzeitig die hindernden Konzepte der Gesellschaft, die Ge- und Verbote des Systems bewusst.

Der am Hitlerattentat vom 20. Juli 1944 beteiligte und in den allerletzten Kriegstagen 1945 hingerichtete Theologe Dietrich Bonhoeffer hat seine Einstellung gegenüber den Ideologien seiner Zeit »Widerstand und Ergebung« genannt. Das Widerstandsrecht des Menschen erwächst aus der Hingabe an das größere Ganze. Gott und das Leben stehen über jedem System und seinen Ordnungen, auch wenn diese noch so heilig erscheinen.

Das Leben schließt alles ein, was es gibt, und es überschreitet jede Grenze, sobald diese markiert oder fixiert wird. Jeder Versuch, etwas oder jemanden (das Fremde innen oder die Fremden außen) festzusetzen oder auszugrenzen, ist illusionär und erschafft Krankheit oder Krieg. Krankheit z. B. stellt einen individuellen, körperlichen Protest gegen den Versuch dar, nicht in Resonanz zu treten und erzwingt schließlich Resonanz. Mir scheint, dass es sich bei Krieg und Hass auf der gesellschaftlichen Ebene ganz analog verhält.

Ein Grundprinzip des Lebens lautet: Nichts wird ausgeschlossen. Nichts und niemals. Alles gehört dazu, ob wir dem nun zustimmen oder nicht. Es lebt sich allerdings etwas leichter, wenn das Bewusstsein dem zustimmt, wenn sozusagen Bewusstsein und Unterbewusstsein im gleichen Boot sitzen. Aber, und das gilt für das Leben genauso, es wird alles fortwährend verwandelt. Das Leben stellt uns vor immer neue Situationen und darüber hinaus bringt es fortwährend neue Spielregeln hervor! Es konfrontiert uns dauernd mit Prozessen wie Sterben, Recycling, Autopoiese, Paradigmenwechsel und »metanoia« usw. Das Grundgesetz des Lebens »Es wird nichts ausgeschlossen« muss also ergänzt werden durch den Grundsatz »Es bleibt nichts unverwandelt«. (»Siehe, ich mache alles neu!«) Das Leben ist maßlos schöpferisch, nicht trotz Tod, sondern mithilfe des Todes. Es zerstört jede Form wie ein Kind, das am Strand aus Sand eine Burg gebaut hat. Es verzweifelt nicht, wenn die Welle kommt und seine Burg zerstört, im Gegenteil, es spielt mit den Kräften des Meeres, beobachtet alles und freut sich an allem, am Aufbau und an der Zerstörung!

Das Prinzip der Zerstörung, der Negation, des Darüberhinausgehens gibt es in allen religiösen Traditionen. Matthias Varga von Kibéd hat dieses Prinzip aus der buddhistischen Erkenntnistheorie (Nagarjuna) in die Systemische Therapie eingeführt (2005). Diese Art Liebe und Zustimmung bejaht auch die Negation und ist deshalb nie grundsätzlich konservativ. Wenn wir z. B. ein altes Trauma unseres Lebens oder eine ausgeschlossene Person gewürdigt und uns versöhnt haben, ist der folgende Schritt naturgemäß, sich umzudrehen und nach vorn (in die Zukunft) zu schauen, als wäre nichts geschehen oder als wäre alles geschehen. Die Selbstliebe ist furchtlos dem Neuen zugewandt, in gewisser Weise rücksichtslos. »Wer seine Hand an den Pflug legt und sieht zurück, taugt nicht für das Reich Gottes«, sagte Jesus einmal zu einem, der erst noch dieses und jenes erledigen wollte, bevor er ihm folgte (Lk 9,62). Position und Negation, Verbinden und Trennen, Schaffen und Zerstören sind zwei Prinzipien des Lebens und auch zwei wesentliche Bewegungen in jedem von uns. In der Ich-Selbst-Verkörperung und im Ich-Selbst-Gespräch können wir diese beiden Wirklichkeiten üben und realisieren.

Kultivieren Sie Ihre Selbstgespräche!

Ihre innere Stimme, Ihre Verbindung zum universalen »Wissen«, zum universalen Gewahrsein, ist immer intakt, steht Ihnen immer zur Verfügung, bedingungslos, liebevoll und freilassend. Sie hindert uns auch nicht, uns den ganzen Tag mit oberflächlichen oder sogar schädlichen inneren Dialogen zu beschäftigen. Wir wollen das gar nicht alles aufzählen und feststellen/-halten, womit wir uns gedanklich beschäftigten, welche Angst- oder Hoffnungsgebiete wir erst aufsuchen, um sie dann mühevoll wieder zu befrieden versuchen. Wir aktivieren das Ego, dann wieder das Über-Ich, diese beiden, die sich so wunderbar ergänzen und aufschaukeln wie ein altes Ehepaar in einer symmetrischen Streit- oder Leidens-Eskalation. Das ist das, was man normalerweise Selbstgespräch nennt. Kein Wunder, dass uns das am Abend zum Halse heraushängt und wir uns dann vor dem Fernseher mit einer konsistenten Geschichte von unserem inneren Chaos ablenken und entspannen »müssen«.

Unser wahres Selbst schaut bedingungslos freundlich zu, jederzeit bereit, die komplizierten Muster unseres Denkens, Wahrnehmens, Fühlens und Verhaltens zu akzeptieren als das, was sie sind: von unserem Organismus (inklusive zentralem Nervensystem) unterstützte Programme, die wir früher einmal heruntergeladen haben (oder jemand für uns) und die wir nun immer wieder aus Gewohnheit anklicken. Was das Selbst da akzeptiert, vielleicht etwas amüsiert oder kopfschüttelnd, sind diese vielen kleinen Entscheidungen des Ich, mit denen es sich selbst in die Mangel nimmt. Unser Selbst weiß ja genau, dass es kein Mangelbewusstsein gibt, das nicht in Füllebewusstsein gewandelt werden könnte, und keinen Umweg, der sich nicht nachträglich als wunderbares Ornament entpuppen kann.

Einfacher und ohne das viele Leid, das mit diesen anstrengenden Mustern verbunden ist, geht es im direkten offenen Selbst-Gespräch. Das zu üben und zu kultivieren erschafft eine ungeheure Zunahme von Möglichkeiten, Kreativität, Lebensfreude und Begeisterung. Man muss es nur tun. Das heißt, es sind eine Entscheidung und eine Handlung dazu notwendig. Sie erhalten dafür ein paar Tipps und ein paar Beispiele. Sie werden vielleicht, noch bevor sie die Beispiele zu Ende gelesen haben, Lust bekommen, es selber auszuprobieren.

Die Entscheidung: Ich setze eine Priorität – das Selbst-Gespräch. Ich warte nicht auf Freunde oder Experten oder lenke mich mit dem Widerkauen von alten Gedanken ab. Ich tue es, jetzt und hier. Nichts ist wichtiger!

Die Handlung: Für den Anfang nehmen Sie sich am besten ein Blatt Papier und einen Stift und schreiben: »Ich:« – und dann irgendeine Frage, eine Bitte, ein Anliegen oder eine Sehnsucht, irgendetwas, was Ihnen am Herzen liegt. Dies (wie jede andere Art von Ausdruck) genügt dem Selbst meist als An-Ruf. Geben Sie dann Ihrem Selbst in seiner universalen Verbundenheit Gelegenheit zu reagieren. Sie können sich dazu auf einen anderen Platz setzen, sich auf ihre eigene Art als verbunden mit Himmel, Erde und allen Wesen vorstellen oder sich leer, durchlässig oder transparent machen, ganz nach Belieben. Am einfachsten ist es, auf demselben Blatt Papier unter die Ich-Botschaft in eine neue Zeile »Selbst:« zu schreiben und dann spontan aufzuschreiben, was aus der Leere als Antwort kommt. Dann wieder zum »Ich«. In dieser Rolle fühlen Sie sich bitte völlig frei wie ein Kind, dankbar oder trotzig oder nicht verstehend, seine Bitte noch einmal deutlicher wiederholend usw. Bleiben Sie im Gespräch, bis Sie vollkommen zufrieden sind. Ich gebe Ihnen ein paar Beispiele von Freunden und mir selbst, damit Sie sehen, wie experimentell das gemeint ist und wie interessant es werden kann.

Selbstgespräch 1: »Gesundheit«

Ich: Kann ich wirklich wählen, mein Hormonsystem anzuweisen, sich zu erneuern, und dem Himmel die Erneuerung des ganzen Körpers übergeben?
Selbst: Ja, du kannst und du tust.
Ich: Aber ich kann es mir kaum vorstellen. Die Konsequenzen wären revolutionär.
Selbst: Mach dir keine Gedanken über die Größe oder Tragweite des Vorhabens. Das ist meine Sache. Tue einfach so, als ob es

geschieht. Suche keine großen Worte dafür, keine angemessene Vorstellung, Visualisierung oder geistigen Beitrag deinerseits. Gib es ab und sage »Danke«. Verlass dich drauf: »Bittet, so wird euch gegeben.«

ICH: Danke, göttlicher Geist, Kraft Gottes für deine Wirkung in meinem Körper. Ich will und kann sie nicht weiter ignorieren.

Selbstgespräch 2: »Zufriedenheit«
ICH: Bist du zufrieden?
SELBST: Ich verstehe die Frage nicht. Was ist das, unzufrieden sein? Wie geht das? Kannst du mir das erklären oder zeigen?
ICH: Nichts leichter als das!
Ich steht auf, zeigt in eine Richtung, wo es sich das Selbst vorstellt. Dann dreht es sich in eine andere Richtung etwa 45°.
Wenn ich mich nicht zwischen zwei Richtungen, Menschen oder Wünschen entscheiden kann, z. B. es beiden recht machen will, dann entsteht Unzufriedenheit.
Ich schaut mit dem Körper in eine Richtung und mit dem Gesicht in die andere.
SELBST: Ah, ich verstehe. Man verdreht sich. Und ist das ein Gefühl, Unzufriedenheit bzw. Zufriedenheit?
ICH: Ja, aber ehrlich gesagt entsteht das Gefühl jetzt gerade nicht. Irgendwas mach ich da »falsch«. Oder irgendetwas fehlt. Vielleicht klappt das Erzeugen von Unzufriedenheit nur, wenn es unbewusst geschieht, und das kann ich dir natürlich nicht bewusst zeigen. Vielleicht kann man das üben!?
SELBST: Sehr interessant! Ich glaube, ich überlasse dir diese Differenzierung und schaue aufmerksam zu, wie du das machst und was du daraus machst. Ich begleite und unterstützte dieses Projekt mit bedingungsloser Aufmerksamkeit, und du führst es aus. Einverstanden?
ICH: Ich weiß nicht! Du machst es dir leicht, und ich habe die ganze Arbeit, ganz abgesehen von den negativen Gefühlen, die ich dabei erzeuge.
SELBST: Du bist frei. Wähle ein anderes Projekt. Ich meinerseits bin entschieden für die unbedingte Aufmerksamkeit.

Selbstgespräch 3a: »Sich von Himmel und Erde einhüllen lassen«
ICH: Ich bin mehr und mehr unzufrieden mit meinem Leben seit einigen Tagen. Ich bin zu bequem und kaum mehr kreativ, wenn

ich zu Hause bin. ... Was wünsche ich mir? Mehr Aktivität, Durchlässigkeit, Freude und Intensität!

Ich setze mich um auf den Selbst-Platz, fühle mich durchlässig als Bote oder Tor zu etwas Größerem, zum »Geist«, den ich mir hinter und über mir und um mich herum vorstelle. Ich versuche, ihn zu verkörpern, indem ich mich als »Geist« hinter den Stuhl des Selbst stelle, spüre nach, erlebe eine große Weite, Neutralität, Leerheit. Dann setze ich mich wieder auf den Platz des Selbst und spreche zum Ich.

SELBST: »Geist« nimmt dein Angebot von Gehorsam und Dienst nicht an! Du bist frei, und er will mit dir frei und ebenbürtig kommunizieren. Und er erinnert dich daran, dass du den Geschmack für das Wertvolle in dir selbst hast.

ICH: Was kann ich da machen? Wäre das ein guter Weg, alles Minderwertige zurückzuweisen und lieber nichts zu tun als etwas ohne Geschmack und ohne Freude?

SELBST: Ja, tu alles bewusst oder lasse es.

ICH: Ich bin aber jetzt müde. Ich möchte am liebsten dieses Gespräch beenden und mir eine Decke über den Kopf ziehen.

SELBST: Ich-Selbst habe immer eine Decke über meinem Kopf und unter meinen Füßen. Ich bin immer eingehüllt von Himmel und Erde. Gönne dir das auch!

ICH: Ja, das mache ich.

Ich lege mich auf den Teppich und nehme Decke und Teppich als Symbol für Himmel und Erde.

Selbstgespräch 3b: Am nächsten Morgen

SELBST: Ich freue mich, dass du so gut geschlafen hast. Wie wäre es, wenn du dich heute tagsüber auch von Himmel und Erde eingehüllt fühlst, während du wach bist?

ICH: Gute Idee, vielleicht ist das etwas anderes als das, was ich gestern Bequemlichkeit genannt habe und womit ich so unzufrieden war, obwohl es sich ähnlich anfühlt.

Ich gehe zu meinem Meditationsplatz und setze mich aufs Kissen. Ich lasse mich auf die Verbundenheit ein. Das geht am besten mit der Vorstellung eines Baumes, durch Wurzeln und Krone mit Himmel und Erde verbunden. Ich merke, dass ich die Wahl habe, den Zustand der Verbundenheit als Bequemlichkeit und Nichtstun, als Unfreiheit und Abhängigkeit zu werten und mir damit den feinen, köstlichen Geschmack dieses Strömens in Verbundenheit zu verderben. Dieses

Mitfließen und Einstimmen auf die Bewegung oder Stille von Himmel und Erde erscheint mir als von so hoher und feiner Qualität, so köstlich und eine so andere Art von Freiheit als die Freiheit des Ich, die immer mit Aktivität verbunden ist.

Liebevoll zu allem und jedem, machtvoll durch die Verbundenheit und nicht durch Widerstand, und in einer Art von Spürbewusstsein und Wahrnehmung, die sich allmählich ausdehnt auf alles, was ist. Das ist Übungssache, tust du es, so stellt sich augenblicklich ein Geschmack davon ein.

Selbstgespräch 4: »Nichtstun«

ICH: Ich fühle mich erschöpft und ausgelaugt und habe an nichts Freude. Was soll ich tun?
SELBST: Dann tue doch nichts.
ICH: Danke!

Ich setze mich aufs Sofa und tue nichts. Nach einer Minute kehrt Frieden ein, nach fünf Minuten bekomme ich plötzlich Lust auf einen Spaziergang und gehe mit großer Freude. Dieses Gespräch wiederhole ich von da ab öfter, wenn ich abends erschöpft und lustlos bin. Regelmäßig entsteht nach einer Minute Nichtstun die Lust auf irgendetwas Neues (ganz verschieden), manchmal auch auf mehr von dem Nichtstun. Dann bleibe ich einfach sitzen.

Selbstgespräch 5a: »Ich bin enttäuscht von dir«

ICH: Ich bin unzufrieden, ängstlich und voller Sorge um meine Gesundheit. Außerdem bin ich enttäuscht von dir. Ich habe dich vor einem halben Jahr um Heilung für meine Füße gebeten. Du hast sie mir auch versprochen, und es ist vorübergehend auch besser geworden. Aber gestern hatte ich einen Rückfall, und es ist wieder so schlimm wie zuvor. Nein, noch schlimmer: Ich habe auch noch eine Angst dazu bekommen, nämlich die vor dem Altwerden. Wenn ich so weitermache mit meinen Ängsten – das kann ja heiter werden. Ich bin verwirrt, wütend und enttäuscht. Und gleichzeitig weiß ich, dass das gar nichts nützt und nur eine Ehrenrunde meines trotzigen inneren Kindes ist. Soll ich die Hoffnung aufgeben?
SELBST: Ja, gib die Hoffnung auf. Vertraue dich mir ganz an!
ICH: Aber wie kann ich mit meinen Ängsten und Vorstellungen über meine gesundheitliche Zukunft umgehen?

7 Anfängergeist und Spiel

Selbst: Es sind nur Vorstellungen. Gehe in die Gegenwart und tue, was dir jetzt gut tut.

Ich: Ich habe ein bisschen Sehnsucht nach dem Optimismus und der Hoffnung, die meine Kollegin G ausstrahlt. Nämlich, dass du, Heiliger Geist, ganz tief auf die Erde kommst, in unseren Körper, in meinen Körper. Dass die Wunder geschehen, die wir uns wünschen.

Selbst: Welches Wunder wünschst du dir?

Ich: *(Schlucken, tiefer Atemzug, Verwirrung, Stille, Tränen)* Ich danke dir sehr für diese Frage! Ich bin bei meiner Sehnsucht angekommen. Ich wünsche mir: Lebendigkeit und Gesundheit im ganzen Körper, so lange ich lebe. Lebendigkeit und Freude für »meinen« Geist, Be-Geisterung in allem, was ich tue, fühle und denke.

Selbst: Ich gratuliere dir/uns für diese Wünsche. Es sind Formulierungen für die wunderbarsten Wunder, die man sich vorstellen kann. Und: Sie sind schon erfüllt!

Ich: Danke, die Begeisterung ist wiedergekommen mit der Erlaubnis, meine Sehnsucht zu spüren. Auch körperlich fühle ich mich besser. Mein Körper-Leben und Erleben ist schon etwas sehr Eigenartiges. Ich nehme es wahr in vielen Facetten ohne Druck und ohne Enttäuschung, einfach dankbar und präsent. Danke!

Selbst: *(Stille)* ... Komm zu mir! Komm nach Hause!

Selbstgespräch 5b (zwei Tage später): »Nach Hause kommen«

Ich: Wie meinst du das: »Komm zu mir. Komm nach Hause«?

Selbst: Gut, dass du fragst. Ich meine damit, dass du in mir wohnen kannst wie in deinem eigenen Haus, dass du mich anziehen kannst wie ein Kleid, ja, dass du dich allmählich mit mir mehr identifizierst als mit deiner Persönlichkeit und dir deiner unbegrenzten und ewigen Kraft, Liebe, Bewusstheit und Kreativität bewusst wirst. Freue dich vor allen Dingen an den wunderbaren Gefühlen, die aus diesem Bewusstsein entstehen.

Ich: Ich stelle mir das sehr anstrengend vor.

Selbst: Im Gegenteil, wenn du nach Hause kommst und dich nicht mit neuen anstrengenden Aufgaben ablenkst, sondern erst die Sicherheit und dann die Freiheit und Vielfalt dieser deiner eigentlichen Wirklichkeit genießt, entstehen ganz von selbst Freude, Einfachheit und Kraft. Solange du dich aber selbst anstrengst und sorgst, musst du mit deiner begrenzten Ich-Kraft auskommen.

Da sind dann Anstrengungen, Erfolglosigkeit und Enttäuschung vorprogrammiert.

Icн: Bitte gib mir ein paar Tipps, wie ich mir das vorstellen kann.

Selbst: Wenn Selbst und Ich eines sind, das Ich also ein Ausdruck des Selbst, dann bist du nicht mehr in der Gegenübererfahrung zur göttlichen Wirklichkeit, sondern in der Einheitserfahrung mit ihr/mir, dann sprichst, denkst und fühlst du aus mir, z. B. könntest du dir denken und innerlich sprechen: »Ich bin nicht nur getragen und aufgehoben im größeren Ganzen, sondern ich bin ein Teil davon, ich verkörpere es in all seiner Schönheit, Vielfalt, Lebendigkeit und Tiefe. Ich habe keine Lust mehr auf zweifelnde oder ängstliche Gedanken. Wenn mich mein Körper unangenehm erinnert, lasse ich davon die größere Wirklichkeit, aus der ich lebe, nicht infrage stellen, sondern kehre sofort in meine eigentliche Heimat zurück. Ich danke meiner Vergangenheit, ich danke jedem Schmerz oder Symptom, ich danke jeder äußeren Herausforderung, dass sie mich an das erinnert, was ich eigentlich will und was ich eigentlich bin. Ich weiß, dass das unendliche Selbst alle Möglichkeiten beinhaltet, die ich erfahren will. Ich kann alle Möglichkeiten anziehen, die mir und anderen dienen. Ich freue mich schon auf die herrlichen Gefühle, die mir aus der Identifikation mit dem göttlichen Geist erwachsen. Meinem Körper und meiner Umgebung wird nichts anderes übrig bleiben, als dem Gesetz der Anziehung zu folgen und Wohlbefinden, Liebe und Kreativität auszudrücken.« Wie findest du das? Merkst du schon, allein während du das schreibst oder liest, die positive Wirkung dieser Worte auf dich selbst?!

Icн: Fast hätte ich gesagt: Zu schön, um wahr zu sein. Aber ich weiß schon, was du/ich darauf antworten wirst: »Es ist schön und wahr zugleich, und diese Wahrheit ist deine/meine/unsere Schöpfung.«

Selbst: Eigentlich, wenn du mich etwas fragst, antworte ich nicht wie ein wissendes Gegenüber. Ich nehme dich an die Hand und führe dich in einen »Raum«, wo es die Antwort gibt. Dort werden wir sie erfahren. Deshalb wirst du oft erst einmal verwirrt sein über meine Nicht-Antwort, über diesen unerwarteten Ebenenwechsel. Aber »aus der Knospe der Verwirrung wird die Blüte der Verwunderung«, wie ein arabisches Sprichwort sagt. Oder wie es ihm Thomas-Evangelium heißt: »Jesus sprach: Nicht soll aufhören der, welcher sucht, zu suchen, bis er findet, und wenn er findet, wird er verwirrt sein, und wenn er verwirrt ist, wird er sich wundern und wird König sein über das All« (Logion 2). Also wundere dich nicht über die vielen Wunder, die dir bevorstehen. Du wirst aus dem Danken nicht mehr herauskommen. Ich, dein Selbst, weiß das! Denn »das bist du«! (tat twam asi)[48]

Selbstgespräch 5c (zwei Tage später): »In Wahrheit bist du immer schon zu Hause«
SELBST spricht zum ICH (im Verzicht auf die Identifikation mit dem ICH):
In Wahrheit bist du immer schon zu Hause. Du hast es nur nicht immer geglaubt. Jetzt machst du es dir mehr und mehr bewusst, dass du schon angekommen bist. Bis du fraglos gewiss bist. Ich bin dein Zuhause, dein Selbst. Ich sorge auch für deinen Körper, indem ich ihn umfange, berge, liebe, lasse. Er ist so wertvoll wie die ganze Schöpfung, die sich ständig erneuert. Ich erneuere mich immer und ewig. Dein/mein Geist ist dabei mit im Boot der ständigen Erneuerung, mit unseren Wünschen, mit unserer Sehnsucht, mit unserer Unzufriedenheit. Mal freut sich dein Bewusstsein darüber, mal erschrickt es, als käme die Erneuerung von außen über dich. Mal reagiert dein Geist mit Angst, mal mit Hoffnung. So ist er, er klammert sich an alles. Er will begreifen. Lass ihn! Lassen ist eine Art und Weise der Distanzierung und Liebe zugleich, die nicht weiter zugreift und festhält. Ein Gewahrsein, ohne zu verstehen. Bewusstheit.

Nimm den Geist mit seinen Gedanken und Gefühlen in deine Bewusstheit auf, ohne Unterschied. Werde still und froh und sei einfach da.

Ich, das Ganze und Ewige, dein Selbst, sorge für deine Grundbedürfnisse: Nahrung, Gesundheit, Luft und Sicherheit. Halte du dich damit nicht auf. Bewege dich an vorderster Front der Evolution und des Lebens (der Schöpfung). Kümmere dich um Schönheit, Liebe, Freiheit und Expansion. Experimentiere, spiele! Wenn du willst, brich alte Regeln und Glaubenssätze, Einschränkungen und Hindernisse, besonders die geistigen, die du internalisiert hast und an die du dich gewöhnt hast. Habe allen Mut der Welt.

---
[48] Ein Mantra aus dem Hinduismus

Finde und erfinde immer Neues. Erlebe Wunder! Ich, die universale Intelligenz, Kraft und Liebe stehe hinter dir, motiviere dich, treibe dich an und will mich in dir verwirklichen. Dabei bleibt manches zurück und stirbt. Trauere dem nicht nach. Das, was du bekommst, ist umso schöner, größer, liebevoller und glücklicher. Bleibe in mir, und ich will in dir bleiben!

Selbstgespräch 6: »Das Ganze dankt dem Einzelnen« (Gespräch nach zwei Tagen im Wald)

WALD: Ich bin der Wald, ich bin alles, was lebt. Willkommen du, willkommen ich! Ich danke dir, dass du mich blühen lässt. Ihr Menschen bringt mich zu Bewusstsein, ihr seid meine Spitzenkräfte. Ich werde dir etwas schenken. Wünsch dir was!

SELBST: Was kann ich mir noch wünschen, ich habe doch alles, bin doch Teil von dir, bin doch du und alles!

WALD: Wünsch dir trotzdem was!

ICH: Gut, also auf eigene Gefahr: »Ich will an Körper und Geist vollkommen gesund sein, bis ich sterbe.«

WALD: Es sei dir gewährt. Dazu hast du den Geist. Wir danken dir sehr!

An diesem Text gibt es mindestens zwei Überraschungen:

1. Das große Ganze dankt dem Einzelnen, statt wie gewöhnlich umgekehrt.
2. Das Wünschen braucht nicht den Mangel als Voraussetzung.

Sie merken, alle Selbstgespräche münden in Dankbarkeit, letztendlich sogar in gegenseitige Dankbarkeit.

Das Ganze dankt dem Einzelnen (ein Ritual)

Aus diesem letzten Gespräch, in dem das Ganze nicht nur in Gestalt des Selbst, sondern auch in Gestalt der Natur zu Worte kam und darauf bestand, dem Menschen für seine Bewusstseinsarbeit konkret zu danken, entwickelte sich das folgende Dank-Ritual, das Sie leicht für sich nachvollziehen können. Es wird Sie aufrichten und Ihr Leben ins rechte Licht rücken.

7 Anfängergeist und Spiel

Schreiben Sie 3–4 Sätze auf in der Form: »Ich, das Leben, das große Ganze, danke dir (Ihr Name), dass du ... Ich danke dir sehr.«

Hier ein paar Beispiele:

»Ich danke dir, Wilfried, dass du drei Söhne großgezogen hast. Ich danke dir sehr.«
»Wir danken dir, Mirjam, für deinen leidenschaftlichen Kampf um deinen Selbstwert. Wir danken dir sehr.«
»Wir danken dir, Karl, für alle Fehler, die du gemacht hast. Wir danken dir sehr.«
»Wir danken dir, Rosa, für deine ausdauernde Liebe und das Experiment deiner Ehe. Wir danken dir sehr.«

Setzen oder stellen Sie sich nun auf den Platz des Selbst beziehungsweise des Ganzen, Ihrem Ich gegenüber, und lesen Sie sich den ersten Satz laut vor. Gehen Sie dann auf die Seite des Ich und nehmen sie den Gedanken in Empfang. Wenn es für Sie passt, können sie sich mit einer kleinen Verbeugung oder einer anderen Geste für den Dank, den ihnen das Ganze entgegenbringt, bedanken. So entwickelt sich wechselseitige Dankbarkeit zwischen Ihnen und dem Leben.
    Verfahren Sie mit den übrigen Sätzen ebenso.

8. Segnen und Segen empfangen

Denn wir essen das Brot, aber wir leben vom Glanz.
Hilde Domin

Dieses Kapitel soll Sie ermutigen, sich direkt den spirituellen Kräften zuzuwenden, die uns allen jederzeit zur Verfügung stehen. Ich nenne sie zusammenfassend Segenskräfte. Sie müssen sich diese nicht erst verdienen, Sie müssen nicht erst Ihre Probleme, Ihre Verstrickung lösen oder Symptome bearbeiten. Segen steht immer bedingungslos zur Verfügung, Segenskräfte sind Selbstkräfte. Wenn Sie mit sich selbst segensorientiert umgehen, werden Sie viel Überraschendes erleben, vielleicht, dass Probleme, Symptome und Verstrickungen nach dem Nehmen des Segens ganz anders aussehen oder nicht selten ganz verschwunden sind. Die Beispiele, die ich in diesem Kapitel beschreibe, stammen aus der Gruppen-Arbeit mit Repräsentanten. Wenn Ihnen für Ihre Übung keine Gruppe zur Verfügung steht, möchte ich Sie ermutigen, Ahnenreihen und auch Segenskreise, die später noch beschrieben werden, mit Kieselsteinen auf dem Boden auszulegen und die Steine einzeln in die Hand zu nehmen und zu halten, während Sie sich mit den Kräften, die sie repräsentieren, auseinandersetzen.

Segnen unterscheidet sich grundsätzlich vom Lösen von Problemen oder Verstrickungen. Segnen gehört in die Kategorie des Verbindens – also in die Sphäre des Selbst –, Lösen heißt, etwas oder sich von etwas zu trennen, bzw. es getrennt zu sehen – gehört also in die Sphäre des Ich. Es ist von großem Nutzen, beides wahrzunehmen – das Segnen und das Lösen –, beides zu verwenden und beide Vorgänge zu unterscheiden, ohne ihre Zusammengehörigkeit zu vergessen oder auszublenden. Lösung von Verstrickungen, problematischen Mustern, Projektionen oder Übertragungen (Anhaftungen und Identifikationen) sind heilsame Unterscheidungen von Vermengtem. Segnen und Segen empfangen gehören zu den heilenden Vorgängen des Einbeziehens und Verbindens (von Abgetrennten und Ausgeschlossenen).

Sie können zum Beispiel erkennen oder vermuten, dass ein bestimmtes Gefühl oder Verhalten aus einer bisher unbewussten Loyalität oder Bindung zu einem Elternteil oder zu beiden entsteht. Wenn Sie diese nun zurückgeben, *lösen* Sie eine Verstrickung. Sie können das in der Fantasie tun, symbolisch mit einem Stein oder mithilfe von Repräsentanten in einer Aufstellung.

Auf das bewusste Lassen oder Vergeben dieses Bindungs-Verhaltens kommt es an. Das Lösen von Verstrickungen bringt Ihnen Befreiung für Verhaltens- und Gefühlsmöglichkeiten, die Sie sich bisher aus Loyalität verboten oder versagt hatten.

Manchmal geschieht es – und dies leitet über zur Kategorie des Segens –, dass die fremden Gefühle oder Verhaltensweisen dort landen, wo sie hingehören. Dass z. B. eine Depression als Schuldgefühl bei einem Großelternteil landet, der sich tatsächlich etwas zuschulden hat kommen lassen. Das »Landen« bedeutet hier, dass er oder sie die Verantwortung dafür übernimmt, seine Tat nicht verleugnet, sondern sagt: »Ja, das habe ich getan«. Durch diese Aufrichtigkeit entsteht Aufrichtung, das heißt Kraft. Wir haben schon darüber gesprochen: Immer wenn ein negatives Gefühl oder Verhalten an seinen richtigen, angemessenen Platz im System kommt, wird es zu einer positiven Ressource, das heißt zu Segen. Wenn wir bei einer Person aus der Ahnenreihe Aufrichtung und gute Kraft wahrnehmen, ist es nur konsequent, sie um ihren Segen zu bitten, d. h. sich in den Fluss dieser tiefen Erfahrung zu stellen. Wenn ich einen Segen nehme, mache ich mir explizit bewusst, dass dieser auch zu mir fließt. Wahrnehmen und sich »hineinstellen« sind eins. Segenskraft fließt, wenn eine »Störung« im Bewusstsein eines Systems an den Ort ihres Ursprungs zurückgelangt und als dorthin gehörig erkannt und dort gelassen wird. Anders ausgedrückt: Wenn das Schicksal einer Ahnin bei ihr gelassen und nicht von den Nachkommen getragen und abgenommen wird. Es ist manchmal gar nicht leicht, ein Problem oder ein Symptom, das man oft jahrzehntelang getragen und irrtümlich als Dienst am Ganzen verstanden hat, zurückzulassen und zu erkennen, dass es bei einer anderen Person nicht mehr als Störung, sondern als ihr spezifischer Beitrag zum Ganzen gut aufgehoben ist. Dies zu erkennen heißt, sich mit ihr als Segensquell zu verbinden. Ort und Zeit spielen darin keine Rolle mehr, denn Segen wirkt überall und über Tausende (von Generationen) hinweg.[49] Persönlichkeit spielt keine Rolle mehr, Segen ist transpersonal. Der Musiker und Therapeut Aron Saltiel drückt

---

49 Vgl. die Thora (z. B. Deut 5,9f): »Bei denen, die mir feind sind, verfolge ich die Schuld der Väter an den Söhnen und an der dritten und vierten Generation; bei denen, die mich lieben und auf meine Gebote achten, erweise ich Tausenden meine Huld.«

es so aus[50]: »Das Persönliche wird bei der Person gelassen, bei der es entstanden ist, und das Überpersönliche wird genommen. So ist jede Verstrickung die Verwechslung von persönlich mit un-/überpersönlich und jede Befreiung die Unterscheidung der beiden Ebenen. Vom Rückgaberitual bis zum Abziehen der Projektion vom Gottesbild machen wir hier immer dasselbe: Wir unterscheiden persönlich von unpersönlich«. Das Wirksame an der Arbeit mit weit zurückgehenden Ahnenreihen und Stammbäumen besteht meines Erachtens darin, dass wir dadurch über den personalen Bereich der Eltern und Großeltern hinaus in jenen »Raum« gelangen, in dem Frieden herrscht, und zu jenen Urkräften, die mit ihrem Schicksal versöhnt sind, sodass sie in der Lage sind zu segnen. Und »Segen« wird dabei für uns zu unbedingter positiver Kraft, die uns aus unserer Zugehörigkeit (zum Dasein, zu Gott, zur Erde und zum Himmel) zusteht und zukommt. Segen ist also immer da, und das Nehmen des Segens kann deshalb als Ritual gesehen werde, als Erinnerung und Nachvollzug der Wirklichkeit unserer Verbundenheit.

Aron Saltiel schreibt dazu weiter: »Die Ahnen dienen hier als Symbol des wohlwollenden Aspektes Gottes, seiner Gnade, seiner Liebe. Der Segen besteht darin, zu wissen, dass Gott/das Dasein mich einbezieht und unterstützt, dass ich nicht allein und isoliert bin, ganz egal wo und in welchem Zustand ich mich befinde. Wir alle erleben uns im Laufe unserer Sozialisation als abgeschnitten und isoliert. Das scheint zum Menschsein auf dem Planeten Erde dazuzugehören. Das Empfangen des Segens sehe ich als ein einfaches und dennoch wirksames Ritual. Der Segen ist immer da. Aber ich weiß das nicht immer. Weil ich irgendwann gelernt habe, dass ich abgeschnitten und allein bin. Also gehe ich in das Ritual hinein, um den Segen zu empfangen.«

Segen kommt nicht aus einer einzelnen Person, auch wenn diese sagt: »Ich gebe dir meinen Segen«, sondern er wird vermittelt, fließt durch die segnende Person weiter. Die Struktur der Vermittlung wird besonders in der Ahnenreihe deutlich, wobei es verhältnismäßig unwichtig ist, von wem der Segen ausgesprochen wird. Das heißt, die Persönlichkeit, bzw. das persönliche Schicksal des Ahnen, der den Segen »gibt«, spielt keine Rolle und darf keine Rolle spielen. Deshalb ist es gut, weit genug in der Ahnenreihe zurückzugehen, so weit, bis

---

50 Dieses Zitat von Aron Saltiel stammt aus einem nicht öffentlichen Internetblog, den ich 2007 zum Thema »Segen« initiiert habe.

keine Erinnerung mehr an die persönlichen Schicksale vorhanden ist. Geht man nicht weit genug zurück, wie z. B. in einer klassischen Familienaufstellung, sollte man das persönliche Schicksal, z. B. der Mutter, von ihrem Platz in der Ahnenreihe, d. h. ihrer Segens-Funktion, unterscheiden. Um ihren Segen ganz und ohne Vorbehalt nehmen zu können, sehe ich von persönlicher Problematik und Verstrickung ab, einschließlich der, in die ich verwickelt bin. Dies geschieht z. B. mit dem Satz: »Ich danke dir für das Leben. Dein Schicksal und deine Entscheidungen lasse ich bei dir.«

Es geht nicht darum, die Eltern pauschal zu akzeptieren, wie wir es vielleicht als Kinder gebraucht haben und manchmal immer noch glauben tun zu müssen, sondern darum, ihren Segen zu empfangen, den sie als Vermittler von einem größeren Ganzen her weiterzugeben haben, dem großen Ganzen, dem wir bedingungslos durch unser Geburtsrecht angehören. Es tut also gut, die Ahnen in die Ahnenreihe zu stellen und vor ihnen als Vertreter des größeren Ganzen den Kopf zu neigen, um diesen Segen (und nur diesen) zu empfangen. So kann man darauf vertrauen, dass der Segen nicht mit persönlichen Inhalten vermischt ist, sondern aus einer Quelle bedingungsloser Wahrnehmung und Liebe stammt. Unterscheidung ist hier der Schlüssel des Nehmens, so wie Vermischung der Hintergrund aller Verstrickungen sein dürfte. Wenn Eltern nun nicht bereit oder in der Lage sind, von ihren Verstrickungen abzusehen und den reinen, ungetrübten Segen, der aus der Verbundenheit der Gemeinschaft kommt, weiterzugeben, so tut es gut, von allen alten Loyalitäten Abstand zu nehmen und den Segen für mein Leben oder für meine Projekte von dort zu holen, wo die universale Quelle der Verbundenheit klar und rein repräsentiert ist, bei meinem Selbst, bei den Ahnen, die in Frieden sind, oder bei einer anderen Repräsentanz des großen Ganzen. Eltern, die in der Segensarbeit dabei zuschauen, sind in ihrer Seele froh, wenn der Segen frei fließt. Ja, oft kommen sie allein beim Zuschauen mit sich selbst in Frieden.

Den Segen zu nehmen, darin sehe ich das eigentliche Ziel aller Arbeit an etwaigen Verstrickungen. Stellen wir die Arbeit an Traumata und Verstrickungen in Aufstellungen oder Therapien dem Nehmen des Segens voran, so kann der Eindruck entstehen, wir müssten oder könnten uns den Segen erarbeiten. Nach dem Motto: »Wir leben im Mangel und müssen uns das Gute verdienen.« Es ist sehr sinnvoll, sich diesen verbreiteten Glaubenssatz, der tief in unser soziales und marktwirtschaftliches Denken hineinreicht, immer wieder bewusst zu machen. Der Segen von ganz oben und von ganz außerhalb ist gegeben und steht uns zu, und je öfter wir ihn uns bewusstmachen (dazu dienen Alltags-Rituale wie zum Beispiel Meditation), desto mehr entfaltet er seine Wirkung in unserem Leben.

Segensorientiert statt lösungsorientiert (Beispiel Sieglinde)

Nun folgt der Bericht einer Ahnenaufstellung, in der das Nehmen des Segens alles verändert hat. Sieglinde, 28 Jahre alt, kam in eine Aufstellungsgruppe, nachdem sie schon jahrelang mit einer analytischen Therapeutin nach C. G. Jung gearbeitet hatte. Das erste Jahr hatte sie nur geschwiegen, wie sie mir später berichtete. (Meine Hochachtung für diese Therapeutin!) Sie wollte eine Aufstellung für etwas, worüber sie nicht sprechen konnte. Ich sah, dass ihre Arme von oben bis unten Narben von Schnittwunden trugen.

Nach der Aufstellung schlief sie eine Nacht und einen halben Tag und erzählte mir dann in der Mittagspause unter vier Augen, dass sie ohne Darmausgang geboren wurde und die ersten drei Jahre ihres Lebens ständig im Krankenhaus gewesen sei und eine Operation nach der anderen unter Vollnarkose über sich ergehen lassen musste. Vom dritten bis dreizehnten Lebensjahr sei sie dann immer wieder von ihrem Onkel missbraucht worden. Sie schliefe nachts nicht wie andere mit langsamem Einschlafen und Aufwachen und mit Träumen, sie sei einfach »weg«, sonst nichts, wie in Ohnmacht oder in Narkose.

Ich drängte Sieglinde nicht, über ihr Anliegen zu sprechen, sondern bat sie, eine Person für ihre Eltern auszusuchen und aufzustellen. Die Repräsentantin für die Eltern, sie hatte eine Frau dafür gewählt, suchte wieder einen Repräsentanten für deren Eltern, also die Großelterngeneration, aus und stellte diese hinter sich und so fort, bis eine Ahnenreihe von circa fünfzehn Personen fünfzehn Generationen repräsentierte. Ich forderte Sieglinde auf, an den Eltern und Großeltern vorbeizugehen zu denjenigen Ahnen, die sich im transpersonalen Bereich befanden, die also bereits mit sich und ihrem Schicksal versöhnt und in Frieden waren, und das ungetrübt bereitstellen konnten, was sie benötigte, was immer das wäre. Ich sagte ihr: »Hol dir den Segen für das, was du brauchst. Geh an den Eltern und Großeltern vorbei. Schau allen in die Augen und

> spüre nach, wo du das, was du brauchst, bekommen könntest. Geh bis ganz hinten! Komm dann noch mal zurück, und gehe gezielt auf die Person zu, von der du den Segen im Namen aller erbittest.«
>
> Da sie nicht vor der Gruppe über ihr Trauma sprechen wollte und konnte, schien mir das für Sieglinde die beste Möglichkeit zu sein, zu einer sinnerfüllten Aufstellung zu kommen. Trotz meiner Aufforderung, an den Eltern vorbeizugehen, stellte sie sich vor die Repräsentantin ihrer Eltern hin und bat sie, sie anzuschauen. Die Repräsentantin war dazu aber nicht in der Lage und sagte das auch: »Ich kann das nicht, da ist ein großer Block zwischen uns.«

Später, während Sieglinde mir ihr Schicksal der ersten drei Jahre erzählte, wurde mir klar, was solch ein Geschehen auch für eine Mutter bedeuten kann, und wie auch sie ihrer Seele in ihrer Liebe zu ihrem Kind um seines Überlebens willen Gewalt antun muss, wenn sie gezwungen ist, ihr Baby immer wieder für Wochen im Krankenhaus abzuliefern.

Du musst deine Verletzungen nicht noch einmal erleben

Ich musste Sieglinde von ihrem Wunsch nach mütterlicher Wahrnehmung geradezu losreißen und sie erinnern, dass der Segen woanders auf sie wartete. Langsam ging sie die Ahnenreihe entlang, spürte zu jeder und jedem hin, und ging dann, nachdem sie am Ende angekommen war, zurück etwa in die Mitte der Ahnenreihe zu einem Mann. Sie bat ihn um den Segen für ihr Leben. Der Mann wandte sich zu ihr hin und sagte: »Ich segne dich, du darfst dir Gutes nehmen vom Leben. Sei gut zu dir.« Sie umarmten sich, er legte ihr danach ein paar Minuten die Hände auf den Kopf. Dann trennten sie sich. Er drehte sich zurück in die Ahnenreihe, und sie ging wieder zurück an ihren Platz in der Reihe, das heißt vor die Frau, die ihre Eltern repräsentierte.

Inzwischen hatte ich aus den Augenwinkeln beobachtet, wie diese Frau – ich vermute, für Sieglinde war es die Mutter – sich zur Großmutter umwandte, ein paar Worte wechselte und sie vielleicht sogar umarmte. Als jedenfalls Sieglinde an ihrem Platz am Ende der Ahnenreihe angekommen war und die Mutter noch einmal bat, sie anzusehen, konnte diese dies kurz tun. Sieglinde war sehr glücklich und dankbar dafür.

Wie gesagt, schlief Sieglinde danach eine Nacht, den nächsten Vormittag, den Nachmittag und die nächste Nacht und war dann in der Abschlusssitzung wie verwandelt, hellwach und ganz da. Sie war sehr dankbar dafür, dass wir (die Gruppe) ihr eher ungewöhnliches Verhalten (keine Erklärung, langes Schlafen) einfach akzeptiert hatten. Ich bevorzuge verdecktes Vorgehen, in dem die Klientin möglichst wenig oder gar nichts von ihren Verletzungen und ihrer Problemgeschichte mitteilt, nicht nur zum Schutz der Privatsphäre in beruflichen Kontexten, sondern, wie gesagt, aus grundsätzlichen Überlegungen heraus: Was uns dort mitgeteilt würde, wäre nicht viel mehr als eine mehr oder weniger plausible lineare Ursache-Wirkungskonstruktion, die uns ein lösungs- statt segensorientiertes Vorgehen nahelegt. Stattdessen fordere ich im inhaltsfreien, »verdeckten« Vorgehen die verletzte und traumatisierte Person auf, körperlich oder im übertragenen Sinne an ihren »Verletzern« vorbeizugehen und sich das, was sie brauchen oder damals gebraucht hätten, woanders aus einer bedingungslos fließenden (spirituellen) Quelle zu nehmen. (Sie können das, wenn sie möchten, im Vergebungsritual in Kapitel 5 nochmals genauer nachlesen.) Dieses Vorgehen widerspricht unserer jahrhundertelang eingefahrenen Gewohnheit, sich die Gnade und die Fülle des Lebens erst holen zu dürfen, wenn man seine Verletzungen halbwegs aufgearbeitet oder seine Sünden gebüßt hat. Der Glaube an die bedingungslose Vergebung der Schuld (Paulus und Luther), an den liebenden Vater (Jesus Christus) oder an die Beendigung des Leidens (Buddha) ist ein absolut erfreulicher Paradigmenwechsel, eine beglückende Umkehrung unseres Denkens, Wahrnehmens, Fühlens und Handelns. Glücklicherweise gibt es heute genügend moderne Propheten, wache Menschen, die uns durch ihr Leben, ihr Schreiben und Reden an diese neue Möglichkeit erinnern. In der Literaturliste finden Sie Hinweise auf einige von ihnen.

Vielleicht wird an diesem Beispiel deutlich, dass es in der Traumatherapie oder der Vergebensarbeit nicht in erster Linie darauf ankommt, die Verletzung ins Bewusstsein zu heben und sprachlich zu verarbeiten, sondern sich dem Segen zuzuwenden, wie immer und wo immer er für uns bereitsteht. Eine Ahnenreihe ist ebenso ein Bild für das göttliche Ganze, welches Segen und Heilung für uns bereithält, wie das Selbst, eine Heiligen- oder Schutzengel-Gestalt, ein Medizinkreis oder jede andere Repräsentation der Ganzheit. In diesem Rahmen des Angeschlossenseins an die Quelle bedingungsloser Wahrnehmung und Liebe entsteht dann auch ein neues Wahrnehmen des traumatischen Geschehens.

Selbstverständlich unterliegt die Zuwendung zum Segen ganz der Willensentscheidung des freien Ich. Oft verändert sich nach dem Nehmen des Segens nicht nur die Perspektive der Protagonistin, sondern auch die anderer am Verletzungsgeschehen beteiligter Personen, wie in Sieglindes Aufstellung die Blockade der Mutter, die ein wenig gelöster wurde.

Eine Mutter in Sorge um ihre Tochter

Mit demselben Aufstellungsformat, der segensspendenden Ahnenreihe, kann man auch gut Eltern helfen, die in Sorge um das Wohl ihrer Kinder sind. Man stellt sie in die Ahnenreihe an ihren Platz und fordert sie auf, ihren Kindern den Segen weiterzugeben, den sie von ganz hinten bekommen. Sehr oft gelingt es ihnen allein dadurch, dass sie sich in die Ahnenreihe einreihen, ihren Platz einzunehmen, von ihrem persönlichen Schicksal und ihren Interessen dem Kind gegenüber abzusehen und sich als Kanal bedingungsloser Liebe zu erfahren, was sehr entlastend sein kann. Wir könnten sagen, dass sie dadurch in ihre eigentliche Elternfunktion initiiert oder zurückgeführt werden. Das ist für viele Mütter und Väter entlastend und stärkend zugleich.

Für Sabine, eine vierzigjährige Theologin aus Süddeutschland, war das eine sehr schöne Erfahrung. Sie war geschieden und machte sich große Sorge um ihre fünfzehnjährige Tochter Hanni, die »über alles und jedes wütend ist«. Ich fragte Sabine, ob sie das Einverständnis ihrer Tochter habe, wenn sie heute in dieser Gruppe etwas für sie tue. Wenn nicht, solle sie sie anrufen und fragen. Letzteres tat sie und bekam das Einverständnis der Tochter. Dann fragte ich sie, ob sie bereit wäre, ihrer Tochter einfach und ohne Bedingungen den Segen der Frauen weiterzugeben. Das würde so aussehen, dass sie sich in die weibliche Ahnenreihe stelle, die Frauen hinter sich, eine Stellvertreterin für ihre Tochter ihr gegenüber, und dass sie dann ihrer Tochter den Segen der Frauen anbieten würde. Mit diesem Vorschlag war Sabine mehr als einverstanden, ihre Augen leuchteten, und sie stimmte zu.

Ich bat nun Sabine, sich für ihre Mutter und für ihre Tochter je eine Stellvertreterin auszusuchen, die Mutter hinter sich aufzustellen und die Tochter ihr gegenüber. Die Repräsentantin der Tochter bat ich, jemanden für ihre Wut auszuwählen. Sie wählte den größten Mann aus der Runde dafür aus und nahm ihn links neben sich fest an die Hand. Die Mutter von Sabine bat ich, sich eine Repräsentantin für ihre Mutter, also Sabines Großmutter, auszusuchen. Und diese wieder für ihre Mutter usw.

Dieses Vorgehen wähle ich gewöhnlich, um den Übergang vom Persönlichen zum Transpersonalen zu markieren und deutlich werden zu lassen.

Sabine stand sozusagen an der Schnittstelle, an der sie sich zu entscheiden hatte, was sie in diesem Moment verwirklichen wollte, das Eigene (ihre Sorge um die Wut der Tochter) oder das Transpersonale (den Fluss des Segens). Auf meine Frage zuvor hatte sie sich ja schon für das Letztere, das Weitergeben des Segens entschieden.

Die eigentliche Aufstellung ist dann Verkörperung und Realisierung dieser Entscheidung. Sie bringt sie sozusagen auf die Erde und macht sie sinnlich erfahrbar und erinnerbar. Am Ende der Frauenreihe lasse ich immer etwas Platz und bitte einen Mann und eine Frau, Adam und Eva oder Gott und Göttin zu repräsentieren, wie die Protagonistin es will.

Sabine fragte nun ihre Tochter Hanni: »Ich bin deine Mutter. Willst du von mir den Segen der Frauen?« Hanni antwortete sofort: »Nur mit meiner Wut!« Sie zeigte auf den Mann, der neben ihr stand, und hielt ihn fest an der Hand. Die Mutter antwortete klar und deutlich: »Ja, in Ordnung!« Die Tochter trat einen Schritt vor und ließ dabei (offensichtlich überrascht von der Bedingungslosigkeit der Zusage der Mutter) die Hand der Wut los. Die Mutter legte ihr die Hände auf den Kopf und gab ihr ihren Segen. Danach drehte sich die Tochter um und stellte sich an ihren Platz in der Ahnenreihe. Die Wut hatte sie offensichtlich vergessen. Der Repräsentant der Wut stand plötzlich in Höhe der Urgroßmutter. »Aha«, sagte ich, »da gehört sie also hin. Dreht euch kurz um, Mutter und Tochter, und winkt der Wut zum Abschied zu, nicht zur Einladung! Dreht euch dann wieder nach vorn in Richtung der Zukunft und überprüft bitte: Fühlst du dich von hinten voll und bedingungslos unterstützt und nach vorne frei?« Beide, Mutter und Tochter, nicken. Die Wut brauchte nur losgelassen zu werden. Dies geschah durch das Nehmen des Segens.

Man hat sozusagen keine Hand mehr frei für alte Geschichten. Wenn wir Personen in eine Segens-Funktion einsetzen, so geben wir ihnen eine un-persönliche Aufgabe und binden sie in die transpersonale Selbst-Wirklichkeit ein. Ich habe oben vorgeschlagen, die Segenskräfte als Steine zu symbolisieren. In gewisser Weise sind sogar Elemente der Natur geeigneter für die Repräsentation von Segenskräften als Personen. Ich bezeichne sie deshalb oft als Ort, Quelle, Brücke, Tor, Kanal usw. Damit ist gemeint, dass sie bedingungslos zur Verfügung stehen, ohne uns in unseren Entscheidungen auf irgendeine Weise zu beeinflussen und doch zu etwas Größeren führen oder von dort gespeist werden. Sie sind absolut frei lassend. Und diese Freiheit ist das innerste Wesen aller spirituellen Energien. Sie stehen zur Verfügung wie die Natur, wie Quellen, aus denen wir trinken können, aber nicht müssen. Sie gehen nicht auf jemanden zu, sie mischen sich nicht ein, sie warten, bis man kommt und sie nimmt, bis sie gefragt oder angeschaut oder berührt werden. Dann aber sind sie sehr freigebig mit ihrer Art von Segens-Energie. Modelle wie das indianische Medizinrad und die Naturtherapie arbeiten deswegen vor allem mit der Natur, das heißt sie arbeiten mit dem Segen.[51]

Die Sprache wird angesichts des Segens metaphernreich und poetisch. In diesem Sinne möchte ich am Schluss dieses Kapitels Günter Mattitsch zitieren[52]: »Im Empfangen des Segens verbeugt sich der Gesegnete vor dem Segnenden. Doch der Segnende weiß um das Ganze und ist sich des Dort in diesem Augenblick bewusst. Er spricht die Segensworte aus dem Ganzen heraus und lässt den Gesegneten in das Geheimnis seiner selbst ziehen. Er vertraut auf den umfassenden Prozess des Lebendigen im Augenblick des Hier und Jetzt, und er verlässt sich auf die Gnade des Unermesslichen. Der Gesegnete nimmt dies alles in sein Leben mit als ein Geschenk, das er aus dem Geheimnis seiner selbst empfängt. Der Segnende ist Vermittler dieses Vollzuges.

So ist das Segnen wie ein Heimkehren zu sich selbst und das Gesegnetwerden wie dessen Voraussetzung.

Das Segnen ist wie eine Einkehr in die Ganzheit und ist wie ein Berührtwerden von Kindern durch das Verbundensein ihrer Eltern in Liebe. Gesegnetwerden ist wie die Benetzung der Blume durch den Tau der Nacht und wie das unbedachte Verströmen ihres Duftes.«

---

51 Vgl. Kapitel 9 über die Medizinrad-Aufstellung sowie Kreszmeier (2008)
52 Dieses Zitat von Günter Mattitsch stammt ebenfalls aus dem oben genannten Internetblog zum Thema »Segen« (vgl. Fußnote 50).

9. Chakren-Spiegel und Medizinrad

Ein jeder von uns unvermeidlich!
Ein jeder von uns unermesslich!
Walt Whitman

Wenden wir uns nun den Quellen des Segens zu und wie wir sie für uns nutzen können. Wir nennen sie bewusst Quellen, weil sie immer da sind und aus dem großen Energiereservoir der Mutter Erde hervorsprudeln, bedingungslos zur Verfügung stehen und ohne uns in ihrer Nutzung auf irgendeine Weise zu beeinflussen. Sie sind absolut freilassend. Diese Freiheit ist das innerste Wesen aller spirituellen Energien.

In unserem Körper können wir sie als eine hierarchisch aufgebaute Reihe von sieben Energiezentren erleben, auch »Chakren« oder »Lebensräder« genannt. In der Natur erleben wir sie als vier oder fünf Elemente, je nach Kulturkreis.[53] In der Zeitdimension können wir sie uns als unendliche Reihe von Ahnen, Reinkarnationen oder als ausgefächerten Stammbaum vorstellen. Die Unendlichkeit und Verbundenheit des Göttlichen wird in den verschiedenen Traditionen entweder als unendliche Linie, als Kreis oder Spirale mit beliebig vielen Segmentierungen dargestellt. Aus praktischen Gründen arbeiten die verschiedenen Traditionen mit begrenzten Zahlen, die aber immer auf die universale Wirklichkeit des größeren Ganzen hinweisen. Wir finden dafür auch Bezeichnungen wie Segenskräfte, Kraftquellen, Engel, Himmelsrichtungen, Glaubenswege, Gottesnamen usw. Allen diesen spirituellen Kräften ist gemeinsam, dass sie auf die unermesslichen Kräfte des Universums hinweisen und bedingungslos zur Verfügung stehen. Ihnen gegenüber steht das begrenzte Ich, um sich auszurichten, auszuwählen, hinzugehen, zu bitten, zu nehmen, sich für sie zu öffnen und schließlich sich ihnen hinzugeben. Deshalb gehören diese Kräfte zur Wirklichkeit des Selbst. Spirituelle Quellen überall, ganz nahe und ganz fern, in uns und um uns. Wenn wir uns das an Beispielen vor Augen führen, merken wir erst so richtig, wie wichtig die Aufgabe des freien Ich ist, zu unterscheiden und zu entscheiden, und wie sich die Funktionen von Ich und Selbst gegenseitig unterstützen und ergänzen.

---

53 Vgl. z. B. Flaming (1999) sowie Anodea u. Panster (2004)

9 Chakren-Spiegel und Medizinrad

Dieses Kapitel soll Ihnen Praxis-Möglichkeiten zur Verfügung stellen, um zu überprüfen, wieweit Sie die verschiedenen Kraftquellen in Anspruch nehmen und nutzen oder ausblenden und blockieren (eine Art Selbst-Diagnose), oder/und um sich einigen Kraftquellen konkret zuzuwenden, von denen Sie vermuten, wissen oder spüren, dass Sie sie vermehrt brauchen können (eine Art Selbst-Heilung). Widerstehen Sie der Versuchung, alles auf einmal zu wollen, also der Versuchung der Entscheidungs- und Richtungslosigkeit. Drücken Sie sich nicht um die Ich-Aufgabe des Wählens.

Und ganz praktisch: Wenn Sie keine Rollenspieler zur Verfügung haben, können Sie die einzelnen Kräfte auch mit Kieselsteinen oder anderen Symbolen repräsentieren und je nach Form des Rituals in einer Linie oder im Kreis auslegen. Sie werden erleben, dass die einzelnen Symbole, wenn Sie sie berühren oder in die Hand nehmen, anschauen oder mit ihnen sprechen, antworten. (Natürlich spiegeln sie damit Ihre innere Wirklichkeit, und genau das ist Zweck der Übung.)

Der Chakren-Spiegel

Nutzen Sie die Chakren-Aufstellung für sich selbst als eine Art Beichtspiegel oder als Diagnoseschlüssel. Bedenken Sie, dass jedes Chakra eine spezifische Ausprägung der universalen Energie darstellt, die jedem von uns bedingungslos zur Verfügung steht, auch wenn wir sie nicht immer alle nutzen. Sie werden merken, dass die oberen Chakren auf den unteren fußen. Weder in unserer individuellen Entwicklung noch in der Entwicklung der Menschheit können wir irgendeine der Stufen überspringen. Ken Wilber hat die Forschungen dazu in seinen Büchern beschrieben und zusammengefasst (vor allem 2002 u. 2007). Wir beschränken uns hier auf konkrete Anwendungsmöglichkeiten und die Grundprinzipien, die man dazu wissen und berücksichtigen muss.

Legen Sie bitte einmal sieben Symbole, z. B. Kieselsteine, in einer Reihe vor sich hin, und wenden Sie sich dem ersten von ihnen, dem Wurzelchakra-Stein zu. Unser Körper repräsentiert diese Energie vor allem an der Basis der Wirbelsäule. Sie externalisieren diese Kraft durch ein Symbol, um sich von ihr besser anregen und fragen zu lassen. Zu jedem Chakra werden zunächst unter A) die wichtigsten Ressourcen, die es zur Verfügung stellt, in Form von Affirmationen beschrieben und dann unter B) ein paar Fragen und Anregungen dazu gegeben, die Sie sich selbst laut vorlesen und dann vom Chakra beantworten lassen können. Sie können dazu entweder den betreffenden Kieselstein in die Hand nehmen und »seine« Reaktionen laut aussprechen oder diese auf einem Blatt Papier aufschreiben. Seien Sie wahrhaftig und ohne Angst. Sie sind, wie Sie sind, und als solches ein wesentlicher Teil des Ganzen. Ohne Sie gibt es das Ganze nicht, und Sie dienen dem Ganzen genau durch Ihre Rollen und Ihr Dasein. Vergleichen Sie sich nicht mit anderen, Sie sind einmalig. »Gott« oder das »Leben« will sie genauso, wie Sie sind, auch wenn es Ihnen schwerfällt, das zu glauben. Tun Sie während der Übung einmal so, als ob Sie wüssten, dass es keinen verurteilenden und strafenden Gott gibt, sondern nur einen liebenden. Dass letztendlich die Liebe sich durchsetzt, auch über den Tod hinaus. Diese Vorstellung kann Sie wahrhaftig und frei machen. Sie können ja nachher immer noch entscheiden, ob es ihnen so gut schmeckt, dass sie eine solche Vorstellung auch weiterhin pflegen wollen.

1. **Wurzel-Chakra / Erdung, Verwurzelung:** (Basis der Wirbelsäule)
A) Ich bin in meinem Körper und auf der Erde zu Hause. Ich habe bis heute überlebt, meine Wurzeln sind stark und gut. Mantra: »Schon angekommen.« (Ein Mantra kann man wiederholt vor sich hinsagen, z. B. beim Einschlafen. Nehmen Sie die Mantras als Vorschläge, und finden Sie Ihre eigene Formulierung, mit der ihr Herz aufgeht.)
B) Wie könnte ich es mir erlauben, mich in meiner Haut, meiner Kleidung, meiner Wohnung noch wohler zu fühlen? Wie könnte ich noch liebevoller mit meinem Körper umgehen? Welche Situationen könnte ich noch präsenter genießen? Wie kann ich mich noch mehr Mutter Erde anvertrauen hinsichtlich meiner Gesundheit, meiner materiellen Sicherheit und meines beruflichen Erfolges?

2. **Sakral-Chakra / Sexualität, Erotik, Lebenslust:**
(Genitalien, Kreuz- und Hüftbereich)
A) Ich freue mich am Leben und habe Lust darauf. Ich genieße meine Sexualität, mein Frau- oder Mannsein und lebe spielerisch. Mantra: »Danke, dass ich immer genug Lustvolles zur Verfügung habe.«
B) Wie könnte ich mir noch mehr Lust, Erotik und Spiel erlauben? Mit wem und wie kann ich mein Frausein, mein Mannsein zeigen und genießen?

3. Solarplexus / Kraft, Energie: (oberhalb des Nabels)
A) Ich lebe entschieden und selbstmächtig. Ich bin frei. Ich habe Willenskraft und Power. *Mantra:* »Gott/das Leben ist meine Stärke. Mir wird nichts mangeln.«
B) Welche Gefühle von Ohnmacht und Abhängigkeit könnte ich mir durch Besinnung auf Mich-Selbst ersparen? Wobei freut es mich, mich liebevoll, aber mit aller Kraft und vollem Risiko einzusetzen?

4. Herz-Chakra / Liebe, Mitgefühl, Hingabe: (Herzbereich)
A) Ich bin mit allem verbunden, ich bin eins. Ich habe teil an allem und allen. Ich bin immer beteiligt. *Mantra:* »Ich bin voll Liebe und Offenheit für mich selbst, alle und alles.«
B) Was ich bei mir ablehne, braucht vielleicht einfach liebevolle Zuwendung wie ein Kind. Wofür ich mich schäme, das könnte ich mir einmal freundlicher ansehen. Wovor ich Angst habe, dem wende ich mich zu und nehme es ins Herz.

5. Hals-Chakra / Ausdruck, Kreativität:
A) Ich bin Schöpfer der Formen meines Lebens. Ich äußere meine Gefühle und veröffentliche meine Wünsche. Ich bin in Erwartung der Wunder. *Mantra:* »Ich bin kreativ und zeige das.«
B) Welche weiteren Schätze und inneren Potenziale kann ich noch heben, einen Ausdruck, einen Klang, eine Form dafür finden?

6. Stirn-Chakra / Wahrnehmung, Intuition:
A) Ich nehme alles wahr, das Einzelne und das Ganze, schaue hin und setze mich auseinander. *Mantra:* »Ich verbinde mich mit dem grenzenlosen Gewahrsein.«
B) Wie kann ich mir mehr Freude am Schauen, Hören und Spüren dessen, was ist, verschaffen? Und wo ich mich belüge, ob aus Angst oder aus Wut, da frage ich mich: »Stimmt das«?

7. Kronen-Chakra / Weisheit, Inspiration:
(Scheitelpunkt oder etwas darüber)
A) Ich erkenne die allem innewohnende und alles überschreitende Weisheit und verneige mich vor ihr. Ich lebe wach und voll Freude in der Gegenwart. *Mantra:* »Ich verneige mich vor dem Göttlichen in mir (Sanskrit: Om namah Shivaya).«

B) Wo mache ich mich klein, statt mich zu verneigen? Worauf bin ich stolz und könnte meinen Stolz in Dankbarkeit verwandeln? Wo meide ich den Gedanken an den Tod?

Wenn Sie die Symbole oder Repräsentanten für die Chakren im Kreis um sich herum aufstellen, wird deutlich erlebbar, wie diese Ausprägungen des größeren Ganzen sind. Wenn Sie sie in einer Linie vom Wurzelchakra bis zum Kronenchakra aufstellen, wird eher ihre gegenseitige Abhängigkeit und Verbundenheit sowie ihre hierarchische Über- und Unterordnung erlebbar. Ist das Kronen-Chakra umfassender als das Wurzel-Chakra, wie es viele bildhafte Darstellungen im Hinduismus es nahelegen? In vielen alten Texten wird die Weisheit (Sofia) als übergeordnete Kraft und als Sprung auf eine neue Ebene beschrieben; das ist nachvollziehbar: Zwischen Erde und Himmel, so wie zwischen Ich und Selbst, besteht eine paradoxe Beziehung, wie zwischen Teil und Ganzheit im holarchischen Sinn. Wenn man also die Energiezentren von unten nach oben, angefangen mit dem Wurzelchakra begeht oder liest, so wird man feststellen, dass das jeweils höhere Zentrum die Ressourcen des jeweils unteren und damit aller unteren enthält. Man wird keines überspringen. Sowohl Herzensliebe als auch Ausdruckskraft und intuitives Gewahrsein setzen Erdung voraus, sonst bleiben sie idealistische Konzepte, die aus Gedankenformen bestehen und der Kraft entbehren.

Jede dieser Ressourcen hat also einen inneren und einen äußeren Aspekt: das Brot und den Segen. Hilde Domin schreibt in einem Gedicht: »Denn wir essen das Brot, aber wir leben vom Glanz.«[54] In der Aufzählung zu den Chakren vorhin wurden jeweils ein psychophysischer und einen seelisch-geistiger Aspekt genannt. Ein aktiver Solarplexus zum Beispiel verbindet selbstmächtiges und verantwortliches Handeln im Alltag mit der Demut der Hingabe aller eigenen Projekte an die Allmacht des Göttlichen.

Wenn wir die Segenskräfte als umfassend und immer anwesend ansehen, könnten wir es uns dann nicht viel leichter machen, wenn wir uns selbst oder andere beraten wollen? Wir brauchten uns dann viel weniger und kürzer mit der Entschlüsselung und dem Verstehen von Problemen beschäftigen, sondern einfach »nur« den Kopf zu wenden (metanoia), die Perspektive zu ändern und zur nächsten und besten

---

54 Aus Hilde Domins Gedicht: »Die Heiligen« (1959, S. 30)

Segens-Quelle zu schauen, um von ihr all das zu erwarten, was wir vermisst und sehnlich gewünscht haben. Das wäre die einfachste Art von Hilfe, ein einfaches Lassen in Liebe. Wie Rilke in seinem Requiem an eine Freundin schreibt: »Wir haben, wo wir lieben, ja nur dies: einander lassen« (1962, S. 410).

Das doppelte Medizinrad

Im indianischen Medizinrad ist jede der vier Himmelsrichtungen einem der vier universalen Elemente der Schöpfung zugeordnet: Feuer, Wasser, Erde und Luft. Dieser Kreis wird in der »Sweet Medicine«, in der Tradition der »Twisted Hairs«, amerikanischer Indianer, die ich durch SwiftDeer kennengelernt habe, »Schöpfungsrad« genannt. Genauso wie bei den Chakren können Sie diese vier Kräfte mit Rollenspielern oder z. B. mit Steinen repräsentieren. Dazu können Sie einen Kreis aufstellen oder legen (Abb. 12). Er symbolisiert Ihre vier zentralen inneren Qualitäten und Kräfte. Dem Feuer im Osten entspricht unsere kreative Fantasie, die Inspiration, dem Wasser im Süden unsere Emotionen, der Erde im Westen unser inneres Wissen, die Intuition, und der Luft im Norden entspricht unsere Vernunft (vgl. Flaming 1999).

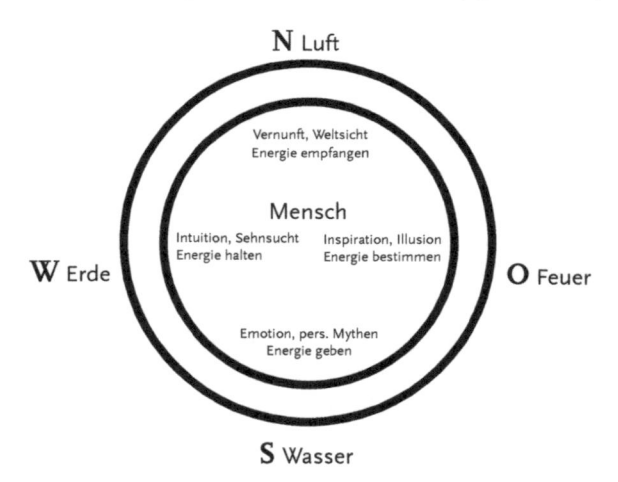

Abb. 12: Das doppelte Medizinrad: außen »Schöpfungsrad«, innen »Sternmädchenkreis[55]« und Kreis der Energiebewegungen

---

[55] In der indianischen Mythologie gibt es eine Erzählung, nach der der »Sternmädchenkreis« als Rad aller Räder von den Ahnen vom Stern Sirius mitgebracht wurde (Flaming 1999, S. 82).

Wenn wir uns das freie Ich als Zentrum vorstellen, dann sind die vier Geisteskräfte, Verstand, Inspiration, Gefühl und Intuition, um das Ich herum nach den vier Himmelsrichtungen angeordnet. Sie stehen uns als Brücken zu den transpersonalen Elementen Luft, Feuer, Wasser und Erde zur Verfügung. Wir können sie uns als Boten oder Engel oder auch als Tore und Schutz-Filter vorstellen, über die uns die großen elementaren Kräfte des Universums indirekt zugänglich werden, ohne dass sie uns verbrennen, ertränken, verwesen oder verwehen. Das freie Ich in der Mitte hat keine andere Aufgabe, als die Richtung zu wählen, in die es seine Vorhaben, Bitten oder Fragen ausdrückt und von der es Antwort oder Resonanz erwartet. Vielleicht können wir es uns als eine Art Pfeil vorstellen. Ein Ich, das keine Wahl trifft, ist wie eine Kompassnadel, die sich ständig um sich selbst dreht[56], wir können diesen anstrengenden und verwirrten Zustand Ego nennen. Die undifferenzierte Ausrichtung auf alles, die gleichzeitige Verbundenheit mit allem ist die Funktion des Selbst und nicht des Ich. Im Ego-Zustand scheinen wir also beide Funktionen miteinander zu vermischen. Die Unterscheidung der beiden Energien ist also geradezu lebensnotwendig. Es kommt viel weniger darauf an, *was* wir wählen, als *dass* wir wählen. Nachdem das Ich eine Wahl getroffen hat, egal welche, hat es keine Funktion mehr (das ist die eigentliche narzisstische Kränkung). Es hat seine Zuständigkeit an das Selbst ab- und hinzugeben und dieses zu realisieren: Präsenz, Verbundenheit, Gewahrsein und Liebe. Hier sind Wissen und schöpferische Kraft beheimatet, die die Erfüllung unserer Wünsche ohne Einschränkungen gewährleisten. Der Schritt der Hingabe kann zunächst voller Angst erscheinen, weil wir all die vom Ich gemachten Schein-Sicherheiten (das Ego) aus der Hand geben – wie ein Sprung in den Abgrund des Selbst. Die Angst wird jedoch geringer und verschwindet, je öfter wir uns – nach dem Sprung – im Selbst wiederfinden.

    Ich habe die Bedeutungsgebungen der Kreissegmente hier bewusst reduziert und zusammengefasst. Das hat zwei Gründe: Erstens würde eine differenziertere Beschreibung der Himmelsrichtungen den Rahmen dieses Buches sprengen. Es gibt Hunderte von Rädern und Kreisen, die das ineinander verflochtene (twisted) Wissen von Schamanen und Medizinleuten aus Nord-, Mittel- und Südamerika

---

56 Augustinus beschrieb diesen Zustand als »in sich selbst verkrümmt sein« (homo incurvatus in se ipsum). Für ihn wie für Martin Luther stellte dies die Ursünde dar. Vergleiche dazu Martin Buber im Kapitel 7.

darstellen, in das man sich mittels umfassender Bücher oder durch einen spirituellen Ausbildungsweg einarbeiten kann.[57] Auch werden in den meisten Kreisen dieser Tradition nicht nur die vier Himmelsrichtungen, sondern auch die vier Zwischen-Himmelsrichtungen, also acht Richtungen bezeichnet und rituell genutzt.

Und zweitens wünsche ich mir, so wie überall in diesem Buch, dass Sie aufgrund sparsamer Andeutungen Ihre eigenen lebendigen Erfahrungen machen. Begriffe bezeichnen Wortfelder, sind eine Art Richtungsangabe und keine engen Wege oder gar abgesteckte Ziele. Füllen Sie Ihren eigenen inneren und äußeren Medizinkreis mit Leben.

Das doppelte Medizinrad lässt sich am besten in einer Aufstellung mit Repräsentanten realisieren. Sie können dieses alte indianische Wissen jedoch auch ohne Leitung und Repräsentanten für sich fruchtbar machen und nutzen:

> Legen Sie acht Steine in einem inneren und einem äußeren Kreis in die vier Himmelsrichtungen, nehmen Sie jeden Stein einzeln in die Hand und sprechen ihm seinen Namen, seine Bedeutung zu: »Du bist ...«
> Machen Sie sich bewusst, dass der Name und die kurze Bedeutungsgebung nur Hinweise für eine Realität sind, die Sie erst finden, erfinden und für sich und ihr Leben aufschließen dürfen. Die Landkarte ist nicht das Land. Betreten Sie das Land!

So innen wie außen

Die Heilung kommt von außerhalb. So lautet ein Buchtitel des Schamanen und Aufstellers Daan van Kampenhout (2001). In der Esoterik der Jahrtausende gibt es auch den gegenteiligen Satz: »Die Heilung kommt von innen«. Beide haben recht. Wenn man diese Annahmen der Esoterik und des Schamanismus zusammennimmt, kommt man zum Grundsatz des Hermes: »So innen wie außen«! Suchen wir das Selbst nur innen, werden wir es verfehlen. Suchen wir es nur im Außen, werden wir es auch verfehlen. Das doppelte Medizinrad stellt paradigmatisch die Selbst-Qualität als inneren und als äußeren Kreis dar. Genau das ist seine Kraft: Das Innere und das Äußere werden klar unterschieden und gehören doch zusammen, unvermischt und ungetrennt. Der indianische Schamanismus, wie ich ihn kennengelernt

---

57 Vgl. zum Beispiel die zwei Bände »Süße Medizin« von Mary Flaming (1999)

habe, fügt der inneren Gottsuche die Suche nach Gott im Außen, in der Natur hinzu. Die indianischen Schamanen vollziehen ihre Rituale mit Pflanzen und Tieren, mit der Erde, dem Feuer, der Luft und dem Wasser und bekommen tatsächlich von dort überraschende Antworten. Wenn wir unsere Wünsche und Bitten und Fragen veröffentlichen, »äußern«, dann antwortet die göttliche Welt von innen und von außen. Es lohnt sich, auf beides zu achten.

Sowohl das große Ganze (Gott) als auch unser inneres Selbst (die Entfaltungen des Ganzen in uns) stehen mit unserem Ich (der leeren Mitte) in ständiger Resonanz. Da ist nicht erst die Frage des Ich und dann die Antwort des Selbst oder umgekehrt, da ist vielmehr Synchronizität in räumlicher Unterschiedenheit. Der Raum spielt eine große Rolle (innen und außen), nicht aber die Zeit, sie ist aufgehoben im ewigen Jetzt. Dieses Paradoxon wird in der doppelten Medizinradaufstellung realisiert, und das scheint mir das Geheimnis ihrer Wirksamkeit zu sein. Auch hier ist es gut, die Arbeit mit den Elementen und Kräften rituell einzuleiten.

Ob als Steine oder als Personen, Sie sollten die Realisierung des inneren Kreises rituell einführen wie in der Chakren-Arbeit (siehe oben). Repräsentieren Sie zum Beispiel die Rolle der inneren Kraft des Ostens, so könnten Sie sagen: »Ich bin deine Inspiration, dein Feuerengel/der Bote des Feuers«. Arbeiten Sie mit Steinen, so berühren sie den Stein, der im inneren Kreis des Ostens liegt oder nehmen ihn in die Hand (je nach Größe) und sagen zu ihm: »Du bist meine Inspiration, mein Engel/Bote des Feuers«. Sie können diese inneren Kräfte als Brücken oder Boten oder Engel oder Türen zu den entsprechenden universalen Kräften betrachten und in Anspruch nehmen, die uns gegeben sind und uns dienen. So werden sie lebendig, ja bekommen eine Eigendynamik, wie Sie gleich am Beispiel von Helga erfahren werden.

Betrachten Sie auch jede einzelne universale Kraft im Außenkreis. Würdigen Sie diese für ein paar Sekunden als Erscheinungsform des Göttlichen. Tun sie das mit einem Blick und/oder einer Verneigung. Gehen Sie nicht ganz hin, um nicht vom Feuer verbrannt zu werden oder von der Erde verschlungen, im Wasser aufgelöst oder vom Wind verweht. Dazu ist es meistens noch nicht an der Zeit. Solange wir leben, brauchen wir indirekte, vermittelte Kommunikation mit dem Unendlichen. Die Engels- und Boten-Kräfte haben verschiedene Funktionen: Sie sind Brücken oder Tore, sie sind auch Übersetzer,

Fährmänner und – Frauen, und sie sind Schutz und Schleier vor dem strahlendem Antlitz Gottes. Der Prophet Elia verhüllte sein Gesicht mit seinem Mantel, als Gott sich ihm (endlich) näherte. Wenn wir diesen Bericht genauer betrachten (1 Kön 19,11f) und mit dem Medizinkreis vergleichen, so können wir erkennen, dass Gott sich hier in keiner der vier oder acht Formen des Schöpfungsrades zeigt, sondern als formlose Stille, als Gott hinter Gott. Elia erlebte Sturm, Erdbeben und Feuer und wusste jedes Mal, das diese nicht Gott sind. Dann erlebte er etwas, was Martin Buber (1992) als »eine Stimme *verschwebenden* Schweigens« übersetzt. Als Elia dies hörte, hüllte er sein Gesicht in den Mantel und vernahm die Stimme Gottes.

Für Repräsentanten des äußeren Kreises hat sich die Erinnerung an die Selbst-Qualität von Leerheit und Hingabe als nützlich erwiesen. (Du bist die Verbundenheit von Himmel und Erde, selbst ganz leer und durchlässig für das Ganze.) Vielleicht können Sie sich ein Bild davon machen, wenn Sie das folgende Beispiel lesen.

Wie eine Ich-Selbst-Beziehung wieder ins Fließen kommt (eine doppelte Medizinradaufstellung)

Das folgende Protokoll stammt in seinem Grundgerüst von der Teilnehmerin Helga selbst, die es noch in der Nacht nach der Aufstellung aus dem Gedächtnis niedergeschrieben hat. Ich habe es nach Befragung der Repräsentanten des inneren und äußeren Kreises ergänzt. Alle Mitglieder der Gruppe waren fortgeschrittene Teilnehmer der Weiterbildungsreihe »Spirituell-systemische Aufstellungsarbeit«.

Aufgestellt wurden neun Elemente mit den folgenden Namen:

Äußerer Kreis	Innerer Kreis
Westen/Erde	Intuition
Norden/Luft	Vernunft
Osten/Feuer	Inspiration
Süden/Wasser	Gefühl
Ganz außen als freies Element: Geist	

Ich gehe in die Mitte des inneren Kreises. Siegfried gibt eine Art Ritual der Einweisung für den inneren Kreis: »*Ihr seid Seelenkräfte von Helga und zugleich Botinnen, Brücken für Helga zu den Kräften des*

Universums, jede von euch ist einer dieser Kräfte zugeordnet. Berührt jetzt einzeln Helga mit der Hand und stellt euch ihr vor. ›*Ich bin deine Intuition und deine Botin für die universale Kraft des Westens und der Erde, usw.*‹ *Und zeigt für Helga auch in die Himmelsrichtung, der ihr zugehört.*«

Meine Empfindung ›*Ein bedeutungsvoller Moment in meinem Leben*‹ *verstärkt sich. Ich bedanke mich bei allen vier Repräsentanten des inneren Kreises.*

S.: »*Wende dich nun dem Element zu (Erde, Wasser, Feuer oder Luft), von dem du dich im Moment am meisten angezogen fühlst, oder wo du glaubst, dass dein Problem gut aufgehoben ist, und stelle ihm deine Frage oder Bitte.*«

An wen soll ich mich wenden?

Es meldet sich die Stellvertreterin der Vernunft und sagt: »*Ich bin dafür zuständig.*« *Ich reagiere nicht. Aber die Inspiration hat so freundlich gelächelt – ich probier's mal mit dem Osten.*

H. (zum Osten hin): »*Seit einiger Zeit ist in meinem Leben alles ins Stocken geraten, manchmal bis fast zur Bewegungslosigkeit ... die Kommunikation zwischen Ich und Selbst, die mir so wichtig ist, funktioniert fast gar nicht mehr, nur noch mit Anleitung, ich versteh's nicht. Wie kann ich das auflösen, was diese Kommunikation behindert?*«

Inspiration: »*Ich versteh kein Wort – gebe es einfach weiter*« *Sie wendet sich um zum Feuer.* »*Helga fragt, wie sie die Kommunikation zwischen Ich und Selbst ermöglichen kann.*«

Osten/Feuer: »*Das kann ich nicht beantworten. Sie soll sich dorthin wenden, wo schon ein Impuls gekommen ist.*«

Der Bote des Ostens, die Inspiration gibt mir die Botschaft wörtlich weiter.

Ich wende mich nach Norden, zur Vernunft, dem Boten der Weisheit. Mein Herz klopft heftig. – Klar, dass die Inspiration kein Wort verstanden hat, ich versteh mich ja selbst nicht mehr.

H. (zum Norden hin): »*Die Frage hat sich schon geändert. Wie bringe ich im Leben wieder zum Fließen, was alles ins Stocken geraten ist?*«

Die Vernunft gibt die Frage weiter an die universale Kraft des Nordens, die Luft, (sie ist mir von der Vernunft als Weisheit vorgestellt worden).

> *Die Antwort der Weisheit lautet (für alle, auch für sie selbst überraschend): »Das tut mir weh« – dies wird vom Boten an mich übermittelt.*
> Mir tut's auch weh!! Ich fühle mich völlig hilflos. Was jetzt? Weh ... ein Gefühl ...
> Ich drehe mich um zum Süden, zum Gefühl: »Wie kann ich mein Leben wieder ins Fließen bringen?« Inzwischen fließen die Tränen, ich fühle mich ganz klein und sehr, sehr aufgeregt.
> *Das Gefühl gibt meine Frage wörtlich weiter an den Süden, das Wasser.*
> *Antwort des Südens: »Da ist viel aufgestaut. Bring deine Gefühle zum Ausdruck, lass sie fließen, schrei sie raus.« Die Botin des Südens gibt dies an mich weiter.*
> H.: »Das kann man ja wohl nicht wörtlich nehmen!«
> *Der Süden antwortet direkt und laut (die Botin des Südens tritt dabei etwas zur Seite.): »Doch, schrei sie raus. Explodier einfach!«*
> *(Die Botin des Südens beschreibt sich nachher: Ich war völlig verwirrt, blockiert und der Ohnmacht nahe. Ich habe mich an den Süden gewandt, bereit mich austauschen zu lassen, und ihn gefragt: »Da stimmt was nicht bei mir, ich fühl mich lebensbedroht!?« Der Süden: »Es passt schon, du bist richtig.«)*
> Ich wende mich wieder der Vernunft zu, frage über sie die Weisheit im Norden: »Wie kann ich meine Gefühle zum Ausdruck bringen?«
> *Der Bote fragt, die Weisheit antwortet: »Sag ihr: Schrei sie raus. Schrei sie einfach raus!«*
> Das darf doch wohl nicht wahr sein? Vielleicht sogar hier?? Ich sage laut: »Seid ihr wahnsinnig?« Während mir alles Mögliche durch den Kopf geht: Und so was will Vernunft sein! Was tun? Abbrechen? Ich schau hilflos im Kreis umher.
> *Die Botin dreht sich zur Weisheit: »Weisheit, bist du wahnsinnig?«*
> *Lachen im Publikum.*
> *Die Weisheit: »Gut, dass du fragst.« Botin gibt es weiter.*
> *Die Intuition kommt in mein Blickfeld, fängt meine Aufmerksamkeit ein.*
> *Die Intuition stampft auf den Boden und reißt die Hände in die Höhe, bewegt sich kraftvoll, formt mit dem Mund auffordernd, aber noch lautlos einen Schrei – und ich glaub's fast nicht, sie zeigt mir*

einen Schrei. Laut! Und die Geste sagt: »Mach´s nach!« Weiß sie überhaupt, was sie da von mir fordert?
Von hinten, vom Feuer, ein Stupser in meinen Rücken – die Inspiration.
S. ermutigt auch noch die Inspiration: »Zündle ruhig weiter!«
Ein weiterer Stupser – die Intuition grinst mich an, als ob das ein Riesenspaß wäre.
(Intuition später: »Ich habe immer auf das Zündeln der Inspiration reagiert, es war wirklich ein Spaß.«)
Okay, denke ich, hör dir an, ob das spaßig ist!
Mein erster Schrei erschreckt mich wahnsinnig. Er hört sich an wie irregeworden. Aber rundherum sehe ich nur Zustimmung. Ich führe mich auf wie eine Wahnsinnige, tobe mich aus, werfe mich auf den Boden.
Währenddessen die Weisheit immer wieder: »Botin sag ihr, sie soll mit den Fäusten schlagen. Und gib ihr Decken!«
Fürsorgliche Hände schieben mir Decken unter die Fäuste. Meine Brille fliegt durch die Luft.
Später befiehlt die Weisheit ihrem Boten: »Geh zu ihr hin.«
Als ich endlich atemlos etwas ruhiger werde, fühle ich mich von allen Seiten liebevoll gehalten ... (Die anderen Botinnen sind der Botin der Weisheit gefolgt.) Es fühlt sich an wie Seligkeit pur. Ich bin unendlich dankbar.
Nachher sagt die Erde noch zu mir: »Willkommen auf der Erde!«
Hier noch zwei Kommentare vom nächsten Morgen:
Geist: Ich habe mich überall gezeigt. Es war nur wichtig, mich zu zeigen. Zu sagen gab es nur einen Satz: »Das Leben liebt dich!« Aber es war total wichtig, ihn nicht auszusprechen.
Helga: Ich weiß überhaupt nicht, was ich da herausgeschrien habe, und ich bin immer noch überrascht, dass ihr euch anscheinend gar nicht erschreckt habt, aber ich fühle mich sehr befreit und in Frieden.

Ich habe selten eine Aufstellung erlebt, in der die »Lösung« so effektiv (auch noch lange danach) und gleichzeitig so unverständlich war. Mein Nachdenken darüber und ein Gespräch mit Helga führten aber zu einer allgemeinen Erkenntnis über das Selbst. Hatte sie nicht darum gebeten, dass die Kommunikation zwischen Ich und Selbst wieder ins Fließen geraten möge?!

Die Antwort vonseiten des Selbst ist wie so oft keine Antwort auf der Inhaltsebene, wie wir es vielleicht erwarteten, sondern eine direkte Erfüllung des zugrunde liegenden Wunsches. Sie ist keine Erklärung eines Weges zum Ziel, sondern eine direkte Wunscherfüllung, das Einsetzen des Ich in sein (eigentliches) Ziel. Die Reaktion des Selbst läuft auf einen Ebenenwechsel hinaus. Es wird nicht erklärt, sondern gehandelt, in diesem Fall sogar über das Unverständnis des Ich hinweg. Die eigentliche Handlungsaufforderung kommt vom Außenkreis: »Schrei deine Gefühle raus! Explodier!« Der Süden und der Norden sind sich einig. Der äußere Kreis spricht direkt und kompromisslos. Das ist so stark, dass die Botin des Südens fast ohnmächtig wird. Helga versteht nichts, wehrt sich mit Händen und Füßen. Aber die Botinnen von Ost und West unterstützen und provozieren sie nonverbal. Die Inspiration stupst und zwickt von hinten. Die Intuition reißt den Mund auf wie zu einem Schrei und macht ihn schon vor. Es gibt kein Entkommen durch Nicht-Verstehen.

Abschluss

Wir können »Alles was ist« nicht fassen, weil wir mitten darin sind, wie ein Fisch im Ozean. Mit jeder Bewegung unseres Lebens zerteilen wir das Wasser und erweisen seine Einheit. »Unterscheidung ist vollzogene und vollkommene Verbundenheit« (s. o. Spencer-Brown 1997). Im Ich vollzieht sich das Selbst. Im Menschen vollzieht sich Gott und erreicht seine Vollkommenheit. Wir begreifen das Leben, indem wir es leben.

Auch dieses Buch soll als eine Art Speisekarte dienen. Eine Speisekarte weist auf vielfältige Speisen hin und auf die Notwendigkeit und die Möglichkeit auszuwählen. Sie ersetzt das Essen nicht. Bitte nicht hineinbeißen! Besser wählen und bestellen. Und lassen Sie sich vom Geschmack des Lebens überraschen.

Ich komme auf die Grunderkenntnis des systemischen Denkens zurück: In einem System ist alles mit allem verbunden. Die systemische Therapie fand zu der Erkenntnis, dass die Verbundenheit das Grundprinzip von Heilung und Ganzheit ist. Nicht die Verbundenheit als solche, daran ist sowieso nichts zu rütteln, sondern Bewusstsein und Wahrnehmen der Verbundenheit oder, wie die buddhistische Erkenntnistheorie sagt, das Gewahrsein der Entstehung aller Dinge in wechselseitiger Abhängigkeit[58]. Ich rede von der Umstellung unserer Wirklichkeitserfassung, von »metanoia«. Spirituell-systemische Therapie beruht darauf, dass die Verbundenheit in der Familie und in allen möglichen größeren Systemen bewusst wird, dass also Ausschluss, Verdrängung, Linearität und so weiter als Illusionen erkannt werden.

Erfahrung von Verbundenheit ist immer ein Spiel von Teilen mit und in einem Ganzen, wobei beides lebendig ist. Unser Teilsein und unser Ganzsein sind dynamische miteinander verquickte Wirklichkeiten. Keines kann ohne das andere, und doch müssen sie unterschieden werden.

Mir wird klar und ich freue mich, dass wir mit der Verkörperung beider Wahrheiten noch ungeahnte Felder aus Kunst, Philosophie, Politik, Ökologie, Unterhaltung und Religion erforschen werden.

Ich schließe ab mit einer wunderschönen und uralten Beschreibung von Selbstorganisation, die schon einmal in anderem Zusammenhang (Kap. 2) zitiert wurde:

»Denkst du wohl, du kannst das Universum in die Hand nehmen und es vollkommener machen?
Ich glaube nicht, dass sich dies tun lässt.
Das Universum ist heilig.
Vollkommener machen kannst du es nicht.
Wenn du es zu verändern suchst, wirst du es zugrunde richten.
Wenn du es festzuhalten versuchst, wirst du es verlieren.«[59]

---

58 Vgl. Varela, Thompson u. Rosch (1992); Baker-Roshi (mdl.) spricht lieber von »Interemergence«.
59 Laotse (1984, Kap. 29)

Literatur

Allione, Tsültrim (2009): Den Dämonen Nahrung geben. Buddhistische Techniken zur Konfliktlösung. München (Goldmann).
Anodea Judith u. Andrea Panster (2004): Lebensräder: Das große Chakren-Lehr- und Übungsbuch. München (Goldmann).
Ansbacher, Heinz u. Rowena Ansbacher (Hrsg.) (1972): Alfred Adlers Individualpsychologie. München/Basel (Reinhardt).
Assagioli, Roberto (1984): Die Schulung des Willens. Paderborn (Junfermann).
Baker, Richard (2004a): Ein korrektes Verständnis des Geistes. Xen 1, 2004: 6–17.
Baker, Richard (2004b): Suzuki Roshis Erbe. Xen 12: 6–15.
Bateson, Gregory (1981): Ökologie des Geistes. Frankfurt (Suhrkamp).
Bauer, Joachim (2008): Das kooperative Gen: Abschied vom Darwinismus. Hamburg (Hoffmann und Campe).
Bloch, Ernst (1963): Tübinger Einleitung in die Philosophie 1 (GW 11). Frankfurt (Suhrkamp).
Buber, Martin (1986): Bilder von Gut und Böse. Heidelberg (L. Schneider).
Buber, Martin (1996): Schuld und Schuldgefühle. In: T. Reichert (Hrsg): Buber für Atheisten. Heidelberg (L. Schneider).
Buber, Martin (1962): Das Dialogische Prinzip. Heidelberg (L. Schneider).
Buber, Martin u. Franz Rosenzweig (1992): Die Schrift, verdeutscht. Stuttgart (Deutsche Bibelgesellschaft).
Dawkins, Richard (1994): Das egoistische Gen. Heidelberg (Spektrum Verlag).
Denzinger, Heinrich (2001): Kompendium der Glaubensbekenntnisse und kirchlichen Lehrentscheidungen. Freiburg (Herder).
Domin, Hilde. (1959): Nur eine Rose als Stütze. Frankfurt (S. Fischer).
Essen, Christine (1998): Aufstellungen bei Angstsymptomatik und Panikattacken. In: G. Weber (Hrsg.): Praxis des Familienstellens. Heidelberg (Carl-Auer), S. 305–312.
Essen, Siegfried (1995): Spirituelle Aspekte in der systemischen Therapie. *Transpersonale Psychologie und Psychotherapie* 2: 41–53.
Essen, Siegfried (2001): Die Ordnungen und die Intuition. In: G. Weber (Hrsg.): Derselbe Wind lässt viele Drachen steigen. Heidelberg (Carl-Auer), S. 98–111.
Essen, Siegfried. (2002): Leibliches Verstehen. Wirkungen systemischer Inszenierungsarbeit. In: G. L. Baxa, S. Essen u. A. H. Kreszmeier (Hrsg.): Verkörperungen. Heidelberg (Carl-Auer), S. 59–83.
Essen, Siegfried (2003): Systemische Weltsicht und Bibliodrama. Schenefeld (EB-Verlag).

Essen, Siegfried (2003a): Autopoietische Aufstellungsarbeit. *Praxis der Systemaufstellung* 2/2003: 34–39.
Essen, Siegfried (2007): Therapie als Prozess des Überschreitens. Sinn und Zweck der Dualität ist die Liebe. Das Personale und das Transpersonale in der systemischen Therapie und die Spiritualität systemischen Denkens. In: Karl M. Fischer (Hrsg.): Die Seele ist transpersonal. Beiträge zur Transpersonalen Psychotherapie. Linz (edition pro mente), S. 65–98.
Flaming, Mary (1999): Süße Medizin. Die Lehren der Twisted Hairs. Bd. 1 u. 2. Tübingen (Vier Welten).
Foerster, Heinz von (1993): KybernEthik. Berlin (Merve).
Foerster, Heinz von u. Bernhard Pörksen (1998): Wahrheit ist die Erfindung eines Lügners. Heidelberg (Carl-Auer), 8. Aufl. 2008.
Foerster, Heinz von u. Ernst von Glasersfeld (1999): Wie wir uns erfinden. Heidelberg (Carl-Auer), 4. Aufl. 2010.
Furman, Ben (1999): Es ist nie zu spät, eine glückliche Kindheit zu haben. Dortmund (Borgmann)
Gebser, Jean (1973): Ursprung und Gegenwart. München (DTV).
Gilligan, Stephen (1999): Liebe dich selbst wie deinen Nächsten. Die Psychotherapie der Selbstbeziehung. Heidelberg (Carl-Auer), 3. Aufl. 2011.
Glasersfeld, Ernst von (1997): Radikaler Konstruktivismus. Frankfurt (Suhrkamp).
Görnitz, Thomas u. Brigitte Görnitz (2009): Die Evolution des Geistigen. Quantenphysik – Bewusstsein – Religion. Göttingen (Vandenhoeck & Ruprecht).
Gronemeyer, Marianne (2002): Die Macht der Bedürfnisse, Überfluss und Knappheit. Darmstadt (Wissenschaftliche Buchgesellschaft).
Gronemeyer, Marianne (2008): Genug ist genug. Über die Kunst des Aufhörens. Darmstadt (Primus).
Guntern, Gottlieb (1980): Die kopernikanische Revolution in der Psychotherapie: der Wandel vom psychoanalytischen zum systemischen Paradigma. *Familiendynamik* 5: 2–41.
Hanson, Rick u. Richard Mendius (2010): Das Gehirn eines Buddha. Die angewandte Neurowissenschaft von Glück, Liebe und Weisheit. Freiburg (arbor).
Hellinger, Bert (1991): Schuld und Unschuld aus systemischer Sicht. *Systema* 5: 19–34.
Hellinger, Bert (1994): Ordnungen der Liebe. Heidelberg (Carl Auer), 9. Aufl. 2010.
Hicks, Esther u. Jerry Hicks (2008): The Law of Attraction. Das Gesetz der Anziehung. Berlin (Ullstein).
Hicks, Esther u. Jerry Hicks (2009): Wie unsere Gefühle die Realität erschaffen. Die Gesetze der Manifestation. Berlin (Ullstein).
Hüther, Gerald (2005): Die Macht der inneren Bilder. Wie Visionen das Gehirn, den Menschen und die Welt verändern. Göttingen (Vandenhoeck & Ruprecht).

Literatur

Joy, William B. (1993): Der Weg der Erfüllung. Selbstheilung durch Transformation. Interlaken (Ansata).
Jung, Carl Gustav (1948): Gesammelte Werke Bd. 11. Olten (Walter).
Jüngel, Ernst (1986): Gottes Sein ist im Werden. Verantwortliche Rede vom Sein Gottes bei Karl Barth. Eine Paraphrase. Tübingen (Mohr-Siebeck).
Kafka, Franz (1997): Tagebücher Bd. 2: 1912–1914. Frankfurt (S. Fischer).
Kampenhout, Daan van (2001): Die Heilung kommt von außerhalb. Schamanismus und Familien-Stellen. Heidelberg (Carl-Auer), 3. Aufl. 2008.
Kampenhout, Daan van (2008): Die Tränen der Ahnen. Opfer und Täter in der kollektiven Seele. Heidelberg (Carl-Auer), 3. Aufl. 2008.
Keller, Catherine (2007): Der Ich-Wahn. Abkehr von einem lebensfeindlichen Ideal. Zürich (Kreuz).
Kinslow, Frank (2008): Quantenheilung. Kirchzarten (VAK Verlag).
Korzybski, Alfred (1941): Science and Sanity. New York (Science Press).
Kreszmeier, Astrid. H. (2008): Systemische Naturtherapie. Heidelberg (Carl-Auer).
Kuhn, Thomas (1973): Die Struktur wissenschaftlicher Revolutionen. Frankfurt (Suhrkamp).
Laotse (1984): Tao Te King (übersetzt von S. Luetjohann). München (Hugendubel).
Latka, Thomas (2003): Topisches Sozialsystem. Die Einführung der japanischen Lehre vom Ort in die Systemtheorie und deren Konsequenzen für eine Theorie sozialer Systeme. Heidelberg (Carl-Auer).
Loy, David (1988): Nondualität. Frankfurt/M. (Krüger).
Luhmann, Niklas (2002): Einführung in die Systemtheorie. Heidelberg (Carl-Auer), 5. Aufl. 2009.
Luther, Martin (1990): Brief an Philipp Melanchthon vom 1. August 1521. In: WAB 2, 372, Nr. 424. Graz (Akadem. Druck- u. Verlagsanstalt), S. 82–93.
Meister Eckehart (1959): Von der Geburt der Seele. Ausgewählte Predigten und Traktate. Gütersloh (Bertelsmann).
Martin, Gerhard M. (1992): Vogel-frei. Drehmomente der Christus-Begegnung. Stuttgart (Radius).
Mattitsch, Günter (in Vorb.): Homöopathie für den Lebensweg II. Klagenfurt (Wieser); erscheint 2011.
Mercier, Pascal (2004): Nachtzug nach Lissabon. München/Wien (Carl Hanser).
Norretranders, Tor (1997): Spüre die Welt. Die Wissenschaft des Bewusstseins. Reinbek (Rowohlt).
Pfaller, Robert (2008): Das schmutzige Heilige und die reine Vernunft. Symptome der Gegenwartskultur. Frankfurt/M. (Fischer).
Pietschmann, Herbert (2003): Quantenmechanik verstehen: Eine Einführung in den Welle-Teilchen-Dualismus für Lehrer und Schüler. Berlin/Heidelberg/New York (Springer).

Platon (2000): Der Staat. Frankfurt/M. (Reclam). (Höhlengleichnis: Buch 7, 514a-517a = S. 327 ff.)
Renz, Monika (2003): Grenzerfahrung Gott. Freiburg (Herder).
Rilke, R. M. (1962): Requiem für eine Freundin: Gesammelte Gedichte. Frankfurt (Insel).
Rosa, Hartmut (2005): Beschleunigung. Die Veränderung der Zeitstrukturen in der Moderne. Frankfurt/M. (Suhrkamp).
Rosenberg, Marshall B. (2003): Gewaltfreie Kommunikation. Paderborn (Junfermann).
Roth, Gerhard (1997): Das Gehirn und seine Wirklichkeit. Frankfurt (Suhrkamp)
Satir, Virginia (1996): Kommunikation, Selbstwert, Kongruenz. Paderborn (Junfermann).
Schellenbaum, Peter. (1994): Nimm deine Couch und geh! München (DTV).
Schmid, Wilhelm (2007): Mit sich selbst befreundet sein. Von der Lebenskunst im Umgang mit sich selbst. Frankfurt (Suhrkamp).
Simon, Fritz B.(1995): Die andere Seite der Gesundheit, Heidelberg (Carl-Auer).
Sölle, Dorothee (1995): Es muss doch mehr als alles geben: Nachdenken über Gott. München (dtv).
Sparrer, Insa (2001): Wunder, Lösung und System. Heidelberg (Carl-Auer), 5. überarb. Aufl. 2009.
Spencer-Brown, George (1997): Gesetze der Form. Lübeck (Bohmeier).
Stangier, Klaus-Werner (1997): Jetzt. Köln (inScenario).
Stierlin, Helm (1975): Von der Psychoanalyse zur Familientherapie. Stuttgart (Klett-Cotta).
Suzuki, Daisetz T. (1990): Prajna, Zen und die höchste Weisheit. München (O. W. Barth).
Suzuki, Shunryu (2001): Zen-Geist, Anfänger-Geist. Berlin (Theseus).
Taylor, Jill B. (2008): Mit einem Schlag. Wie eine Hirnforscherin durch ihren Schlaganfall neue Dimensionen des Bewusstseins entdeckt. München (Knaur).
Tipping, Colin C. (2004): Ich vergebe. Der radikale Abschied vom Opferdasein. Bielefeld (Kamphausen).
Tipping, Colin C. (2007): Vom Herzenswunsch zur Realität. Bielefeld (Kamphausen).
Tipping, Colin C. (2009): Radikale Selbstvergebung. München (Integral).
Tolle, Eckhart (2005): Eine neue Erde. München (Goldmann).
Varela, Francisco J., Evan Thompson u. Eleanor Rosch (1992): Der mittlere Weg der Erkenntnis. Bern/München/Wien (Scherz).
Varela, Francisco J. (1994): Ethisches Können. Frankfurt/M. (Campus).
Varga von Kibéd, Matthias u. Insa Sparrer (2005): Ganz im Gegenteil. Heidelberg (Carl-Auer), 6. überarb. Aufl. 2009.

Varga von Kibéd, Matthias (2007): Von der moralischen zur ökonomischen Ethik- Schuld und Ausgleich in der systemischen Therapie. *Theologisch-praktische Quartalsschrift* (Bd.4): 367–372.
Vaughan, Frances E. (1991): Intuitiver leben. Wie wir unser inneres Potential entwickeln können München (Kösel)
Walsch, Neale D. (1999): Kosmische Weisheit. Gespräche mit Gott. Bd. 3. München (Goldmann).
Walsh, Roger (1995): Die transpersonale Bewegung. *Transpersonale Psychologie und Therapie* 1: 6–21.
Walsh, Roger und Shauna L. Shapiro, (2007): Die Begegnung von meditativen Disziplinen und westlicher Psychologie. *Transpersonale Psychologie und Therapie* 13: 56–81.
Watzlawick, Paul, John Weakland u. Richard Fisch (1974): Lösungen. Zur Theorie und Praxis menschlichen Wandels. Bern (Huber).
White, Michael u. David Epston (1990): Die Zähmung der Monster. Heidelberg (Carl-Auer), 6. Aufl. 2009.
Whitehead, Alfred N. (1979): Prozess und Realität. Frankfurt (Suhrkamp).
Whitman, Walt (1968): Grashalme. Stuttgart (Reclam).
Wiesenthal, Simon (1970): Die Sonnenblume. Eine Erzählung von Schuld und Vergebung. Hamburg (Hoffmann & Campe).
Wilber, Ken (1984): Wege zum Selbst. München (Kösel).
Wilber, Ken (2002): Das Wahre, Schöne, Gute. Frankfurt/M. (Fischer TB).
Wilber, Ken (2007): Integrale Spiritualität. München (Kösel).
Wittgenstein, Ludwig (1990): Tractatus logico-philosophicus. Werkausgabe Bd. 1. Frankfurt (Suhrkamp).

Dank

Mein größter Dank geht an Christine Blumenstein-Essen. In den mehr als 20 Jahren unseres Zusammenseins haben wir so vieles an Praxis und Theorie miteinander entwickelt. Der Dialog und die Liebe zwischen uns sind durch viele Entwicklungen und Krisen reicher und tiefer geworden und haben nie aufgehört. Danke!

Dank auch an dich, Barbara Zoe Sammer, dass du diese Texte mit mir hingebungsvoll und in großer Tiefe diskutiert hast und für dein kritisches Lesen und Korrigieren. Sei bedankt für so manche bildhafte Idee und sinnvolle Formulierung, die du mir und diesem Buch geschenkt hast.

Hildegard Glaser, auch dir schulde ich großen Dank, für das intensive Korrekturlesen und die vielen Fragen und Anregungen, mit denen du bei mir angeklopft und an mir und meinem Denken gerüttelt hast.

Mit und bei euch bin ich reich geworden.

Über den Autor

Siegfried Essen, Studium der Psychologie, Theologie und Philosophie; Psychotherapeut; ausgebildet in Systemischer Familientherapie, Integrativer Gestalttherapie und Individualpsychologie; Aus- und Weiterbildung in spirituell-systemischer Aufstellungsarbeit, Selbsterfahrung und Psychotherapie, Verkörperung politischer, sozialer und wirtschaftlicher Systeme, philosophische Aufstellungen. Lehrtherapeut für systemische Familientherapie.

Kontakt: www.siegfriedessen.com

Stephen G. Gilligan

Liebe dich selbst wie deinen Nächsten

Die Psychotherapie der Selbstbeziehungen

252 Seiten, 8 Abb., Kt, 4. Aufl. 2015
ISBN 978-3-89670-449-8

Im Mittelpunkt dieses Buches steht die Frage, wie sich in einer Psychotherapie der Mut und die Freiheit zu lieben kultivieren lassen. In einer Zeit, in der die Liebe zu verblassen und Hass und Verzweiflung zuzunehmen scheinen, zeigt Stephen Gilligan die Liebe als eine Fertigkeit und eine Kraft auf, die zu heilen, zu beruhigen, zu führen und zu ermutigen vermag.

Gilligans Ansatz zufolge ist Psychotherapie ein Gespräch über Differenz und Gegensätzlichkeit. Begegnet man diesen Unterschieden mit Gewalt oder Gleichgültigkeit, ergeben sich Probleme. Lösungen hingegen entstehen durch die Fähigkeit zu lieben.

Neben den theoretischen und ethischen Prinzipien einer Psychotherapie der Selbstbeziehung beschreibt der Autor hier die grundlegenden Praktiken für ihre Umsetzung.

„Stephen Gilligan hat ein ungewöhnlich schönes Buch geschrieben, in dem sich Wahrhaftigkeit, Schönheit und Liebe auf wunderbare Weise mit psychologischem Wissen und therapeutischer Kompetenz vereinen." Suggestionen 1/2000

Carl-Auer Verlag • www.carl-auer.de

Bert Hellinger

Ordnungen der Liebe

Ein Kursbuch

342 Seiten, Kt, 11. Aufl. 2015
ISBN 978-3-89670-592-1

„Ordnungen der Liebe" gehört zu den wichtigsten Werken Bert Hellingers – dicht, lebendig und voller überraschender Ausblicke. Es nimmt den Leser auf einen Erkenntnisweg mit, der die lösende und heilende Einsicht aus dem gesammelten Schauen gewinnt. Dabei wird deutlich, dass viele Krisen und Krankheiten dort entstehen, wo jemand liebt, ohne die Ordnungen der Liebe zu kennen. Lösung und Heilung beginnen deshalb mit der Einsicht in diese Ordnungen.

Wer die von Bert Hellinger entwickelte Art, Familien zu stellen, verstehen und lernen will, findet hier reiches Anschauungsmaterial.

„,Ordnungen der Liebe' ist ein Buch, das man gelesen haben sollte. Ein Buch, das einen starken Eindruck hinterlässt; das nachwirkt, neue Sichtweisen eröffnet, gelegentlich Widerspruch herausfordert, den Leser jedoch meist mit der Erfahrung zurücklässt: ‚Es ist, wie es ist'. Wenn man das Buch weglegt, bleibt eine größere Gelassenheit mit mehr Kraft und Orientierung zurück."

Psychiatrische Pflege heute

Carl-Auer Verlag • www.carl-auer.de

Jakob Robert Schneider

Das Familienstellen

Grundlagen und Vorgehensweisen

215 Seiten, 9 Abb., Kt, 3. Aufl. 2014
ISBN 978-3-89670-471-9

Einem erfüllten und glücklichen Leben kann die Verstrickung in Schicksale anderer Menschen entgegenstehen. Solche Hindernisse versucht das Familienstellen mithilfe zweier Grundfragen aus dem Weg zu räumen: Was verstrickt uns in die Schicksale anderer, was löst uns daraus? Und: Wie kann Liebe gelingen?

Dieses Buch beschreibt Prozesse der Verstrickung, wie sie sich im Familienstellen zeigen und lösen lassen. Es verdeutlicht die Ordnungen in unserer Seele, die zum Gelingen der Beziehungen zwischen Mann und Frau, Eltern und Kindern, Nachkommen und Vorfahren beitragen. Und es vermittelt, wie das Familienstellen vorgeht, damit Vergangenes wirklich vorbei sein und unsere Lebenskraft sich gestärkt wieder nach vorne ausrichten kann.

Jakob Robert Schneider bietet aus seiner reichhaltigen Erfahrung einen anschaulichen und fundierten Einblick in das Familienstellen: einen Leitfaden für alle „Aufsteller", die das Familienstellen lernen oder vertiefen wollen, eine Gesprächsgrundlage für eine begründete fachliche und öffentliche Auseinandersetzung mit dieser Methode, eine Orientierung für den Laien, der sich für Problemlösungen mit Hilfe von Familienaufstellungen interessiert.

Carl-Auer Verlag • www.carl-auer.de

Insa Sparrer

Systemische Strukturaufstellungen

Theorie und Praxis

240 Seiten, 33 Abb., Kt
2. Aufl. 2009
ISBN 978-3-89670-694-2

Dieses Buch präsentiert die erste Gesamtübersicht über den innovativen und eigenständigen Ansatz der Systemischen Strukturaufstellungen, wie ihn die Autorin gemeinsam mit Matthias Varga von Kibéd entwickelt hat. Es fasst die wesentlichen Merkmale, die Wurzeln und die vielfältigen Anwendungsbereiche übersichtlich zusammen. Die methodischen Erweiterungen und grammatischen Verfeinerungen der Systemischen Strukturaufstellungen werden anhand von ausführlichen Fallbeispielen auch für den mit der Methode noch nicht vertrauten Leser nachvollziehbar und anschaulich dargestellt.

Wer an Veränderungen im persönlichen Leben, an der Klärung von Konflikten in einer Organisation oder dem Verständnis von Vorgängen in Gruppen interessiert ist, findet hier das passende Instrument. Mit seiner Hilfe können geplante Veränderungsschritte getestet und Maßnahmen überprüft werden, sei es in Therapie oder Beratung, Mediation, Supervision, in Forschung und Kunst oder zur Förderung von Lernprozessen.

„Eine Bereicherung für alle, die mit Aufstellungen arbeiten oder diese faszinierende Variante der Arbeit an Klientenanliegen differenzierter kennenlernen wollen."
www.socialnet.de

Carl-Auer Verlag • www.carl-auer.de

Astrid Habiba Kreszmeier
Systemische Naturtherapie

231 Seiten, 19 Abb., Kt, 2. Aufl. 2012
ISBN 978-3-89670-623-2

Eine Wanderung am Fluss, das Erklimmen eines Berges, gemeinschaftliches Kochen auf offenem Feuer – Naturerfahrungen sind gut geeignet, um wirksame therapeutische Prozesse in Gang zu bringen.

Astrid Habiba Kreszmeier kombiniert in diesem Buch Naturraumarbeit, szenische Verfahren und Rituale zu einem schlüssigen Konzept. Es bereichert die Praxis mit einer eigenständigen therapeutischen Grammatik, neuen Begriffsbildungen und eindrücklichen Fallgeschichten. Klienten unterstützt es darin, durch Naturerfahrungen und die Erforschung eigener Grenzen individuell stimmige Lösungen zu finden.

Die Verknüpfung von systemischer Therapie, erlebnistherapeutischen Verfahren und Naturkosmologien lädt auch zu einer differenzierten Betrachtung von spirituellen Aspekten in therapeutischen Kontexten ein.

Carl-Auer Verlag • www.carl-auer.de